谢遐龄 著

中国社会是伦理社会

上海三联书店

目录

社会结构篇 / 1

　　中国社会是伦理社会 / 3

　　1930 年代中央苏区的农村社区重建——中国当代社会建构之一 / 17

　　制度建设与当代国民心态 / 34

　　　　附录：碰撞与民主 / 46

　　当代中国社会结构分析 / 50

　　社会体制视野下的中国社区建设变迁 / 66

　　非政府组织在中国——几个概念和发展前景 / 76

　　当代中国社会的家庭危机和社会工作者的使命 / 89

　　重建意义世界：重建中国农村社会之核心 / 101

　　　　附录：城镇化过程中的农村社会转型——兼论城镇化的限度 / 114

　　认清自身传统是重建社会秩序前提——评"倡孝道、敬老有助于道德重建" / 120

　　法治：概念及其实现——兼答几位法学界人士的质疑 / 131

　　中国社会结构及其启示——从中国可能建立什么样的治理体系角度看 / 145

杂论篇 / 163

　　上海文化中的理性主义 / 165

　　全球化与人的有限性——SARS 的启示 / 171

　　社会科学方法论及其哲学基础 / 193

　　费孝通：中国社会的探索者和指路人 / 208

　　中国文化的大觉者 / 216

后记 / 229

社会结构篇

中国社会是伦理社会[①]

　　一些学者从不同的立场和学术角度指出过中国社会的伦理性质[②]。这些言论对理解旧式中国社会之特性或本质有重要参考价值。可以概括他们学说中有价值的内核为：中国社会是伦理社会。现代以来，中国社会发生了两件大事。一是1949年之后中国确立了共产党的领导，党的组织整合了整个中国社会——其一，每一个地区包括少数民族地区都建立了党委，领导该地区的政府，也就是说，每个少数民族地区都在党的统一领导之下，整个中国社会通过共产党的领导有了"物质上"统一的保证；其二，每个乡村都建立了党支部，实行民主集中制，中央的思想和政令可以通畅地、迅速地传达和贯彻到中国社会的最基层，中国农村几千年经过历次改朝换代未有根本变化的宗法制被彻底打碎，农民在党的领导下组织成集体生产单位。这是中国亘古及今未有过的社会巨变，中国社会的结构与组织方式从根本上变化了。党的领导所标志的不仅仅是中国社会的政治现代化，而且也是中国社会的社会现代化。

　　第二件大事是1992年开始的建立社会主义市场经济体制。在这之前，市场思想已经迅速深入每一个农民的意识深处。中国人民创建了生气勃勃的经济繁荣。被历次运动特别"文化大革命"确立的"人与人之间的关系是政治关系"在一定程度上向"人与人之间的关系是金钱关系"转变。不少人离开故土外出找钱，相当数量的农民不再关心他们的祖辈视为命根子的土地，"手中有

[①] 完成于1996年6月2日。发表于是年《社会学研究》第6期。
[②] 黑格尔在所著《历史哲学》中以西方理性主义和西方中心主义的观点谈论过中国社会的伦理特性，他认为这是中国社会"不成熟"的证据。梁漱溟一直坚持认为中国社会是以伦理为本位的社会，他并且付诸实践，在中国农村搞"乡村建设"。麦克斯·韦伯关于中国社会的言论也属于同样的观点。

粮心中不慌"变成"袋里有存折心中不慌"——足见农民至少东部地区的部分农民的本质正在发生变化。

中国社会曾被理解为政治社会,现在正被一些人理解为商业社会,在发生了上述两件大事之后,"中国社会是伦理社会"还能成立吗?

我们认为,中国社会仍然是伦理社会。当然,这是就"伦理社会"一词的本质意义说的①。

一、中国社会"市场化"之限度

首先要提出的问题是:中国社会的"市场化"有无限度?

不少人把"从计划经济到市场经济的转变"扩大理解为"市场化"——社会生活的各个方面都要贯彻市场经济原则。按这样的理解,1."市场化"在经济领域是无限度的;2."市场化"在一切领域也都是无限度的。然而,在中国社会,"市场化"事实上是有限度的。我们首先要回答的是:这个限度在哪里?

在西方社会,决定谁当董事长的社会力量是资本或曰所谓"市场原则";而在中国社会,决定谁当董事长的主导性社会力量却是党委和组织人事部门,或曰"组织原则"。在此还不涉及生产资料归谁所有的问题。市场充其量发挥资源配置作用,而且这作用不是无限的,组织原则保留适当时候出面干预的权力。这就是"市场化"的限度,或确切地说,"市场化"之限度是组织原则容许的程度。组织原则才真正是起决定作用的社会力量。这就是"社会主义市场经济体制"中"社会主义"概念的一个主要含义。"彻底市场化"的要求不符合社会主义市场经济体制的本质意义。

二、中国社会不是理性主义社会

其次,我们要对上述现象提出理论上的解释,即说明,为什么在中国的市场经济中归根到底由组织原则起决定性的作用。

为此,本文借用德国社会学家麦克斯·韦伯的一个术语"理性主义(另译合理主义)",取其"目标上合乎理性"、"价值上合乎理性"二重意义之后者,加

---

① 梁漱溟先生是现代中国重要的社会学家,然而他未能认识中国社会已经发生的根本变化,1956年他与毛泽东的冲突很能说明问题——究竟谁能代表农民?在农业社会主义改造完成之后,梁漱溟"乡村建设"思想的社会基础永远地消失了,旧式农民永远地从中国社会消失了,也就是说,已经没有他可以代表的农民了。尽管如此,梁漱溟关于中国社会伦理性质的说法仍然值得重视。

以修改、充实,讨论我们的问题。

人们在谈论一个社会时通常不考虑该社会是否理性主义社会,也就是说,人们通常并不认为一个社会是或不是理性主义社会有重要意义,似乎一个社会可以很容易地从不是理性主义的社会转变为理性主义社会。正是出于这个原因,人们在谈到中国社会时,常常会不假思索地引用仅仅适合于理性主义社会的西方理论。西方社会是所谓理性主义社会,关于这一点,麦克斯·韦伯有明确说法。韦氏还说到理性的社会主义[①]。依韦氏学说,中国社会不是理性主义社会。这一点极要紧:如果这一论断成立,西方学术中的大量现成结论就不能直接照搬用于中国社会。

韦氏认为,在西方社会以外,没有理性主义的资产阶级,同样也没有理性主义的无产阶级。换言之,非西方社会中,无论资产阶级还是无产阶级都不是理性主义的。这是相当精彩的言论。相对于西方资本主义的本质特征的理性主义劳动制度,中国社会主义建设中"两参一改三结合"的经验证明,在现代中国社会中,企业制度要淡化领导与工人关系中的理性主义因素、突出其人伦因素(或曰伦理因素)[②]。再以"赚钱"目的为判据。"资本主义精神"之要义是以赚钱为"神的召唤",一是以积聚资本为目的,或曰,以资本本身为目的;二是"赚钱"的道德性质或曰神圣性质。在这里要特别说明"神圣"一词的语义——其本质是精神的而不是出于对某种物质力量的畏惧。正因为如此,赚钱才能成为"至善"。而中国人赚钱的"目的"是"过好日子",钱本身不是目的。所以在中国人这里钱也就不成其为永恒地增殖着的资本。严格地说,对中国人而言,钱只是手段而不成其为目的。

[①] 在麦克斯·韦伯的著作中常用"理性社会"一词。"不是理性主义社会"或许有人理解为"非理性社会"。我们区别"理性主义的"与"理性的"为两种意义。"不是理性主义",甚至"非理性主义",并非没有理性,更不是不讲道理,而是讲另外一类道理,仍然有"理性"。所以我们使用"理性主义社会"一词,不用"理性社会"。

马克思主张,共产主义是对异化的扬弃,即"否定之否定";而理性主义社会正是社会发展的异化阶段。所以马克思的主张之实质是扬弃理性主义。在《哥达纲领批判》一书中,"资产阶级法权"指的就是理性主义社会的分配原则。西方社会进入社会主义之后,在初期阶段不得不沿用资产阶级社会的分配原则,称作资产阶级法权的残余,即理性主义原则还有部分的残留。其意思就是日后要扬弃掉。由此可见,按马克思的主张,社会主义不应是理性主义的。麦克斯·韦伯认为有所谓理性的社会主义,是未能准确理解马克思。

[②] 即使解放前,中国的地主、富农、资本家、小业主等雇主也充分考虑与雇员之间的"感情投资",特别注意同雇员组长以及技术高的雇员搞好关系。

理性主义劳动制度的具体特征之一是科层制,即在这种制度里,人与人之间的关系由确定的规章规定,人们之间的工作交往不需要也不会有多少感情投入。这种特征可以称作人与人之间的关系"普遍化"了。在这个制度中,A与B打交道时,A不是与B这个具体的人交往,而是向B所代表的职务交往;或曰,与B在这个制度中的角色交往。这就是说,A与B的关系由三个要素组成——A这个人,B这个人,二者之间的职务关系或在制度中的角色关系。角色关系实则A与B之间的社会关系,它具有普遍性的形式或形态,即它已经被"抽象"出来,成为独立的社会存在,并凌驾于任何个人之上。我们可以称这种情况为,人与人之间的关系通过普遍性的中介实现。简单地说,在理性主义制度中,人与人之间的关系是间接的(或"有中介的")。

在中国社会中,社会组织的一般形态都是科层制,但不难证明,其实际运行并不合乎标准科层制的要求。同级之间、上下级之间的"合作态度"相当重要,也就是说,同事之间必须有许多面对面的交往,以及大量的感情投入。职务规定的行为一般都须通过良好的感情关系才能执行。这就是说,中国的社会组织中,"本来"应该是中介的(其实这里"本来"一词之含义是"在西方社会的社会组织中")角色关系必须在消解这中介的过程中实行。人与人之间的关系实质上是直接的。间接性(中介)反而成为社会组织运作的障碍。或许有人说,西方社会的社会组织中也有"不合作态度"。我们并不否认这样的情况存在。不过,这里讲的是本质、法则。经常有人批评"权大于法",其实人们在自己的日常行为中一般都是"情大于法(规章制度)"。这些社会现象都说明在中国"普遍物"(法律也好,日常生活的规范也好,日常工作的规章制度也好)并不成其为至高无上的、神圣的法则。抽象的普遍物并不凌驾于个人之上,反而常常成为人们手中的工具,因而也就不成其为普遍物——实际上在中国社会中法律之类从来未曾发展到独立存在的"普遍物"的程度。因而从来未有过"法律高于一切"的情况,因此也就没有"在法律面前人人平等"。这些情况说明,中国社会从来没有过法治精神,而没有法治精神就不可能实行法治。不过中国社会可能实行法制——在中国社会中能够实行人治的法制,不能实行法治的法制。这里要特别说明,人治不等于个人独断专行、任意妄为;少数服从多数的"集体决定"也属于人治。人治与法治之间的本质区别在于,前者人与人之间的关系直接性是主导性的,后者人与人之间的关系间接性是主导性的。

"人治"是中国社会的"特征"。这一特征很容易用实证方法证明。一、凭观察即可确定,即使要求别人施行法治的人士,在自己处理问题时也依"人治"准则行事。二、问所有的中国人,夜间穿马路遇红灯而路上无车行驶时,是等绿灯还是直接过马路?回答多半甚或全部是——谁那么傻?当然过!规则并不具有神圣性。人治与法治在精神上的区别是:法治精神以规范为至高无上,无论时间、地点、条件怎样,均须恪守,乃是绝对奉行。其代表性言论是德国哲学家康德说的,道德法则是"无上命令"。人治精神把规范看作须由人来掌握,规范并不至高无上,须由人根据时间、地点、条件实施,才能得到最佳运用——请注意:是人用规范,不是规范用人。依照法治精神,规范是主体——规范使唤人;而依照人治精神,人是主体——人运用规范。不错,在任何地方规范都要通过人的实施才能生效。但依照法治精神,人的作用是执行规范;而依照人治精神,人的作用是掌握规范。在相对地位上二者显然不同。当然,这里讲的人不是任何一个人,应当是"大人",至少是"君子",总而言之是"有道之士"。依照实际情况运用规范是为了合乎"道"。但即使是"小民",基本态度也是一样的。交通规则之"道"有两个要点:一为交通顺畅,二为行人安全。夜间马路上无车,虽有红灯,穿过马路既不会妨碍交通,又不会伤害行人,为什么不可以?!法治精神把规范看作无条件的命令,人治精神把规范看作有条件的命令。提出"法大还是权大"的问题提错了,应当提"法大还是人大"。在中国社会,人比法大(再说一遍,这里的"人"常常不指个人,而可以是集体,甚至一个组织完善的、相当大的群体)。理性主义社会之所以是理性主义的,就在法比人大——"法"(采用更准确的说法,应是规范)本身是抽象成的普遍物、"异化"物。在理性主义社会中,"法"异化出来的同时,"人"也异化着——人被看作彼此等同的、无区别的、"原子"式的"人格",从而才有"法律面前人人平等"、个人主义、个体本位、独立人格等说法反映这样的社会存在。个人虽然是一个个别的人格,然而由于被看作(即在观念上设定为)与其他任何一个人格完全等同,从而具有普遍性——个人也是"普遍物"。在中国社会,像西方社会走过的"把社会存在抽象化为普遍物"的道路,或简称为"异化"道路,并没有形成。在中国历史上早就出了法家学派,而且其学说在历代统治阶层中影响极大。然而中国社会的"法"并没有成为"抽象的普遍物"。中国社会在历史上有发达的法制,而这法制属于"人治",是典型的"人治的法制"。中国社会的个人也不是彼此完全等同的原子式的"人格"。中国社会至今是个等级社会。"处长"本是某些社会组织中的一个职位,其角色意义仅在该社会组织中有效,离开该组织到社会上是无意义的。然而今日中国"处长"的社会意义是"处级干部",在全社会有效。其他社会组织中的若干职位"相当于"处级干部,也是在全社会有效。因此这是一个社会等级。但这不是阶级,如果我们把阶级定义为依生产资料占有情况划分的话。这也不是政治等级,如果我们把政治等级定义为依享有政治特权情况划分的话(例如人民代表大会代表享有不被逮捕、不受审判的政治特权)。这是伦理等级,享有一定的伦理权利,诸如生活待遇(住房、医疗、交通等方面的等级)、了解情况的范围(即所谓"政治待遇"——允许听什么文件传达、参加什么级别的会议等等,这些"政治待遇"实质上是伦理待遇,因为享有这些权利的人员与其他不享有这些权利的人员或享有更多权利的人员在政治上都同样可靠,区别仅在"级别"不同,而"级别"不是政治的,乃是伦理的)、受到社会尊敬的程度等。

中国人对规范采取的态度不是理性主义的。这种态度在古代就得到"圣贤"们的肯定。儒家权威们强调,要"有经有权"。"经"是常规。所谓"常规"意思就是规范在通常情况下有效。"权"指权变,意思是要注意根据不同的情况变通。惟有注重变通,制定规范所包含的意图才会实现,这叫做恪守"大道"。孟子的一句话相当有代表性,他说,"子莫执(杨、墨之间的)中,执中为近之(接近于"大道")。执中无权,犹执一也。所恶执一者,为其贼道也,举一而废百也。"或曰,即使德国人也懂得灵活变通。答曰,然而在中国社会的文化传统中,权变列入最基本的指导思想中,与西方传统全然不同。

再说一遍,中国社会不是理性主义社会的第一判据是,人与人之间的关系是直接性的或非间接性的、无中介的。关于这一点,笔者在论证中国历史上没有 Feudal system(通常译作"封建制度",这里用英文书写,意在与西周封建制区别)社会阶段时,已经指出,"古代中国社会中,诸侯先与人结成关系,再与土地发生关系;西欧封建制却是与土地的关系先于与农奴的关系。在这个意义上,古代中国未曾有过西欧的封建制。"[①]马克思在《资本论》中阐明,商品有二重性,一为自然存在,一为社会存在;商品价值是商品的社会存在,其本质是人与人之间的社会关系。从马克思的这一学说可以引申出,商品价值是人与人之间的一种社会关系的中介——商品交换这种社会关系的中介。商品价值发展出货币。货币是普遍物——马克思称之为"一般等价物"(一般即普遍)。准

[①] 谢遐龄:《释"分"》,刊载于《复旦学报》1990年第3期。

确地说,货币才是商品交换这种社会关系的(普遍性的)中介。至此为止,中国社会与西方社会还是一样的。这就是说,在中国社会中也存在着人与人之间的间接性的社会关系。问题在于,这种中介性是否成为该社会的主导性法则。西方社会,按马克思的分析,是商品社会,即上述中介性已成为西方社会的主导性法则。然而对中国社会而言,货币这种从古以来就存在着的中介物虽很有用(俗语曰,有钱能使鬼推磨,足见其力量之大),其中介性却始终未成为社会的主导性的结构要素。换句话说,中国社会始终未成为商品社会。在中国社会中,主导性的人与人之间的社会关系至今仍是直接性的[①]。

三、现代中国社会初步分析

古代中国社会是伦理社会。现在我们要论证的是,现代中国社会也是伦理社会。在上文中我们从"中国社会不是理性主义社会"论断中引出,该命题成立之内涵是,中国社会中主导性的人与人之间的社会关系是直接性的。

通常的社会发展理论主张产业性质决定社会的类型。按这种学说,当一个社会从以农业为主进展到以工业为主,这个社会就会在性质上发生根本变化,例如,会从伦理社会转变为商品社会。眼下流行的各种"市场化"理论大都建基于这一学说之上。按麦克斯·韦伯的理论,西方社会之所以能建立理性的资本主义,乃在于西方社会本来就以理性主义为其传统。韦氏的学说颇受"唯心主义"之讥。关于文化精神与社会存在之关系,笔者已有讨论,在此不作繁复的哲学论证[②]。在此只说一点:"唯心主义"的责难不成立。中国社会从农业社会进展为工业社会,可以仍然是伦理社会。经济繁荣不必然带来社会性质变化。建立市场经济体制也不必然带来社会性质转变。国内外学术界已有伦理经济之说,对本文的论点有支持之效。而论证了中国社会是伦理社会,则中国的市场经济必定是伦理的市场经济不证自明。伦理经济之说是描述性

[①] 论者或许提出许多反例。我们请读者注意本文中经常使用"主导性"一词。某社会实行市场经济体制并不说明该社会中主导性的人与人之间的关系就是间接性的。在中国人为基本成分的社会中,经济组织发展到一定规模就不得不寻找一个有武力的社会团体作为自己的后盾——不靠政府(白道)就靠民间团体(黑道)或外国势力。连小摊贩都懂得"保护人"一词的含义。台湾现在实行"民主政治",似乎主导性的人与人之间的关系已经成为间接性的。然而"贿选"的情况,关于选举中约有25%的选票被黑社会控制且趋势是与日俱增的报道,使我们有理由推定,住在台湾的那部分中华民族,人与人之间的关系仍是直接性的。

[②] 见谢遐龄:《中国:现代化呼唤传统文化精神回归》,《复旦学报》1995年第3期。

的。本文要做的有两件事：一是确认现代中国社会是伦理社会，可以说这主要是描述性的工作；二是论证中国社会只会是伦理社会、不可能不是伦理社会。

1. 现代中国社会的主要社会关系

首先分析现代中国社会的主要社会关系。古代中国社会有"五常"或曰"五伦"，即五种主要伦理关系——君臣、父子、夫妇、师生、朋友①。这五种伦理关系是基本社会关系，其他社会关系，如上下级关系、同事关系，或从属于、或派生于这些社会关系，并依伦理原则处理。现代中国社会的社会关系中，上述五种伦理关系除君臣关系外还都存在，只是在社会结构中的重要性发生了变化。现代中国社会中，上下级关系与同事关系有了新的意义。社会成员所在"单位"具有十分重要的意义。"单位"是现代中国社会的基本社会单元——如果说西方社会是由个人构成的，那么中国社会就是由"单位"构成的。社会单元指的就是这种构成社会的基本要素。这种情况我们过去表述为，西方社会是个体本位的，中国社会是群体本位的。旧中国的社会单元以家族为群体，新中国的社会单元以单位为群体。"单位"成为中国社会的社会单元，上下级关系与同事关系作为伦理关系就增加了重要性。相应地，父子关系、夫妇关系的伦理地位降低了。

现代中国社会的"单位"中的人与人之间的关系之主要意义是伦理关系。这一点对中国人而言是无须证明的事，每个人只要体会一下自己与所在单位的种种关系，都会立即理解在单位中生活的伦理意义。人们常常说到现在的单位是"小社会"。说时一般带有不满情绪。其实，单位已经成为中国社会的基本伦理实体。个人在社会上遇到事情，不论自己还是别人都要"找单位"或"找单位领导"——"单位领导"一般称为"当家人"，已有"家长"意义。任谁也不能说单位领导与自己的关系是政治关系，更不能说成是雇佣式的经济关系——单位领导是雇主而自己是雇工。然而单位内部的关系也有经济关系之含义，尽管不是主导性的。归根到底，单位内部的主导性关系说成伦理关系最为恰当。

"单位"与其上级领导机关之间的关系是什么性质——属于伦理关系吗？

---

① "五常"一般解说为仁、义、礼、智、信五项德性，有时也解说为这五项德性对应的五种人伦关系。本文取人伦关系说。

我们的回答是,这关系同样属于伦理关系。不过,这个问题要在更为广阔的背景里讨论。我们先要问,1. 现代中国社会最主要的社会关系是什么关系？2. 这最主要的社会关系是否属于伦理关系？

现代中国社会最主要的社会关系无疑是党内关系和党群关系。中国共产党的存在及其领导地位是现代中国社会最基本的事实,也是现代中国社会最基本的结构要素。这一事实有目共睹无须论证。需要做的是理解这一事实的社会学意义。我们的判断是：党内关系和党群关系是伦理关系。

党的存在及其活动通常被认为是政治事实。这当然不错,然而这样说是否完全说出了其主要意义？正因为"党"被看作政治性的,通常在理论上把党归为"上层建筑"。然而党的一项职能是掌管和决定生产资料的调配、使用与处置,决定董事长甚至总经理的人选,难道党不也是"经济基础"吗？一个事物既是上层建筑,又是经济基础,这是矛盾,在理论上是个悖论。然而这是生活中的实际情况。错只能是理论错,事实总不会错。看来需要有新的理论来说明我们面对的全新的事实。由上所述可见,党不仅仅是政治性的,也是经济性的。然而,"党有经济性"之意义还不够清晰,还须进一步阐明。上文已经提到,单位领导与单位成员之间的关系不是雇佣关系。判定"经济"特别现代经济中有多少雇佣关系成分本身就是一个相当复杂的课题。尽管如此,从现代中国社会的实际生活情况出发还是可以作出一些不难以实证方法证明的基本判断。第一个基本判断就是,从"党有经济性"决不能推出"党群关系是雇佣关系"。换句话说,党群关系决不是雇佣关系。生活实际每天都在证明着这一点[①]。这里再给出一个理论上的证明。先要说明何谓公有制。私有制之本质是个人所有权,而公有制之本质是无个人所有权或非个人所有权。经济总要由人运行：生产资料要有人掌管,产业要有人组织,经营活动要有人操作。某个企业的经济主体可以是中央级,也可以是省级或某个地方级,还可以是承包该企业的集体甚至某个小组或某个个人,然而只要经济归根到底由党的整个组织系统运行,而党的经济活动以民主集中制原则组织、操作,整个国民经济就在实施无个人所有权,也即实施公有制。在这样的经济制度中,生产资料不

[①] 这里也许是说明"下岗"与"失业"区别的恰当处所。受雇者不再受雇,是失业。身为企业主人者,暂时无工作可做,离开工作岗位,才是下岗。下岗与失业,当事者状态差不多,所表现的社会关系,或者说本质,是全然不同的。

是资本,换句话说,资本概念是毫无意义的。当然,其中也就不存在任何意义上的雇佣关系。

读者可能已经注意到,提出"党概念不纯是政治概念,也是经济概念"命题,虽然在解释现代中国社会的基本社会关系上深入了一步,却同时引出新的困难,即由于引入"经济"含义容易产生误解。显然,还要再深入一步。

2. 生产关系决定其他社会关系?

既是经济关系,又不是雇佣关系,如果单纯着眼于经济,称之为伦理经济也无妨。但是我们在这里要研究的是现代中国社会的本质,涉及怎样看待党,"伦理经济"概念显然不足以说明问题。要再深入一步,须提出"党概念是伦理概念"命题,揭示党的伦理性。只要认识到党内关系和党群关系是伦理关系,一系列解释不清楚或解释起来有诸多困难的问题就会迎刃而解。

1949年解放以前,党群关系不是伦理关系。1949年解放后到农业、工商业的社会主义改造完成之前,党群关系也还不完全是伦理关系,而主要是政治关系。当农业、工商业的社会主义改造完成,整个国民经济归拢到中国共产党的完全领导之下,并完成了整合过程之后,党群关系的"性质"(应该说是"本质")变了——有了经济关系之意,同时也有了伦理关系之意。中国共产党的性质也"变了"——从过去作为"上层建筑"的、一般意义上的"政党",变成了既是政治领导,也是经济领导,更是伦理领导的核心力量。"核心"一词的主要意思是伦理的。

在中国出现了一个新型的社会。

"政治"、"政党"等词沿用了下来,然而其意义变了。"政治"一词从纯粹的、只包含政治(即没有丝毫经济、伦理)的意义,转变为包含原来意义上的政治、经济、伦理三种意义。"政党"原来归于上层建筑,因为政党不是生产关系的组成要素。在旧式社会中,可以有"党产"(政党自办的企业),拥有"党产"的政党仍属"上层建筑",因为不会由于某个政党办了一个、两个企业而使政党成为生产关系的结构要素。而在新型的社会之中,政党成了生产关系的结构要素。它已不是原来意义上的政党——它还是"经党"。"经济基础"、"上层建筑"等词是马克思用来描述旧式社会的,面对这个新型的社会,这些术语已不恰当。现在我们面临的一个重大的理论上的困难是,我们还没有新的理论以及新的术语来描述新的社会,而只能沿用旧理论和旧的理论术语描述这个新型社会。在这种情况下最容易产生的错误倾向就是把新事物理解为某种旧事物,把世界历史上至今还未有过的新型社会理解为一种存在过的旧式社会。严格地说,"生产关系"一词的内涵也变了。过去生产关系的第一要义是生产资料归谁占有。这个"谁"字是单数或复数,却不能是"全体"。现在在公有制下,生产资料不归任何个人或团体占有,"生产关系"一词若继续使用,其内涵就必须改变——至少去除关于生产资料归谁占有的一条。否则,由党支配生产资料这一现象会误解为"党占有生产资料",公有制的生产资料误解为"党产"。实际上,对现代中国社会的经济生活过程作实证分析,不难看出,党代表人民掌管和运作生产资料;党的活动之所以可以认定为"代表人民",由党实行民主集中制确定——因为通过民主集中制,党的活动体现着人民的愿望和要求。

这样的通过民主集中制实现的关系,由于其目的不是政治的而是经济的,因而已经不是过去意义上的政治关系。其目的虽然是经济的,但(1),其实现方式却又不是过去意义上的经济的,例如决定对部分生产资料的支配权由某部划归某省,不是通过经济途径,而是通过党的决议;(2),其本质也不是过去意义上的经济的,即其中没有所有权转移,或更确切地说,所有权概念已经消解。需要找出一个新的术语表述用"政治的"、"经济的"两个词无法表达完全的意义。我们找到一个意义最贴近的词,"伦理的"。这也是个旧词,其内涵也有变化——过去主要表述"血缘的"意义,现在则主要表述"党缘的"意义。"党内关系"是现代中国社会最主要的纽带。

之所以不把党内关系归结为政治关系和经济关系,而看作有第三层意义——伦理关系,主要有两条理由。一是用"政治关系"、"经济关系"无法准确而完备地描述现代中国社会的党内关系。二是"政治关系"、"经济关系"不能描述的那层意义,恐怕比"政治关系"、"经济关系"更重要。

过去我们都说"生产关系决定其他一切社会关系",当然包括决定伦理关系。在现代中国社会却是党内关系决定生产关系。请注意,这里所说"决定"不是从推动力而言,例如计划经济体制已经从有利于生产发展转变为不利于生产发展,这种情况被认识到了,而后产生党的决议——我们称之为"由经济原因推动"而不是"由经济原因决定";而是从其性质或确切地说"本质"而言,因为假如出现了其他推动力,例如爆发了世界大战,党会为坚持基本路线从实际出发对经济体制作出另外的决议。在这里民主集中制同样有着重要意义。一切决议首先须有全党认同,再须有全民认同。如此,该决议可看作体现了人民的愿望和要求。假设在战时推行计划经济体制，那么由市场经济向计划经济的转变过程从作出决定到实际操作，都不是通过"经济规律"实现，而是通过伦理关系实现。民主集中制成了现代中国处理伦理关系的准则。

3. 现代中国社会的性质

准确地说，问题应提为现代中国社会的本质是否仍是伦理社会。上面的讨论已经可以大致确定，现代中国社会是伦理社会。我们在这篇短论文中的论法是：先指出现代中国社会的主要社会关系是党内关系与党群关系，再论证这两种关系的主要的社会意义是伦理关系。当然，论定现代中国社会是伦理社会还须对诸多社会现象作详细的实证研究和理论分析。这篇短论文只能做到大致确定上述论题能成立。

从"面上"说如此，从"深度"上说或从理论分析上还须进一步讨论。诘难者可以提出，本文至此所述只是描述了现状；然而现状是可能改变的，而如果现状确实可以改变，那就不能说这种现状表现着现代中国社会的性质，更不能说成是现代中国社会的本质。所以我们必须做进一步的工作，论证中国社会只会是伦理社会、不可能不是伦理社会，从而现代中国社会是伦理社会就不言而喻了。我们的论法是：(1)确证中国社会中人与人之间的社会关系是直接性的；(2)估测在未来的几个世纪中不会转变成间接性的；(3)把"不可能"的意义从逻辑的转换成可测量的。

关于第一点，上文已经作了分析。在此要再次强调，现代中国社会已经发生了翻天覆地的巨大变化，与古代中国社会根本不同；然而在一点上是相同的，那就是，二者都是伦理社会，其中主导性的人与人之间的社会关系是直接性的。关于旧式的中国社会，有"五缘社会"之说，"亲缘"是古代中国社会的最主要的社会纽带。现代中国社会主导性的社会纽带是党内关系，或可称之为"党缘"。这些都是可以用实证方法研究、证明的。

关于第二点，从方法论角度看，只能是估测而不能是证明。可以用实证方法证明的是：(1)现在的中国人对普遍物的态度；(2)现有的态度很难或几乎不会改变为间接性的。而后估测，在未来几个世纪中也不会改变为间接性的。我们可以调查人们对最常见的普遍物——法律和人格——的态度。例如最常见的法律(在此取其广义)，交通规则。交通规则是一个普遍物，其实质是行人与车辆之间的中介——行人过马路是否被车辆撞，本是行人与车辆之间的直接性的关系，行人与车辆驾驶员注意交通情况即可。在这样的直接性的关系情况下,行人由于判断失误或一时兴起可以突然冲上马路,使驾驶员措手不及撞伤行人。交通规则如果被确认为绝对的,即不论时间、地点、条件都是完全严格按照规则执行,只要信号系统给出"可以通行"的指令,驾驶员就可以放心行驶,而不必担心,即不必考虑路上会突然跑出一个行人。同样,行人也在严格执行规则的条件下得到安全保障。这就是间接性的关系——无论车辆还是行人都与交通规则打交道,有交通规则这个中介,才有行人与车辆之间的关系。我们可以设计如下的实验:建立一个实验组,再设一个对比组;实验组办三个月的学习班,学习内容包括规范神圣、夜间过马路即使路上无车也须等绿灯;对比组不学习。学习结束后立即安排两个班的成员在夜间过马路,观察反应;过三个月再次夜间过马路、观察反应;再过三个月再重复……实验将证明,随着时间的推移,两个组的差距日益缩小。结论是,中国人可以学会规范,并灵活运用,但不会改变对待事物的态度,即不会把交通规则看作间接性的。

对未来几个世纪的估测是难的,我们只能从两点出发推测。一是过去几千年都没有能改变中国人对普遍物的态度,人与人之间的间接性的社会关系无法普遍化,那就不能指望今天的我们有可能在几个世纪中做到前人几千年做不到的事。二是从以往半个世纪变化甚微的事实,推出未来几个世纪不会突然变得迅速演进。相信大家会同意我们的估测方法。

关于第三点,从事实逻辑角度看,世间很少会有"不可能"的事。谁能排除一万年之后的中国社会成为理性主义社会之可能性?然而不用说一万年太久,即使是"两百年"对今天的我们而言恐怕都嫌太长。比如在中国社会推行私有化的主张。笔者早就指出,私有制的前提是人的社会存在抽象化为普遍性的"人格",而这在中国是"不可能的":中国社会自古及今发展不起私有制归根到底由于中国人排斥抽象化;鸦片战争以来约一个半世纪西方资本主义的强大影响也没有促进中国人抽象化的进程。或有诘难者曰:为何不可以试一试?或许半个世纪之后能行得通?难道应当要求全体中国人民为几个理论家认定的"今后有可能实现"的目标而"改造"自己、进行"抽象化"实验?何况我们已经有了一个多世纪的历史经验。看来应当确定判据,把过长时间(例如两个世纪)不能实现的事物看作不可能实现的。中国社会是伦理社会、不可能不是伦理社会,因为我们看不到中国社会理性主义化的丝毫可能性。

本文第二节讲到"市场原则"和"组织原则"——这是当今世界的两种主要社会力量。"组织原则"的说法容易引起误解,似乎这仅仅是可以选择的行为方式,并非社会的"客观规律"。行文至此,很容易论证"组织原则"有其客观依据。组织原则是"人治"的原则——同样民主集中制也是"人治"的原则。既然中国社会的本质是伦理社会,主导性的人与人之间的社会关系是直接性的,这就意味着"法"不会抽象化(或曰"异化")为普遍物、成为凌驾于"人"之上、在交往时位于"人"与"人"之间的"中介物"。也就是说,组织原则作为"人治"的原则,是不得不做的选择,依据于"必然"的"客观规律"。凡称为"客观规律"的我们都称之为"法则"。西方社会的"市场原则"依据资本法则,中国社会的"组织原则"依据伦理法则。伦理法则是中国社会必然的客观规律。

中国社会是伦理社会——如果这一论点成立,会有一系列推论或相关论点:

中国社会不可能成为理性主义社会。

中国社会是群体本位社会,个体本位是这个社会的不稳定因素。

中国社会不可能确立私有制,不可能成为资本主义社会。

中国社会是等级社会,但却是伦理的等级社会,阶级和政治等级是这个社会的不稳定因素。

中国社会与西方社会根本不同,因为西方社会是理性主义社会,而中国社会不是理性主义社会且不可能成为理性主义社会。

不要以为中国社会的现代化就是理性主义化。中国社会的理性主义化只是一部分中国人的"中国梦"。男孩长大了是男人,不会长成女人;女孩长大了是女人,不会长成男人。中国现代化了仍是"中国社会(伦理社会)",不会是"西方社会(理性社会)"。

1930年代中央苏区的农村社区重建[①]
——中国当代社会建构之一

一、研究的缘起

我最初认识到中国社会与西方社会之区别,是从黑格尔哲学得到的启发。我在阅读黑格尔《逻辑学》时,最感迷惑的是《主体逻辑》:普遍的、特殊的、个别的三个范畴转来转去,"普遍的是……个别的"、"个别的是……特殊的"等句子层出不穷,极不合逻辑,竟是逻辑学!后来从"客体逻辑"以实体范畴(斯宾诺莎)终、"主体逻辑"一上来就谈人格范畴和自由概念猜测,主体逻辑中这些"高烧时的胡话"不妨作社会学理论解,遂豁然通透。相关的体会,在此涉及两点:一是概念与社会结构相对应,概念须从社会结构中领会。比如私有制之"私"字,在古代中国原义是集体中的一分子,而古代日耳曼社会结构中却是独立个体。于是,我认识到,把欧洲的 Feudal System 理解作中国古代社会的封建制度是错误的。中世纪欧洲的 Feudal System 下,人依附于土地;但在中国社会,从古到今,都是人事关系优先于一切其他社会关系,封建制度中当然也是人事关系优先于土地关系。二是人格范畴是理解中西社会差别的关键。欧洲社会,至少德国社会,人格(Person)是其基本社会结构,每一个人(Man)都可看作内有人格(Person),因而既是"个别的",由于每一个人格(Person)与另一个人格(Person)毫无区别、完全等同,也就同时是"普遍的"。然而中国人或中国社会,没有人格(Person)这样的社会结构,从而"个别的"不成其为"普遍的"。用人格(Person)解释中国社会,总会得出错误结论。

[①] 发表于《复旦社会学论坛》(第一辑),上海三联书店,2005年9月第1版。

1995年10月,我到社会学系执教,感到应该发表一篇"社会学的"论文,遂撰写了《中国社会是伦理社会》一文,发表在1996年第6期《社会学研究》上。在这篇论文中我表述了如下的认识:

1. 当代中国社会是个相当独特的、有着全新结构的社会。现有的社会学理论尚未把这种结构的社会收入其视野,因而用现有的社会学理论解释中国社会必定解释不通。

2. 伦理社会的意思是人事关系主导的社会。组织原则高于市场原则,因而中国社会不可能成为"市场社会"(即理性社会)。(推论:把中国社会现代化设想或解释为向理性的市场社会转型是不可能实现的幻梦。)

3. 理解当代中国社会的钥匙是把党组织理解为社会结构骨干成分。传统说法"党是上层建筑"不适合于解释当代中国社会结构。我阐明,党组织不仅是"上层建筑",还是"经济基础",又是"社会结构"。(在此后的一篇文章中,我使用了"党组织与社会结构的一体性"说法,表述党组织与社会融为一体的现象。)这是当代中国最基本的社会现象。但令人遗憾的是,人们对这一现象竟然熟视无睹、视而不见。不正视这一最基本、最重要的现象,社会学还能成其为社会学吗?不从这一现象出发,有可能建立准确研究中国社会的社会学吗?

文章立即遭到几位朋友反对。我的一位权威经济学家朋友针对我的论文发文说,中国社会不是伦理社会。此外也收到若干台湾学者的批评意见。后者的见解不得其详。前者的文章我读了一过,明白了他并非否认中国社会是伦理社会之事实,而是表达了自己不喜欢中国社会为伦理社会之态度。在面对面讨论时,他重申:"你是错的!"我答道:"我讲的是现实,不是主张。"他说,"现实是伦理社会没错。但不应该继续下去。中国社会应当成为市场社会。"那几位批评我的论点的台湾学者想必也是类似情况。我认为,社会学家须客观研究面对的现象,真正发扬实证精神,从面对的事实出发。社会学家不必有所主张(当然我不反对有的社会学家有所主张)。社会学家的第一要务是看清事实。其次再要对此事实何以如此作点解释(即提出理论)。如果要有所主张,也须在这两件事做好之后。

另外有几位社会学家认为,中国社会是伦理社会早经中国前辈学者提出过,不是什么新见解。其实,我在论文一开头就指出,黑格尔、马克斯·韦伯、梁漱溟都说过中国社会的伦理性或伦理本位,可以看作认为中国社会是伦理社会;随后提问道:当代中国社会是否仍然是伦理社会?论文实际上是阐明当代中国社会仍然是伦理社会,以及对这一论断可以开展经验研究的理论、当代中国社会的基本结构特征等。大概这几位社会学家未读过我的论文。

实证原则是区别社会学与哲学的界线和判据。哲学也须以历史的和现实的生活为背景和内容,但哲学研究不须引入实证方法。社会学则直接依赖实证方法。① 实证方法可有若干,但须实证则为一。本来我指望会有研究者对我提出的理论观点作实证研究,但是看来有点难度。一则不少情况是不证自明的,或许人们以为无须花功夫证明;二则开展实证研究确实有一定的困难,时机似乎也未成熟。于是我只好亲自动手。我又不想简单地围绕已经做出的论点开展经验研究,遂想到,何不设想一个新的题目,既在论证前已提出的论点,又在开辟新的研究方向。于是,在1999年,我就向自己提问:既然当代中国社会是伦理社会,那么这个社会结构是怎样建构起来的?我想,如果我讲清楚了这个建构过程(这是一个新课题),那就是从另外一个方面论证了旧有的论题。于是,在2000年着手调查访谈。

二、研究的假设

当代中国社会是伦理社会。这是我们面对的事实。现在我的问题是:这个社会结构是怎样建构的?(社会结构可以多角度看。本研究是从伦理社会角度看。)立刻可见,这是个庞大之极的课题,一个人的力量决不可能完成。我能做的仅仅是两件工作:一、理出一个清晰的线索;二、在若干要点上做实证研究。其他绝大部分实证研究就有待于后人了。

我的研究还必须进一步缩小范围,因而把下列论题当作本研究的假设,不作研究:

(1) 当代中国社会与旧中国社会在社会结构上迥然不同。

不少研究者已经指出,当代中国与旧中国在文化上有个断裂;也有体会到社会结构方面巨变的,但似乎还未有仔细讨论。一般认为,古代中国之统一依靠文化。当代中国之统一依靠什么?本人曾指出,当代中国社会的统一建基

---

① 新注:哲学区别于社会学的基本分野是:哲学命题是纯粹的,不得是经验的(含有感性因素的)。哲学依赖思辨方法。康德区分经验判断、纯粹判断;黑格尔主张逻辑学(哲学)是纯科学、研究纯粹思维规定的科学。现时许多哲学论著提供的理论之所以漏洞百出,根源就在混入大量经验命题。

于党组织的统一。

一般称旧中国社会为封建专制制度。实际上旧中国社会"国家"与社会基本上是分离的。"社会"是家族的集合，各家族高度自治。"国家"即朝廷，是众家族之一。由朝廷组建和领导的政府体系很少过问民间的事。人们形容旧中国为"一盘散沙"，相当准确而形象地明喻了旧中国的社会结构。所谓"专制"只是皇帝和他手下的群臣之间的关系，一般不涉及朝廷与民间的关系。而当代中国社会在每个村庄都建立了党支部，执行教育、动员、组织农民的功能。中国社会成为一个高度组织化的社会。在技术条件相当落后、财政能力相当低下的情况下，无论哪一个边远地区的农民，都能通过延伸到村庄里的有线广播，随时、直接听到最高层领导的声音，回应党和国家的召唤。这是"文化大革命"期间常见的景象。目击这样的现象，谁能说中国社会没有现代化呢？

（2）当代中国社会的社会结构是多种力量全面互动的产物。

（3）由于中国共产党领导的人民革命最终胜利，当代中国社会的建构须主要从中国共产党的活动中观察。

（4）毛泽东的理论和实践在其中起着主导作用。

说来惭愧，以上假设主要功能是缩小实证研究范围，不见得有很强的理由。一、二两点是想设定一种前提：从1840年鸦片战争以来，经过多种社会力量的强烈激荡搏战，中国社会已经巨变，即已经转型。我们现在面对的是一个全新的中国社会，而非面对一个未转型的传统中国社会。当然，这样说，并未排斥中国社会现今仍然处于变迁之中；也未排斥中国社会在不断变迁中有些根本特性稳定地基本不变。这样说，是把我的判断"我们面对的中国社会是一个在结构上全新的社会"展开而已。

建立上述四条研究假设，我的实证研究范围就可以确定了：从1930年代的中央苏区开始。

三、研究的思路

实际上，我已经看到了结论。得出结论的思路是：把人们熟知的事情用社会学语句重新叙述。土地改革运动是人们熟知的事情，用社会学语句叙述这一事实，把一个村的土地改革称作社区重建，过去被封闭、被排斥在社会学研究视野之外的社会现象就直接呈现在研究者面前了。

结论立刻呈现出来：党在军队支持下进入村庄，粉碎原先的全部政权组织、经济结构和社会组织,建立党领导的农民组织,没收全部土地、重新分配,创建党的基层组织、重建政权;以党组织为纽带联系各个村的党政机构,组建起中央苏区的国家。这就是新社会之建构。

这种思路也可以简略地表述为:从社会学视角解读党史。我希望这种思路给中国社会学的发展带来动力。这似乎是社会学中国化、本土化的重要途径。

作出上述"结论"(建构新社会)所依据的事实(土地革命)是众所周知的。事实本身毫无新奇之处,也不会有新奇处。但是,一当用社会学语法叙述这一事实,在学科中就出现了新的语句。细参其中包含的意义,就会体会到:新的理论出现了。这就是说,重要的事是以社会学眼光解释事实中的意义。

2000年夏天我在江西赣南地区的实地调查中接触到的一部分事实有,1930年代中央苏区建立之前,在当地客家社会中有着相当发达的民间自治组织(现在多称之为草根组织)。比如桥会,就是如下产生的:社区中需要修建桥梁时,由一个或几个民间有威望的人士倡议成立桥会,由这个桥会募捐、安排施工建造;桥造成后,余款由桥会购田,从这些桥田收租作为桥梁的维修费用。显然桥会属于社会公益组织(参阅毛泽东《寻乌调查》论"政治地主"节)。土地革命时期,由于这类社会组织的领导人所处社会阶层较高,桥会的公有土地以租给佃农耕种的方式经营,因而桥会等组织被理解为"实质上是剥削贫雇农的地主阶级组织"、"公共地主"(毛泽东:《寻乌调查》),桥田由苏维埃没收、归苏维埃所有,桥会则或解散,或消亡了。造桥为人类生活所必需,无论怎样革命,在有河流要过时,总要造桥。民间自治组织废除后,造桥功能由苏维埃或农会担当。

这一事实,以社会学眼光看待,就称之为社会组织变迁。伴随这一变迁的是社会结构发生了根本的变化。

四、研究的理论依据

我们面对的题目是人们的活动怎样建构新的社会结构。

理论依据就是:互动创建社会结构。

这一理论之来源是马克思《资本论》第一章对交换价值形成过程之分析。物品交换是互动;互动之产物是物品之交换价值或称价值,物品成为商品。价值就是新的社会结构。马克思的用语是:价值是物品的社会存在。

互动产生社会结构。然而互动可能产生不同的社会结构：同样是交换，产生的社会结构未必一样。诗云："投我以木桃，报之以琼瑶。匪报也，永以为好也。"这是交换，但不产生价值这种社会结构。情人互换信物，产生婚姻这种社会结构。既言"报之"（答之也），又释曰"非报"（非商品交换也），言欲结两姓之好。可见从行为上看属于同样的或类似的互动，之所以产生不同的社会结构，在于当事者对自己行为的理解；或准确地讲，在于当事双方对彼此行为的理解。

所以，单讲行动（行为，或者如某些人喜欢说的，社会实践＝社会行为）产生社会结构是不够的，伴随着行动的理解是产生什么样的社会结构的关键要素。所以在研究互动时，一定要包括行动、理解两个要素。

我们在这里讲的互动，与已有的互动理论还是有些区别的。我们面对的现象是，同样的生产力在中国却产生出与欧洲迥然不同的生产关系。使用传统理论单讲行为、行动，或换个词称作实践或社会实践，都解释不清楚。不得不引入"思想的"或"文化的"因素作解释。与行为相关，就是行为者的理解。（这里安放了一个设定：个体行为者的理解一定是由他生活于其中的文化规约的。）

例如个体所有权能否存在，不少人认为出于立法。其实这里有两个问题：一是社会学问题，一是政治或曰立法问题。社会学的思路是从普通人的日常生活中观察，人们的日常行为建构的是怎样的社会结构，是否建构起个体所有权这样的社会结构。在已经有这样的社会结构的前提之下，在政治上求得解决，通过立法程序予以确定，个体所有权就确立了。如果人们的日常行为没有产生这样的社会结构，单通过立法强行规定，个体所有权是不可能确立的。

人们的日常行为是否产生着个体所有权这样的社会结构？主要在于伴随着互动的理解是怎样的。涉及所有权，要考虑的理解是怎样看待对他人的尊重，或直截了当地说，怎样看待对互动中的对方的尊重——是无条件的尊重还是有条件的尊重？

五、建构新社会结构中的理解：组织

由于研究资料大部分是现成的，因此在研究新社会结构之建构时，重要的是了解当时的行动者怎样理解他们自己的行为。

题目是新社会结构之建构，新社会结构是党组织与社会之一体性，问题遂聚焦于：什么样的理解造成这种一体性结果。

我们看到的社会事实是：建党；党员深入农村成立农会；党带领军队、领导农会发动农民斗争没收全部土地、宣布一切权力归苏维埃、重新分配土地、成立村政权……

要研究的是，贯穿这些事实中的理解是怎样的。

这里最重要的是两点：一、关于组织的思想及其贯彻；二、对担当领导的理解。

中国共产党是按照列宁的建党思想创建、发展的。列宁有一句话极其重要，他说，无产阶级在反对资产阶级的斗争中，除了组织，没有其他的武器。

在建构新社会的整个过程中，组织是最根本的要素。斯大林讲，资本主义社会是自发形成的，社会主义社会是无产阶级自觉地组织起来的。这个思想实际上是提出一种怎样建构新社会的主张。

马克思早年即提出，要让理论掌握无产阶级群众（《黑格尔法哲学批判导言》），列宁禀承这一思想，阐释说，要把无产阶级思想家（如马克思）创建的革命理论灌输到无产阶级群众中去。灌输是革命理论掌握群众的步骤之一。理论掌握群众须经群众领会和接受，否则不可能成为有效的革命行动。所以领导群众参加革命实践、让群众在实践中领会理论之真谛十分重要。此命题遂逐渐转化为"群众掌握理论"。实质上，群众掌握理论是理论掌握群众的步骤之一。

按照马克思主义的观点，社会发展是一个物质过程。所谓"物质"，在此指的是社会关系。社会发展归结为社会关系（其中首要的是生产关系）改变。改变社会关系必须有实力。无产阶级没有政权、法院等政治实力，也没有资本、土地等经济实力，因而只有靠组织从无到有地创造出一种新型政治实力来。组织之本义是汇集力量用以推动社会关系改变进程。然而在实施中，组织活动本身成为新社会之建构。这一点是许多研究者没有注意到的。因此，对无产阶级政党的组织活动，人们一般只从政治学角度研究，而缺乏从社会学角度的研究。

列宁首先在党建方面着手。列宁党（布尔什维克）是全新的创造。党必须有革命理论指导，这一点不是列宁的独创。列宁的独创在于两点：党必须有严格的纪律，因此每一个党员必须参加一个支部并服从党的纪律；党员必须缴纳党费。这两点都是为了加强党的组织性。"缴纳党费"十分重要，是建立党员与党组织牢固关系的有力措施。这项规定让党员对党有归属感,建立党员的组织观念和对党的忠诚,培养对党奉献的态度。列宁的这项创造可能是向教会学来的。

建党之后,就是组织工会。在中国,组织农会是重要步骤。第一次国共合作期间,中国共产党掀起了农民运动,所到之处都组织起农会。组织工会、农会之初衷是政治动员和军事准备。但是一旦建立了革命政权,成立了苏维埃,宣布"一切权力归苏维埃",工会、农会就转化为苏维埃的组织基础、苏维埃与人民群众结为一体的中间环节。

对社会学研究而言,在中国革命历程中,尤其在江西1930年代中央苏区阶段,红军的活动是十分重要的环节。中共党史研究曾称1927~1937阶段为第二次国内革命时期,又称为土地革命时期。在江西等地区,起初按照俄国十月革命方式在城市发动武装暴动建立政权,均告失败;后来采取由初创的红军军事占领后建立根据地方式,才成功地建立起政权并组建起中央苏区。如此,最终形成"农村包围城市"的中国式革命道路。军队和根据地是整个组织过程中不可缺少的基本要素。

总括上面所说,中央苏区基本组织环节有如下四个:

党——工会及农会——军队和根据地——苏维埃。

这四个环节中,保证中央苏区整体性的根本要素是党组织。作为政权的苏维埃有中央、省、县、乡(村)四级。看起来,与西方社会的行政体系类似,实质却根本不同。且不谈苏维埃既是议会,又是政府。这一特征在其后的发展中改变了。在这里,重要的区别有二:一是苏维埃是党政合一的;二是苏维埃在初创时即有经济功能——苏维埃掌管生产资料;"一切权力归苏维埃"包括生产资料归苏维埃。这两个要点在其后的发展中一直保持着。

党政合一的苏维埃,对作为整体的中央苏区,是党更重要,还是政更重要?十分明显,党更重要。从结构上看,苏维埃的关键职务多半都由党的主要领导人担任,而党的领导另外有个组织系统,因而从结构上就确定党的活动比苏维埃的活动更为独立、更为频繁、更有影响。此外还有两个原因:一是中央苏区初期党中央在上海不在赣南,中央苏区虽有"中华苏维埃共和国"的称号,其元首却不是中国共产党最高领导人。上海党中央对赣南中央苏区的党政领导有任免权。换句话说,党中央,不论在上海还是后来迁到江西、经长征到陕北,在声望上是统领全国的;而赣南中央苏区,尽管号称中央政府,其实是众多革命根据地之一。党有全国性,中央苏区缺乏全国性。赣南失守,这块根据地丢失,党中央迁至陕北,并不意味中国革命失败。只要党存在,中国革命就存在。第二个原因是军队归属于党领导的结构。红军从创建之初就是由党领导而不是由苏维埃(或曰政府)领导。军队与苏维埃分离而都由党领导,这是中国革命的实践形成的体制,是由党、革命根据地、军队所经历的生死存亡搏斗形成的格局。军队是保证中央苏区整体性的根据。军事行动成功,占领了地盘,才能建立地方政权,中央苏区才能存在。由此可见,党的领导高于一切这种格局与中国革命的实际的、具体的历程关系极大。以上分析还须作进一步的更加深入的实证研究。

六、建构新社会结构中的理解:领导

以上分析尚未讲清楚党组织是怎样与社会成为一体的。我们只是粗线条地描述了组织概念是怎样从马克思主义创始人那里产生并逐渐演变为中国共产党人的实际行动、建构起革命政权。在这篇简短的论文中还不可能详细叙述实际行动者怎样理解组织之重要并把这种理解贯彻到自己的革命活动中。然而,十分清楚的是,1930年代在赣南的中央苏区是个有效的政治-经济-军事实体,上文用党组织—苏维埃—军队和根据地—农会及工会的四元结构作了简单描述。

要讲清楚党组织与社会一体性之形成,必须讨论第二点重要理解——人们对党的领导是怎样理解的。

共产主义运动是从理论认识出发的。共产党与以往的政党根本区别在于:共产党不仅要执掌政权,还要改造社会。共产党以实现共产主义为自己最高纲领。共产党通过宣传、组织活动,取得对革命群众的领导地位;通过武装斗争,夺取全国政权,取得执政地位,目的是实现自己改造社会的主张。所以,共产党在取得政权之后,首先改变生产资料所有制。生产关系的这一变革,不是以行政命令方式推行,而是由共产党动员、组织人民群众以运动方式实行。在实施过程中,党组织选派工作队到各农村社区(或城市社区、工厂等),讲清理论,发动群众,发现积极分子,培养骨干(相当于社区居民的领袖),建立农会(不同地区、时期称呼有所不同)组织,建立苏维埃政权(和民兵,有时也建立地方武装),再由苏维埃和农会率领居民没收土地、重新分配土地,创建新型生产关系。

在上述过程中,由于全都是在共产党的组织、领导下取得一个又一个的胜利,并成功地达到预期目标,共产党的领导地位是自然而然地得到的。此外,党还不断阐释,党的领导必不可少,党的正确领导是胜利的保障;群众也一次又一次地从自己的切身体验(革命行动的成功和失败)中感受到党的领导是革命胜利的根本前提,在党的引导下形成自觉接受党的领导的态度。因此,革命过程同时是党获得和不断加强自身领导地位的过程。

每一次行动都是群众与党组织的互动;每一次行动都是人们接受党组织的领导并重新体验党的领导之必不可少。在互动过程中,党的领导十分清楚地理解自己必须发挥领导作用,并且启发、引导群众理解接受党的领导之必要性,关注群众的理解活动不要间断和放松。在这些互动中,理解得到高度重视,是自觉开展的。而且,随着革命的推进,革命概念广为传播,"共产党"这个符号就意味着"领导穷人革命,打土豪分田地"。这一点在 1940 年代后半期,临近全国解放时,尤其清晰。1930 年代,在中央苏区小范围内,这一点也有一定的清晰度。在共产党尚未到达的地区,受苦受难的人民盼望着共产党的领导。这是先行的理解。一当共产党到达该地区,领导当地农民实施他们曾经听说的革命行动时,党的领导立即转化为现实。

我们遇到的一个重要问题是:在土地革命过程中,是生产关系决定社会关系,还是社会关系决定生产关系?

从一般过程看,是政治—军事—社会—经济的运行结构,即:建党和工人运动、农民运动—武装暴动或红军征伐—组织农会和苏维埃—重新分配土地。而在每一个农村社区,则是社会—经济的操作结构,即先是建立党的基层组织、建立农会、建立苏维埃,而后重新分配土地。在两种视角中,生产关系都是最后的结果,而不是原因。

前文提到中国的封建社会(西周宗法制)与西欧中世纪 feudal system 之区别。大家熟知西欧中世纪 feudal system 特点是农奴对土地的人身依附,土地买卖时土地上的农奴随之转让。而中国社会的封建是人与人之间的关系先于土地关系。西欧的 feudal system 虽然译成封建制,采用了我国语词库中早已有之的词汇,但与我国西周的封建制毫无相当之处。二者是完全不同的两种社会结构。许多先贤称中国社会为伦理社会、伦理本位或曰伦理性。所谓伦理社会就是人与人之间的社会关系是第一位的关系,财产所有权等社会关系处于从属地位。中国语词中的"私",是一个集体中的成员,而不是独立的个体。韩非子说,"公"是"厶"(即今"私"字)之"八"(读为"背",他的意思是,厶加上八,组成公字),清楚地解释了公与私的关系其实是集体之整体与集体中的单个成员的关系。韩非子的这个解释与前文讲的"概念与社会结构相对应,概念须从社会结构中领会"一致。中国的语词要从中国社会结构理解。我们把西方社会的个体所有权翻译成私有制,已经引发了许多误解。

1930年代的土地革命没有脱离中国社会传统。过程是:对财产所有权提出一种新的解释,主张剥夺财产之合理性。通过建立党的基层组织、组建农会、苏维埃构建成新的农村社区。这是政治的、军事的行动,但产生的社区同时也是新型社会结构。由这新结构的社区通过没收、重新分配土地,创建新型生产关系即经济结构。这里最奥妙的是,剥夺财产为什么会得到普遍同意,被大多数农民接受,认为理所当然?我的回答是,这正好说明,在中国社会中,社会关系重于生产关系。不能说中国人对所有权一点儿也不尊重。也不能说西方人对所有权尊重到了那么高的程度。但是,比较而言,中国人对个体所有权的尊重远远地弱于西方人对个体所有权的尊重。很简单的比较就可以知道:产生提倡废除个体所有权的思想家的西方社会,到今天,人们仍然尊重财产的个体所有权,系统性的大规模剥夺行动从未实施过。相反,"落后的"东方倒是很起劲地把这种西方思想搬过来,急急忙忙地付诸行动。中国人为什么如此痛快地接受了这种西方思想,而西方人自己反而不接受?我的解释就是:中国人对个体所有权的尊重是相当薄弱的。中国社会的"规律"是:只要有一个足够强势的思想运动和组织运动,集结到一定的规模,由其声望卓著的领袖出面主持,就会出现剥夺和重新分配财产的社会过程。我们沿袭先贤"伦理社会"一词称呼中国社会,就是认为这个词能够较好地表达中国社会"人事关系决定生产关系"之本性。(通俗解说伦理社会,可以说,伦理社会就是人事社会。)

在这新型社会结构中,基层党组织实质上"融入"了社区。通常说"农会是党与群众之间的联系纽带和桥梁",讲的是群众团体之功能,其实描述了基层党组织和苏维埃政权—群众组织—社区居民一体化的状态。党政通常是不分的——准确地说,从组织结构上看,党组织和苏维埃常常是混合在一起的。苏维埃常委会的组成中,有苏维埃主席,还有基层党组织的领导(支部书记)。通常由支部书记主持苏维埃常委会议,由苏维埃主席出面宣布事宜。

军队是由党领导的;工会农会是由党教育、发动群众组织的;苏维埃是由党领导群众组建的;财产是党领导群众重新分配的……

建立起来的机构,政权,各种群众团体如农会、青年组织、妇女组织等等,都由党组织领导。

更为重要的是,一切革命实践都由党动员、组织群众广泛参与,也就是说,居民自己都介入、参与了重要的革命活动,并通过革命实践对党的领导之正确与必不可少有直接的、切己的体验。

以上三个环节使得党对民众的领导牢不可破,同时这就是党组织与社会牢固不拔的一体性之构建。

七、土地私有在建构新社会中的功能

1930年代的革命党史上称作土地革命,这一称呼透露了土地问题是建构新社会的重要问题。

根据理论,生产资料重新分配是革命之本质。土地是农村的主要生产资料。所以土地所有权是整个革命的根本所在。

在1930年代的革命过程中,党的政策由宣布土地公有调整为宣布土地私有,是一个重要事实,对本文的论点有着关节点意义。这项调整在实践上对于革命胜利有着决定性的作用,因而对此作理论分析更为必要。

根据马克思、列宁的学说,无产阶级革命应该实行土地国有制。这是马克思主义党的基本纲领。

1928年12月在井冈山宣布的第一个土地法,依照马克思、列宁的学说,明确宣布"没收一切土地归苏维埃政府所有","一切土地,经苏维埃政府没收并分配后,禁止买卖"。以人口为标准,男女老少平均分配;或以劳动力为标准,能劳动者比不能劳动者多分土地一倍。[①]

无疑,重新分配土地调动了农民支持革命战争的积极性。得到了土地的穷苦农民愿意贡献自己的儿子出来参加红军,愿意缴纳粮食支持战争需要。然而,实践是检验政策的标准,有时恐怕要说成是唯一标准。许多事情就是在毫发之间,稍微差那么一点点,就导致"失之毫厘、谬以千里"的后果。理论上或许说得通,实践上却通不过。实践证明,土地归苏维埃所有的政策,使得农民对革命战争的支持力度不够。

1931年2月8日中共苏区中央局发出《土地问题与反富农策略》通告,提

[①]《毛泽东文集》第一卷,第49页。

出:"目前正是争取全国苏维埃胜利斗争中,土地国有只是宣传口号,尚未到实行的阶段";农民参加土地革命的目的,"不仅要取得土地的使用权,主要的还要取得土地的所有权","必须使广大农民在革命中取得了他们唯一热望的土地所有权"。

2月27日,毛泽东在黄陂根据这一通告的精神,以中央革命军事委员会总政治部主任名义,写信给江西省苏维埃政府主席曾山、并转省苏维埃诸同志,其中关于民权革命中的土地所有权问题指出:"关于田没有分定一层,在现在红色区域是个大问题。过去田归苏维埃所有,农民只有使用权的空气十分浓厚,并且四次五次分了又分,使得农民感觉田不是他们自己的,自己没有权来支配,因此不安心耕种,这种情形是很不好的。"省苏维埃应该通令各地各级政府,"要说明过去分好了的田(实行抽多补少抽肥补瘦了的)即算分定。得田的人,即由他管所分得的田,这田由他私有,别人不得侵犯。以后一家的田,一家定业,生的不补,死的不退,租借买卖,由他自主。田中出产,除交土地税于政府外,均归农民所有。吃不完的,任凭自由出卖,得了钱,来供给零用。用不完的,由他储蓄起来,或改良田地,或经营畜业,政府不得借词罚款,民众团体也不得勒捐。""农民一家缺少劳力,田耕不完,或全无劳力,一点不能自耕的,准许出租。租完多少,以两边不吃亏为原则,由各处议定。"①

实施这一政策,使得扩大红军、征粮的工作顺利开展,有力地支持了革命战争。

马克思认为,不但无产阶级革命要实施土地国有制,而且资产阶级革命也应当实施土地国有制。因此,把中国革命理解为新民主主义革命,即新型的资产阶级民主主义革命,应当贯彻土地国有纲领。但是,中国革命,正如毛泽东后来在《新民主主义论》中所说,实质上是农民革命。土地问题就是核心。上面引述的毛泽东言论清楚证明,农民强烈地要求土地私有。② 如果不能说这

---

① 《毛泽东年谱》上卷,中共中央文献研究室编(主编逄先知),第362—363页。
② 《毛泽东年谱》1928年称:12月在总结井冈山革命根据地一年来土地斗争的经验的基础上,制定井冈山《土地法》。这个土地法规定,"没收一切土地归苏维埃政府所有",以乡为单位、以人口为标准平均分配土地作为主要办法。"一切土地,经苏维埃政府没收并分配后,禁止买卖。"上卷,第278页。同页注:毛泽东在一九四一年延安出版的《农村调查》中,为井冈山《土地法》所写按语指出:"此土地法是一九二八年冬天在井冈山(湘赣边界)制定的。这是一九二七年冬天至一九二八年冬天一整年内土地斗争经验的总结,在这以前,是没有任何经验的。这个土地法有几个错误:(一)没收一切土地而不是只没收地主土地;(二)土地所有权属政府而不是属农民,农民只有使用权;(三)禁止土地买卖。这些都是原则错误,后来都改正了。"

是中国革命的动力(属于宏观分析),至少可以说是农民愿意参军支持共产党领导的革命战争的动机(属于个体行为动机分析)。

以上事实证明两点:

(1) 土地归苏维埃所有还是归农民私人所有,生产关系,由政策确定,即由政治关系(党需要农民派子弟参军、缴纳更多公粮)决定;

(2) 在生产力不变的前提下,农民的心理、态度,或曰文化心态,是决定生产关系的要素——党的领导洞察[①]农民的文化心态之后采取新政策调整生产关系。

本文关心的问题是:土地作为构成社会结构的要素,其影响社会关系的程度,是根本性的,还是辅助性的?

上述土地归苏维埃政府所有,或后来使用的"国有制"、"全民所有制"、"公有制",对应的是基本上同样的社会结构和经济结构,即今日政治结构、经济结构、社会结构三位一体。当时是雏形。作为经济结构,它与西方社会经济结构根本不同点在于:西方经济结构是个体所有权,而这里是"无个体所有权"。那么,怎样理解土地归农民私有?公有制之准确内涵其实是"无个体所有权",意思是:任何社会成员都不占有生产资料,而由政治结构、经济结构、社会结构三位一体的领导核心代表全社会行使对生产资料的全面管理。无论由苏维埃政府掌管一切土地、分得地的农民对该地只有使用权,还是宣布土地归分得该地的农民私有,实质上都是对生产资料的管理方式,视能否达到调动农民支持革命战争积极性之目的而决定。这种私有,是有限的私有,不是无限的、绝对的私有。我们称之为公有制中的私有。尽管宣布了土地私有,总体上、本质上仍然是公有制。

以上分析说明,作为构成社会结构要素的土地,不是决定生产关系的根本因素,而是起着调动农民积极性作用的辅助因素。(当然,在理论分析上看作辅助因素的土地私有,对于革命战争的胜利起着决定性的作用。这证明领导核心决策极为英明。同时,这也就在证明,归根到底须由领导核心作出决定。)不是"经济"决定社会和政治,而是政治-社会结构决定经济结构。

[①] 此处使用"洞察"一词,表明运用的认识能力属于直感判断力,而非理论理性,更不是感觉论思路的反映论。实践检验之意义即在此。

八、简短的初步结论和一些值得研究的其他问题

有几条明显的结论：

（一）在1930年代中央苏区,党组织与社会的一体性是一系列组织活动的产物。这种一体性有其组织结构设计方面,有当事者行为方面,有当事者的理解方面。

（二）从结构上分析,党组织与社会的一体性使得党的领导在逻辑上是"理所当然"的。理由很简单：结构上的一体性,使得不可能不是党的领导、只可能是党的领导。

（三）从建构过程分析,党的领导是通过党组织领导群众开展各项社会运动的革命实践活动扎扎实实地建构起来的。本文在第六节的结尾处提出三环节说法,其中特别指出在上述互动过程中群众的体验之重要。我们的基本理论是"社会结构产生于伴随着理解的互动"。这就意味着,群众的体验是保证党组织领导地位的重要环节之一。假如基层群众没有参与党的基层组织领导开展的社会运动,或代之以其他各种活动,没有在这些社会行动中不断获取对党的领导正价值的新鲜体验,党的领导就会渐渐失去群众基础。换句话说,党的基础组织必须时时处于与基础群众的密切互动中,并在各种活动中表现自己的正确性、正义性,并保证大部分行动的胜利和成功,维护群众利益、为群众争取利益。假如党的基层组织脱离社区群众,蜕化为行政官僚机构,积累日久,就会有危险性。

（四）党组织（内涵党的领导）与社会的一体性又一层意思是：党组织是政治结构、经济结构、社会结构三位一体。一体性与三位一体是一而二、二而一的。比较而言,一体性更为根本。分析地说,三位一体中社会结构为本,尽管建构过程是政治活动在先。

（五）这种一体性有其"必然性",然而准确地说,是历史使其不得不然。这就是说,中国革命的具体历程"决定"了这样的社会结构。假若武装暴动能够成功地夺取政权、站稳脚跟,像俄国十月革命那样,组建红军的必要性就不会那么急迫;有了红军,建设根据地的需要就突显出来;要建设红色根据地,土地革命的问题就提上了日程……不是没有试图走其他道路,但都没有成功,几经曲折,最终又回到这条道路上来。

（六）需要研究的其他问题之一：研究中国国民党的活动建构的中国社会

结构,以及苏联共产党的活动建构的俄国社会结构,以备对比研究。中国国民党虽然也向十月革命学习很多,但经历的过程与中国共产党大不相同,因而建构的社会结构是另样的。其间有许多重要区别,而我们最关注的问题之一是,国民党在台湾开展的土地改革,没有产生党组织与社会一体化结果。台湾一些人士一直盼望"台湾的今天就是大陆的明天",依本文的理论,这种论点完全没有看到二者社会结构之根本不同;因而这种期待是不可能实现的。

十月革命与中国革命区别在于,中国革命采取"农村包围城市"途径。其实我们更重视中国革命的军事行动与根据地建设之关系。中国共产党早期领导人十分重视根据地建设,在军事上批判"流寇主义"。而根据地建设思路要点是开展土地革命。土地革命之途径又是开展社会运动方式,组织和发动群众参加到土地斗争中来,让群众亲历斗争过程。中国共产党十分重视群众自身体验,这一思想是从列宁那里学来的,在工人运动中同样得到贯彻。以本文的叙述方式,这叫做伴随互动的理解。党组织与社会之一体化在这样的过程中得以实现。俄国革命是先在首都彼得堡夺取中央政权,再发动工人在其他一些大城市暴动夺取该城市政权,而后派工作组下乡发动农民,并组建军队开展国内战争。待研究的是,这个军事行动中怎样开展土地革命,是否建构了党组织与农村社区一体性。这个研究有待于后人了。依我的推想,中国革命要取得全国政权,先从农村建立根据地,扎下根,一步一步地扩大根据地,因而党组织与社会的一体化做得十分坚实。俄国革命先有全国政权,掌握号令天下的夺人先声之优势,重视军事行动而不太重视社会建设,是不难料想到的。苏联建设的社会根基比之中国,差之远矣。

(七)需要研究的其他问题之二是一个小问题:怎样理解中国的社会现代化?"现代化"是个歧义甚多的概念。我国讲现代化,开始是"四个现代化",即工业、农业、国防、科学技术四个方面的现代化。不能说这四项内容中没有生产关系方面,但在人们的心目中,四个现代化内涵主要是生产力方面。用流行语说,这叫做"思维定势"。于是,一说到现代化,人们就认为我国远远没有现代化。从生产力方面看,我国确实有相当大的一部分地区还很落后。从这个角度讲现代化程度低,原本也成立。

由于生产力相对落后,连类而及,就顺势成了社会也没有现代化。于是命题就变成了"中国社会现代化程度相当低"。

这样的逻辑当然不能成立：怎么可以从生产力落后偷换成社会也落后？于是从正面提出一个问题：何谓社会现代化？衡量社会现代化的指标体系是怎么样的？

可否说：党组织与社会的一体性、社会结构—政治结构—经济结构这种结构上的三位一体就是中国社会的现代化？

制度建设与当代国民心态[①]

现时流行着一种见解,认为只要认真推行某种制度(或体制),就可以完成社会的根本性转变。例如有一种主张:把"私有财产神圣不可侵犯"写进宪法,所有权就有了保障。这种见解与认为阶级斗争是推动历史的基本动力的观点没有根本区别,都是违背马克思社会学的前马克思理论[②]。

马克思社会学的基本原理认为劳动是推动社会发展的根本动力。《资本论》开篇就讲商品二重性和劳动二重性。这是马克思哲学辩证法的生动体现[③],是正宗的历史唯物主义。与其说那是政治经济学,不如说那是社会学更为传神[④]。

[①] 这篇文章写于2002年4月,为南京大学百年校庆该校社会学系举办的论坛而作。
[②] 社会学界一般认为马克思是社会冲突学派的鼻祖。如此立论在方法上虽属正当(因为冲突学派以马克思为权威摘取部分思想建构自己理论,乃常见方法),但这不等於马克思就是冲突学派。若称马克思历史唯物主义基本主张是阶级斗争推动历史发展,则在方法上不妥。阿隆、吉登斯等人都以《资本论》为依据叙述马克思的社会学思想。阿隆较全面(阿隆:[1967]1988:149),吉登斯虽然也讲到经济原因,却似乎过分突出了阶级斗争(Giddens, 1997:9)。我们认为,马克思社会学的基本论点是:劳动创造社会、劳动推动社会发展。暴力革命仅仅是"助产婆"。
[③] 马克思在《资本论第一卷第二版跋》(1873年1月24日写于伦敦)中明确宣称,他在《资本论》中使用的方法是辩证法,并引述俄国彼得堡《欧洲通报》评论他的《资本论》方法的论文中对他的辩证法的具体描述。马克思在这篇跋中还宣称自己是黑格尔的学生:"我要公开承认我是这位大思想家的学生,并且在关于价值理论的一章中,有些地方我甚至卖弄起黑格尔特有的表达方式。"《马克思恩格斯全集》第23卷,第24页。
[④] 《资本论》第一章论商品价值,一般认为是政治经济学基本原理。这当然是正确的,无庸置疑。但须进一步认识到,那也是哲学——是马克思历史唯物主义基本原理的最佳体现;那还是社会学。过去讲马克思哲学一般讲恩格斯的《反杜林论》,后来加讲《1844手稿》,都忽视了《资本论》第一章,是个后果极其严重的失误。失误根源是讲马克思理论的三个来源时把马克思学说分成三个组成部分,忘记了马克思的创造性在於把三个来源镕铸为一个整体。这是德国古典哲学的法哲学与英国古典经济学的综合、发展;主干是德国古典法哲学。

制度或体制是社会结构的一种样态；社会结构由各种社会关系（包括生产关系）构成，也可以称简单社会关系为最基本的社会结构。本文把制度（体制）、社会结构、生产关系等看作同等概念，不作进一步区分和讨论，集中阐述社会关系与国民心态之间的联系。

制度与国民心态二者之间无疑是相互作用关系，如同经济基础与上层建筑二者是相互作用关系一样。同样的问题是，制度与国民心态二者之中，究竟哪一个是源始的。

要回答这个问题，首先要考察马克思的劳动价值论之社会学意义，而后讨论理解（或领会）在建构社会关系中的作用，最后由理解折换成国民心态，理解与基本社会结构的关系折换成国民心态与制度建设之关系。

一、马克思劳动价值理论的社会学意义

本节先讨论马克思价值理论的社会学意义，而后进一步讨论马克思《1844手稿》中的劳动异化理论之社会学意义，最后落实到《资本论》中对劳动异化理论的实证处理。

马克思讲价值的产生，系从两个商品生产者之间的交换讲起。从社会学角度解说，这就是两个人互动。通过交换行为产生（交换）价值，就是互动创造社会结构——通过交换产品创造了商品社会。经过价值而货币而资本的辩证运动，从社会学角度解说，都属于互动创造社会结构的具体节目。

这里必须注意"二重性"概念。《资本论》开篇即讲商品二重性和生产商品的劳动之二重性，从经济学看，不完全是创见，但从哲学和社会学看则是极重要的创见。在《1844年哲学-经济学手稿》中，马克思的新思想大体仍是用哲学的语言表述："这一事实不过表明：劳动所生产的对象，及劳动的产品，作为一种**异己的**存在物，作为**不依赖于**生产者的**力量**，同劳动相对立。劳动的产品就是固定在某个对象中，物化为对象的劳动，这就是劳动的**对象化**。劳动的实现就是劳动的对象化。在被国民经济学作为前提的那种状态下，劳动的这种实现表现为工人的**失去现实性**，对象化表现为**对象的丧失和被对象奴役**，占有表现为**异化**、**外化**。……总之，通过**异化的**、**外化的劳动**，工人生产出一个跟劳动格格不入的，站在劳动之外的人同这个劳动的关系。工人同劳动的关系，生产出资本家（或者不管人们给雇主起个什么别的名字）同这个劳动的关系。从而，**私有财产**是**外化劳动**即工人同自然界和自身的外在关系的产物，结果和必

然后果。"①要弄清楚物化、异化、外化这些哲学名词的意义相当费脑筋。这个时期马克思谈经济学问题仍然大量使用德国古典哲学语言,他还没有以价值概念作为自己思想体系的基本概念。"对象化"这个哲学术语表达了什么呢?如果引进二重性概念,则立即可见,对象化是一种二重的过程——作为自然过程,对象化意味着劳动物化为一个新的自然物;作为社会过程,对象化意味着劳动转变为价值——或确切地说,劳动产生的是剩余价值。使用价值是物品的自然存在,价值是物品的社会存在。异化所涉及的是社会存在。"通过异化的、外化的劳动,工人生产出一个跟劳动格格不入的,站在劳动之外的人同这个劳动的关系",意思是,工人通过自身的劳动生产出自己的奴役者。或用马克思后来经常使用的说法:工人在生产物质产品的同时再生产着资本主义的生产关系。这是就社会存在方面讲的,因而是一个社会学的命题:"资本主义的生产关系"是一个社会结构,"工人的异化劳动"是一种互动——我们遇到的仍然是"互动产生社会结构"这样一个最基本的社会学原理。

  人们常说的马克思主义基本原理,当以此为首要一条。这既是经济学的,又是哲学的(即历史唯物主义。请注意:历史唯物主义恰恰不是强调阶级斗争推动社会发展,而是强调劳动创造生产关系、推动社会发展),还是社会学的基本原理。

  异化劳动是个不太令人满意的术语。使用这个哲学术语说明人的活动产生异己存在物,而且这个异己存在物还成为统治自身的力量,或许还可以算作成功的。然而要进一步说明走向共产主义的必然性,就只好使用黑格尔哲学的扬弃概念和否定之否定公式:"**共产主义**是**私有财产**即**人的自我异化**的**积极的扬弃**,因而是通过人并且为人对**人的本质**的真正**占有**;因此,它是人向自身、向**社会的**(即人的)人的复归,这种复归是完全的、自觉的而且保存了以往发展的全部财富的。"②发展的动力、转化(在这里是"积极的扬弃")之条件,在《1844年手稿》的现存残缺文本中看不太清楚。从同期的其他著述,如《德意

---

① 《马克思恩格斯全集》第 42 卷,第 91—100 页。
② 《马克思恩格斯全集》第 42 卷,第 120 页。

志意识形态》中查询,当指"自由劳动"①——既不是"奴隶般地服从分工",又不是为了谋生,还须有"实现自身本质力量"的审美态度(即上文"通过人并且为人对人的本质的真正占有")。这些说法,都不如《政治经济学批判》贯彻实证原则引入价值概念和商品二重性概念之后既科学、又易懂。

尽管如此,在《1844年手稿》中,异化劳动理论仍然十分清楚地表述了互动产生社会结构的基本原理。马克思写道:"与其说私有财产表现为外化劳动的根据和原因,还不如说它是外化劳动的结果……后来,这种关系就变成相互作用的关系。"②"外化劳动":互动;私有财产:社会结构,也即社会制度。马克思这些论述告诉我们,那种以为在宪法中写上一项条文就可以推动社会发展的见解仅仅是幼稚的幻想。只有对现实的日常生活中天天不断发生的互动方式作实证的社会学研究才能判定现时可能创造的社会结构及社会制度。以上所述还告诉我们,把马克思社会学阐述为社会冲突论是片面的③。阶级斗争和革命是马克思思想的重要组成部分,但不是其基础理论。马克思的基础理论,其最基本的原理是,劳动这一最为日常的人类活动,通过它再生产基本社会结构、积聚解构这种社会结构能量的社会学功能,才是推动历史的真正动力。称这样的学说为社会冲突论,很是荒谬。

二、在建构社会关系中的理解

过去讲马克思的哲学,或者只讲自然存在,不涉及社会存在;或者虽讲

---

① 《马克思恩格斯全集》第3卷,第36、37页。马克思、恩格斯是这样阐述的:"……上述三个因素——生产力、社会状况和意识——彼此之间可能而且一定会发生矛盾……要使这三个因素彼此不发生矛盾,只有消灭分工。""其实,分工和私有制是两个同义语,讲的是同一件事情,一个是就活动而言,另一个是就活动的产品而言。""只要分工还不是出于自愿,而是自发的,那末人本身的活动对人说来就成为一种异己的、与他对立的力量,这种力量驱使着人,而不是人驾驭着这种力量。""在共产主义社会里,任何人都没有特定的活动范围,每个人都可以在任何部门内发展,社会调节着整个生产。"
② 《马克思恩格斯全集》第42卷,第100页。这里"相互作用"一词与社会学中"互动"一词都是interaction,但意义不同。马克思是在异化劳动与私有财产二者"互为原因、互为根据"的意义上使用此词的。意思是,从起源上说,即从本体论意义上说,异化劳动是私有财产的原因和根据;然而私有财产一旦产生,就作用于异化劳动,如下文所说,"私有财产一方面是外化劳动的产物,另一方面又是劳动借以外化的手段,是这一外化的实现。"即须作为劳动得以异化之条件看。从而看作相互作用关系。
③ 西方社会学家多半把马克思看作社会冲突论的鼻祖,如 Anthony Giddens. 1997. *Sociology*. 3rd ed., Cambridge: Polity Press;雷蒙·阿隆著,葛智强等译,《社会学主要思潮》,[1967]1988,上海译文出版社。

到社会存在,却不涉及意识或自我意识,把社会存在与自我意识割裂、对立起来;或者虽然讲到自我意识却置其于思想观点层面之次要地位。这是没有正确了解马克思的思想。在《1844年手稿》中马克思写道:"动物和它的生命活动是直接同一的。动物不把自己同自己的生命活动区别开来。它就是这种生命活动。人则使自己的生命活动本身变成自己的意志和意识的对象。他的生命活动是有意识的。这不是人与之直接融为一体的那种规定性。有意识的生命活动把人同动物的生命活动直接区别开来。正是由于这一点,人才是类存在物。或者说,正因为人是类存在物,他才是有意识的存在物,也就是说,他自己的生活对他是对象。仅仅由于这一点,他的活动才是自由的活动。异化劳动把这种关系颠倒过来,以至人正因为是有意识的存在物,才把自己的生命活动,自己的本质变成仅仅维持自己生存的手段。通过实践创造对象世界,即改造无机界,证明了人是有意识的类存在物,也就是这样一种存在物,它把类看作自己的本质,或者说把自身看作类存在物。"①类存在是费尔巴赫的习用语,意即马克思在《资本论》中用的社会存在。十分清楚,按照马克思的看法,仅仅由于人的生命活动是有意识的,他才成其为社会存在。人把自己的社会存在看作自身的本质(而不是把自身的自然存在看作本质)。物品也有社会存在:商品价值即它的社会存在。当然,在哲学上看,其他事物之有社会存在在本体论上的逻辑前提就是人的社会存在。这就是说,自我意识是一切事物的社会存在之所以有的本体论前提。

对马克思思想的这一点认识使我们看到马克斯·韦伯对马克思了解不够。从哲学的说法转到社会学的说法,马克思必定不会忽视理解在建构社会存在中的作用。只能说马克思研究的侧重点与马克斯·韦伯不同,决不能说马克思忽视理解之重要性。

最重要的论据是马克思关于货币转化为资本的论证。在这个论证中,马克思引进了"动机"概念:为了增殖而"为卖而买"。缺少这一动机,货币不可能成为资本。马克斯·韦伯强调的是伦理精神。为赚钱而永恒地奋斗,是以赚钱为"天职"。他成功论证的是,在新教伦理推动下,资本增殖可以无限地进行下去。所以马克斯·韦伯完成的论证,即所谓理性主义的"资本主义精神",仅仅是新教伦理中终极目的概念对于西方资本主义发展之重要意义。而其基

---

① 《马克思恩格斯全集》第42卷,第96页。

础方面,即马克思所说货币拥有者的行为动机为增殖,而其社会行动为购买一系列商品组织生产,目的是卖掉产品获取更多货币,使得货币这一社会结构转化为资本这一新的社会结构,却是马克斯·韦伯缺少研究的。

以上讲的是互动中的意志。不仅马克斯·韦伯的终极目的伦理是理性主义的,马克思这里讲的动机,也是理性主义的。不妨与我们日常见闻作个对比。假如投资目的是为了攀比:"邻省有汽车生产线,我们也要有!"又假如投资目的是为了讨好上司的"形象工程";又假如投资目的是为了发放本企业职工的工资、奖金——总之不是为了货币增殖,在最后一例,甚至未曾打算出售产出的产品:这些投资的动机就决非理性主义的。动机如此,即或偶而出现投资增殖的后果,这些社会行动也决不会创造市场经济这一社会结构。至于这些社会行动创生的是什么样的社会结构,则是另一项研究要讨论的问题,在此不涉及。(例如,为发放本企业职工工资、奖金的"投资",所创造的是"三角债"这一社会结构,破坏着信用体系。但其作用不纯是破坏性的,也有"建设性"。问题在于建设的是什么样的社会结构。人们可以低评那种社会结构,但不能不承认那毕竟是一种社会结构。)

互动创造社会结构。互动时当事者的意志或对此互动的意识对创造出的社会结构有影响,这影响可能是决定性的。我们一直强调精神文明状况决定建设市场经济目标之成败,根据的就是这条社会学原理。

对自己行为的理解在许多场合决定所创生的社会结构。物品交换不等同于商品交换。动机是获得对方物品使用价值或对方手里货币的物品交换,是商品交换,再生产着商品经济之社会结构。动机是向对方表示情意的物品交换,不是商品交换——那或许再生产家庭这一社会结构,或再生产朋友这一社会结构,视当事人怎样理解对方赠送礼品之意义,及由此理解引发的后续行为而定。

再以交通规则为例。我们仍然讨论司机与过马路行人二者之间的互动。交通灯在此例中代表交通规则。中国人相对主义地理解交通规则:制定交通规则目的在于交通顺畅和行人安全,所以在满足这两个目的的条件下,不必拘泥具体条文,死守规则。比如在深夜马路上无车时,还等绿灯、走斑马线,会让人笑掉大牙。德国人绝对主义地理解交通规则——应该说是绝对主义地理解一切规则。德国人认为,一切规则都须无条件地遵守,交通规则既然是规则,当然也须无条件地遵守。所以中国人要凡事问个为什么,任何人都高于规则;

再三宣谕的规则,他也要临事自己做主决定是否实行。德国人不问为什么,规则高于一切;只要一个足够权威的人士(如牧师或老师)或机构(如教会或议会)向他宣布该规则一次,他就会终生奉行不失;他不认为自己可以做主决定不遵守规则。(这里讲的是文化、传统,讲的是总倾向。不排除一个社会中有少量、个别人或人们在一生中的少量时刻或个别时刻有越轨行为。)

  实践着的人在行动着,他是有意识的,从而他也对自己的行为理解着。互动包含理解。人不可能不思考。互动是思考着的人的互动,互动是伴随着理解的互动。在互动创造社会结构这一命题中,必须研究而且可能须着重研究理解的影响和作用。

三、国民心态与制度建设(举例)

  国民心态是个描述宏观状况的概念,理解则是研究两个个人之间互动的微观层面的概念,研究二者之间的关系是个十分有价值的题目。不同文化或曰不同社会之所以不同,盖因各该社会有各自独特的意义系统。每个个人在互动中的理解,不可能脱离所在社会的意义系统,而且通常是根据或者适应所处社会的意义系统理解。国民心态与意义系统之间也有着复杂的关联。现时人们关心的制度建设,大多属于法治建设、经济体制改革甚或政治体制改革。理解影响互动产生的社会结构,人们在日常行为中可能创造什么样的社会结构,可以转换为国民心态与制度建设之间关系问题。当然,这里讲可以转换,其实还有大量理论的和实证的研究要做。意义系统、国民心态、(互动中的)理解三项之间的问题留待其他题目研究。对意义系统的研究相当大的部分须由文化学和哲学做。国民心态、理解之研究则须实证地做,由社会学、经济学、政治学、伦理学等实证社会科学做。本文不可能展开全面研究,仅仅局限于此范围内讨论若干案例。

  1. 法治建设问题。我们大家都认为,十五大报告宣布建设社会主义法治国家的目标是一件大好事;我们与其他所有人一样盼望早日进入法治国家。然而宣布了不等于就做到了。那么须多长时间才可做到? 或许要很长时间,要几代、十几代甚至几十代人的持续努力才能建设成功。而目前短时间内显然是不可能建立起来的。可以经过实证研究预测,在三百年内可否做成。从目前法院判决执行难可以窥见,法治国家的理想将经过相当长的时间才有希望实现。成为社会主义法治国家之困难,既来自目前法制不够健全之现实,也来自人们不尊重法制之现实。人们怎样理解法制？语曰"学好法，用好法"，"学会运用法律武器维护自身权益"——法律、法制被理解为手中的工具、武器。隐涵的意思是法低于人。对待法的态度也由此而生：不是完全地、俯首贴耳地服从法，而是高于法、凌驾于法之上俯视法。中国人实质上倾向于人治，目前自然发生的法制一定是人治的法制。

中国的律师"钻法律空子"，西方社会的律师也"钻法律空子"，都有"人为因素"，是否都是人治？有人为因素不等于是人治。西方社会的律师钻空子行为之后果是法律得到贯彻，中国律师钻空子行为之后果是法律遭到破坏。人治与法治之分野在于对待法的态度：人高于法为人治；法高于人为法治。西方人绝对主义地理解法，对待法的态度是法无条件地高于人。中国人相对主义地理解法，法高于人是有条件的。何时法高于人，何时法不得高于人，须由人来判断。因而归根到底仍是人高于法。这是我国建设社会主义法治国家的根本障碍。

理解是个可以设定指标开展测量的概念。如上述对法的理解属于绝对主义还是相对主义，完全可以测量。我的一位在纽约当律师的老同学向我报道他在美国的经验。他说，他的一位同胞当事人在初次会见他时就问，"（审判我的案件的）这位法官多少钱可以搞定？"他说，美国人不会这样说，也不会这样想。他评论说，中国人假设法官是坏人，美国人假设法官是（不可收买的）好人。依我的分析，这个材料还可以有进一步的解释。（当代）中国人对法律和法制的理解与美国人不同。中国人认为收买法官的事是可以做的，尽管违法，只要做得隐秘，不被人抓住证据，就可以做。守法与否不是个道德问题，而是个成败问题。成功的价值高于守法的价值——这是中国人区别于与美国人之处。可以测定我国民众在诉讼中的行为及理解，论证：民众在司法领域的互动不能产生法治这一社会结构，只能产生人治这一社会结构。这一研究将告诉人们，要建设社会主义法治国家，打基础的工作中须有引导民众在司法实践中正确地理解和行动。

2. 私有财产神圣不可侵犯问题。财产是人格（person）之延伸或外部表现。我国宪法规定了公民人格尊严不受侵犯，实质上已经包含了私有财产不受侵犯之内涵。现状是具体法律、法规建设尚不够完备；已经设立的一些法律未得到很好贯彻。

私有财产是一个社会结构。私有财产既是人格之延伸，又以人格尊严为前提。换句话说，只有实现人格尊严神圣不可侵犯，才会实现私有财产神圣不可侵犯。我们观察人们对人格尊严的要求，发现一般中国人把别人尊重自己放在第一位，把自己尊重他人放在第二位。这样的状况决定了在中国社会中不可能实现人格尊严神圣不可侵犯。如果每一个人都把尊重他人放在第一位，那么自己得到他人尊重就得到了保证。人格尊严神圣不可侵犯就能够实现。假如每一个人都把要求别人尊重自己放在第一位，而自己是否尊重他人以他人尊重自己为前提，那这种自我中心主义的、相对主义的态度使得普遍的人格尊严失去保证，人格尊严神圣不可侵犯就无从实现。这就是说，私有财产神圣不可侵犯归根到底不是个是否写入宪法的立法问题，而是每一个业主是否在人格尊严问题上采取绝对主义态度，即无条件地把尊重他人放在第一位，而非以他人是否尊重自己为前提决定是否采取尊重他人的态度——这可以看作属于道德问题。私营业主要求私有财产神圣不可侵犯吗？那么你们自己要注重道德修养，修养自己绝对地、无条件地尊重他人人格和财产。请注意上面说的是"每一个"，只有少数人能够做到是不行的，要每一个人都能做到才满足上述前提。

  关于这个问题实证研究例如设计如下：测量人们对他人的尊重程度，即使他人不尊重你（如借钱不按期还甚至不还，或坑害了你），你也一如既往地尊重他（照旧有求必应地借钱给他，或不计较他曾经陷害过你原谅他照旧诚心对待他）？鲁迅先生说的"费厄泼赖必须缓行"是否至今仍然是中国人行为的信条？

  实际上没有一个中国人相信对私有财产可能做到神圣不可侵犯。国民心态决定了这个铁定无疑的结论。部分业主要求把私有财产神圣不可侵犯写入宪法，证明他们已经对从国民互动中自然而然地生长出人格尊严神圣从而私有财产神圣完全失望，转而希冀借助立法强制地压迫人们尊重他们的财产。在一个新制度诞生时常常不免借助暴力。然而，如果一种制度必须依靠暴力才能够维持，那么这种制度是不可能长久的。问题又回到本文开头时的话题——到底是阶级斗争推动历史发展，还是民众日常生活中的互动产生新的社会结构推动社会发展。依靠写入宪法来保护私有财产，实质上回到了以阶级斗争为纲的思路。阶级斗争这个词不用了，以阶级斗争为纲的思路仍然存留。我们在这里看到的是深深的失望和无奈，而这失望和无奈中隐涵着对公有制的诉求①。

3. 政治体制改革或曰民主建设问题。民主与法治类似,是个大诉求。然而民主一词已经用得太滥了,远远超出了它的适用范围。民主成为人们话题的常常是职代会上提出的"民主管理"问题。何谓民主管理?指的是企业单位或事业单位中部分职工分享行政领导权。在对一个单位实施管理时本来无所谓民主,应该只有领导与服从。管理而讲民主,乃是个悖论。如此理解管理、民主两个概念,就把政治斗争引入了日常生产活动或学术活动等等。不妨把管理民主看作以阶级斗争为纲的残留,其实质是把日常管理转变成政治。在管理民主问题上常见的说法有"扩大民主"。所谓扩大,在这里的语意就是实施行政领导的范围(圈子)扩大,进入较多的人。这里的语义决不是进入所有其他人,仅仅是其中的少量人。所以其内涵就是由这少量人分享领导权甚或特权。可见(在管理民主中的)民主诉求与西方社会所说民主全然不同,其实质是对分享领导权或特权之诉求。在社会组织中是否适用民主概念应作为一个需要研究的课题提出。在这里须做的实证研究是,管理民主在降低效率和造成社会组织内部混乱等方面起了何种程度的作用。现在似乎已经到了废止民主管理概念的时候。

从上述管理民主之案例可以看出中国人对民主的理解之特点。大体说,就是把权利理解为权力。常常使用的"参与"一词表达的是分享权力之诉求。

---

① 这篇文章写于2004年。2007年在全国政协讨论《物权法》(草案)第7稿时,我对第42条提出了批评。这条规定,"为了公共利益的需要,依照法律规定的权限和程序可以征收集体所有的土地和单位、个人的房屋及其他不动产"。其根据是《中华人民共和国宪法》第10条"国家为了公共利益的需要,可以依照法律规定对土地实行征收或者征用并给予补偿"。第13条"国家为了公共利益的需要,可以依照法律规定对公民的私有财产实行征收或者征用并给予补偿"。对照即知,《物权法》的行文是个无主语句,而宪法相关条文是有主语的。我看见过《物权法》草案第2稿,这条还有主语"县级及以上政府"——也就是说,有权征收、征用集体、单位、个人的不动产的行为主体有近3000个。去掉主语后,行为主体扩大到乡镇政府,甚至党政职能部门,数目达到五万以上;何况"公共利益"语义模糊,解释空间广阔。理论上的问题是:宪法中国家概念可否落实为物权法中的各级政府及党政职能部门。实践上的问题是:如此众多的行动主体出手征地拆房必不可免引发大量群体事件。因此,我主张修改为:"国家为了公共利益("国防及重大国家项目")的需要,经国务院或国务院授权的省级政府批准,依照法律规定的权限和程序可以征收集体所有的土地和单位、个人的房屋及其他不动产";或者"国务院或国务院授权的省级政府,为了公共利益("国防及重大国家项目")的需要,依照法律规定的权限和程序可以征收集体所有的土地和单位、个人的房屋及其他不动产"。用"国务院或国务院授权的省级政府"落实宪法第10、13条中的国家一词。

与权力相连的是利益分配。分享权力之目标是参与利益分配,以便自己得到较大份额好处的愿望得以实现。

中国人对待权利的理解,不妨从政治领域转到离婚问题这个民事领域观察,可以得到较为近切的认识。在离婚问题上,当事人可以自由实施自己的权利。有些离婚案例,尽管维持婚姻的条件已经完全丧失,自感受到伤害和吃了亏的一方却不肯离婚,以实现制裁对方的目的。这是缺少权力资源的普通人把权利转换成权力的一种方式。他(她)对权利的理解就是权力。

在政治领域,以台湾的选举为例。已经有一些研究者指出,不能简单地从"经济学"角度解释台湾选举中的所谓"贿选",应主要从"人类学"角度考察。对拉选票时付出金钱的解释应该是,多数情况下是人情,而非贿赂。本文在此要做的是考察选民对选举的理解。我们首先注意到的是,由于候选人常常通过伦理关系拉票,所以选民投票一般投的不是政见票而是伦理票。投伦理票出于选民与候选人的互动中,选民认为候选人想当议员与做生意差不多,也是牟利行为;通过伦理关系向自己拉票是请自己帮忙;自己之所以投票是"给面子"(给帮助拉票的伦理关系人)。

何谓民主?给予投票权,由人民做主,就是民主?还是以绝对主义的、形式主义的标准衡量?无论怎样规定,可以确认的是,出现在中国社会的民主与美国、西欧的民主迥然不同。事实上我们自己也没有关于民主的一致见解。我们大体知道一般民众在利益关己的范围内意愿参与做主,并把这样的"参与做主"理解为民主,把自身"参与做主"意愿实现理解为实现民主;这个"利益关己的范围"在一般情况下是其所在单位。现在需要做实证研究以证明这一假设。回答"何谓民主"这样的问题,有两种思路。一是逻辑地从某种理念演绎出来;一是从经验事实中归纳得出。对社会学而言,似乎应注重经验研究。那么,是否应由社会学家提出主张,以实证方法经验地研究民众的态度和观念,以确知当今中国民众心目中的"民主"为何物?

对民主还有进一步的实证研究工作。须考察人们实际上的互动每天在创造着什么样的社会结构。实际产生社会结构的不是纸面上的记载和规定,而是人们的社会行动。实证研究会告诉我们,人们实际上不喜欢民主,或把民主理解为人民民主专政。发生在我们身边的一些事例,例如大学中评职称,可以提供最切近的经验事实做研究,而后推广到类似问题上去开展对于更重大问题的经验研究。目前的制度设计是经过民主评议决定职称,而事实上的评职称过程却有不少奇怪的规定。评职称须依据公开发表的论著之数量。"公开发表"之条件实际上把出版社和报刊杂志编辑扯进评审委员会，扩大了评审委员会——不难想见，出版社和报刊杂志的编辑们水平一般低于评审职称的学术委员会成员，因而此举降低了评审水准并且扩大了"民主"。"民主"越大，舞弊机会越多。"数量"要求宣布了委员会对学术成果质量的评判不可信任；把委员会鉴定学术水平、作出学术评价的功能改变为单纯根据利益分配原则表达意志、行使选举权的场所。本应是质量鉴定机构，却成了权力机构。"民主"使各种社会功能都向权力转化。围绕职称评审开展的拉票活动和日益增长的腐败皆由此而来。

附录：碰撞与民主[①]

走在路上，或在商场中，常常无端地被人撞一下。不仅撞人者没感觉，被撞者一般也没感觉。倘若有位被撞者较真儿："先生，您留点儿神，别撞我行吗？"撞人者多半儿会讶异道："我哪儿撞您啦？没挨着您呀！"若再较真儿："明明撞着了嘛！您怎么就没感觉呐？！"回答往往是："哟！让我瞅瞅哪儿撞坏了，算算该赔多少！"甚至"您是瓷的还是玻璃的？就这么碰不起呀？"

我很佩服美国人：在相当拥挤的环境里，他们能巧妙地不碰着任何人地穿过人群。倘若不小心碰着一下，立刻道歉。撞着别人、被撞者提示后仍然不道歉，就被认为故意冒犯，可能引发严重冲突。

我们对推、拨、撞已经毫无感觉，已经达到麻木境界，否则会很痛苦——试想，如果被人碰撞、撞者没事似地扬长而去，感觉到被冒犯而又无可奈何，岂不生气？憋在心里，岂不痛苦？于是把知觉能力练弱、练没——剥掉尊严的防护层。尊严妨害生命，就须废掉。

或曰：您老人家也太脆弱、太过敏了！别人也不是故意碰你的，何必计较？！

答曰：别误会我是夫子自道。我早就"开悟"、耐性日益增强，接近"不动心"境界了。要讲的是公理。问题就在这些人确实不是故意的。正因为不是故意的才更有资料价值：证明这些人无知无觉。碰了别人毫无感觉。别人提示他竟然还要诧异，丝毫不认为有何不妥。令人痛心处也正在不得不重提鲁迅命题——麻木不仁。

或问：有那么严重吗？

[①] 完成于2013年2月19日，交北京《文化纵横》杂志，是年4月刊出。

答曰：严重之极。这里正好凸显中西文化差异——是否懂得尊重他人。

人格尊严至少有三义：自尊，尊重他人，尊重规则。三者中，自尊为本。实践时，尊重他人为首。规则是人们公共意志之体现。不遵守规则就是冒犯一切人。尊严是人之本。不遵守规则，失自己之本，实质上是不自爱；就是抛弃自尊。

或曰：此言大谬！照你所说，似乎大家对人格尊严都不在意。但只要放眼看去，人们自尊心都很强。典型案例：电瓶车骑士闯红灯时不但不减速，还要斥责不闪避他的步行者。如果对他表达不满，电瓶车骑士会骂你"不懂规矩！"违规者才真有自尊心。

答曰：这是误用词汇。凶悍，不是自尊。

有普世价值吗？当然有。至少有一项：人的尊严。毛泽东盛赞中国知识分子宁可饿死也不食嗟来之食的骨气，充分肯定中国人自古以来的价值观念——人的尊严。这与西方文化"不自由毋宁死"相通。

自由之根本义乃是人格尊严。康德曰"人是目的"，其主要意思内涵：人格尊严是目的；人格尊严高于一切，乃圆满的善必有之义。人格尊严三义是个内在相关、相联的统一体。三者互为前提，缺一不可。缺少对他人的尊重，自尊是不可能的；缺少对规则的尊重，自尊也是不可能的；同样，缺少自尊，不可能尊重他人和规则。

人格尊严三义统一于理性。凶悍与尊严区别在于，前者凭恃暴力，后者立于理性。依仗有钱、有权、有力，或善于呼朋引类纠集帮派张大声势，压迫弱小、欺凌异己，强迫他人服从自己意志，是凶悍。立于道理、正义，尊重他人意志，但决不容许他人侵犯自己，才是自尊。故曰：人格尊严三义统一于理性。

中国文化中有非暴力主义因素：伯夷叔齐采薇歌"以暴易暴兮，不知其非矣"，与耶稣"收刀入鞘吧！凡动刀的必死于刀下"相互辉映。得之于暴力的，必定缺少尊严。此中的道理很明显：暴力用于强制；强制则违背意志自由原则，也即不顾他人尊严。只要有一部分人被强迫，就必定在若干时日之后反弹，难免循环不已。应当借鉴英国史给人类提供的最好范例：各阶层协商解决重大争端。为何以暴力求民主，必定得不到民主？这是因为民主属于制度。这种制度建基于权利。然而不少人把民主认识为权力。这是误解。在民主制度中确实包括权力。然而作为制度，民主的根据是权利。权力在逻辑环节中位于末端。权利作为根据，在逻辑环节中位于前端。权利源于自由意志；其本体是人格；其要义是尊严。由此，民主属于理性主义文化。"争取民主"，争取的是权力。以暴力争取民主，更显明争权力之义。历史已经昭示，暴力所争得的并非民主制度。

有论者曰：印度有民主，科技日新月异，GDP迅速增长，正日益强大。抱歉我不通印度史。但观我所崇敬的甘地，倡非暴力主义而竟死于暴力，且为暗杀这种卑鄙手段之暴力，很难相信这样的民族会给人类带来福音。（自注：甘地死时印巴尚未分裂，视为民族文化传统相同。）这样的民族在强大途中会不断遭到暴力主义抵销；发展到一定程度，瓦解趋向与生长趋向势均力敌，甚至超过生长趋向，之后就渐趋弱化。其强盛是有限的。

民主不简单是投票，少数服从多数。简单地归结为少数服从多数，即是暴力主义。必须以理性为基础。民主之前提是尊重他人意志。有不少案例：即使少数被否决，还会有若干人不停地闹事，使得投票获胜方无法执政。此中要点是：这少数参与者不尊重他人意志；同时他们对亲自参与的投票，不承认结果，又表明他们缺少自尊。这种情况就是以暴力主义取代理性主义。

民主，无论形式上是票决还是协商，无非是人们的意志互动。诸意志达成结果，无非强迫或尊重。也就是说，或者是暴力主义，或者是理性主义。

或曰：马克思主义不是讲阶级斗争、无产阶级专政吗？还讲暴力是产婆。

答曰：确实有此论。然而马克思有更为基础的学说读者未注意。

有论曰：以阶级斗争解释历史发展的是历史唯物主义。

吾答：此论差矣。

马克思精通德国古典哲学，理性主义是其思想基础。他最重要的学说在《资本论》：工人的生产劳动在生产物质产品同时再生产着"资本-劳动"生产关系；当资本主义生产发展到"涨破"这种生产关系的程度，才可能迎来变革。因而，是生产劳动，不是阶级斗争，推动历史发展。暴力喻为助产婆，意思是如果未怀孕，或怀孕却未足月，暴力适足以摧残产妇而已。以为阶级斗争是推动历史发展动力的说法，正是马克思极力反对的"英雄史观"。

以斗争求民主，与此相仿。

理性主义才会有民主。一个大多数成员崇奉暴力的社会，不可能建成民主制度。（案例：基层选举，有的地方以引进财神参与为典型。表明，相关人士已经步入歧途。因为这里把钱作为暴力使用。）

人格尊严是民主之前提。反省我们自己的历史；反省我们自己当下的日常生活；与邻国提供的经验教训作对比研究；就会认识到：克服暴力主义倾向也是中华民族伟大复兴的必要条件。

　　文化自觉，首要且为根基的就是认识到自己是个人。人之根本是人格尊严。文化自觉的努力方向即是完成人格尊严。

　　自尊、尊重他人、尊重规则。学习尊重他人，从时时留心不要碰撞他人身体做起，踏踏实实地在日常生活中共建中华民族堀起、培育中国民主制度。

当代中国社会结构分析[1]

今天复旦校园非常热闹,有很多讲演同时举行。有这么多同学来听我的这个报告,我感到很高兴。今天我们讨论的这个问题,涉及到我们大家都关心的当代中国的经济发展和社会发展,我今天和大家在一起讨论这个问题,可能有一定的理论深度和学术难度,我相信这也是大家所期待的。

演讲题目虽然是分析当代中国的社会结构,但实际上涉及大家都很关心的三大方面的问题,一个是市场经济,一个是民主政治,还有一个是法制建设。现在大家都希望我们的社会发展,经济上是市场经济,政治上是民主政治,整个社会状态则是法治。这三个事物有一个共同的基础,这个基础应该由社会学来把它阐述清楚。

一

我们今天讨论社会结构,首先要涉及这样一个问题:即现在中国的经济结构中有没有市场经济的存在?如果存在,又占多大比例?如果说一点没有市场经济成分,恐怕是不妥当的。应该是有一定的成分的。我记得在 1988 年,我对一位经济学权威[2]说,我认为现在中国没什么市场经济,您是否同意?他说你这句话恐怕大部分经济学家都不会同意。现在 14 年过去了,和 14 年前相比,我们市场经济的成分,只能说是多了一点。这主要体现在跨国公司、外资企业这一块,还有就是部分民营企业。但我不敢说全部民营企业都是符

---

[1] 这是 2002 年 11 月 13 日晚在复旦大学第三教学楼 208 教室对本科生的讲演记录。后收入周桂发、周筱赟为向复旦大学百年校庆献礼编的《复旦大讲堂》(第一辑),2004 年 5 月,复旦大学出版社。

[2] 蒋学模教授。

合市场经济标准的。另外国有企业也有一部分进入了市场经济。现在我们讲有多种经济成分,有公有制、外资、合资、民营等等,经济形态也有多种成分,这和多种经济成分的含义不同,就是既有市场经济,也有其他形式的经济形态。我举一个例子,河南有一个叫"南街村"的地方,前几年有人说这是社会主义经济的典范,是社会主义经济有生命力的明证。我们社会学系的一些同学要去调查,我就对他们讲,我对那些人的说法表示怀疑。虽然我对南街村不了解,但是我敢说,它必定和你们想象中的社会主义经济是不一样的。他们告诉我这个村内部还保持着原来计划经济的模式。我说,不能那么讲。首先,南街村跟外部社会难道没有商品交换吗?它生产出产品,拿去卖发了财,它不是处在整个市场环境中并且从事市场经济吗?其次,南街村有没有雇工?据说有3万外地人在那儿打工。这怎么是我们某些人心目中"一大二公"的纯洁的社会主义呢?我当时告诉同学,要去南街村调查,应该调查它实际上是如何进行生产活动;实际上如何与外界做生意;实际上如何雇工;工人实际上一天工作多长时间,8小时、12个小时还是14个小时;一周有没有休息日,是休息一天还是休息两天;发多少工资,剥削的程度有多少(笑)?就是要了解实际情况。所以当前中国的经济结构中,不能说没有市场经济的成分,但是成分有多少,一定要调查、要统计,不能想当然。这应该由经济学家来研究,当然社会学家也可以参与其中。我可以肯定地说,我们中国当前的经济形态,不能说完全是市场经济,只能说市场经济占有相当的比例。

美国的社会学界对中国研究非常有兴趣,我们说,中国研究已经进入了美国社会学的主流,这件事的标志就是在他们最主要的两到三个学术刊物上发表的关于中国社会研究的论文达到了一定的比例。这就可以说,中国研究已进入了他们的主流研究领域。这与我们在上海的社会学家研究云南少数民族性质相似。假如一段时间我们发表的研究云南某个少数民族社会的论文很多,我们也可以说,现在对这个民族的研究进入了中国社会学界的主流(笑)。美国的中国研究很重要,因为他们提出了很多理论,其中有一个很重要的理论就是"网络理论"。我在这里只介绍他们的一个结论,就是说中国当前的经济,有相当一部分经济是"关系网经济"。如果比较完善的市场经济,你到这个市场上去是非常放心的,也就是说诚信是市场经济的必要条件。我在10多年以前[1],对我们的市场就是很不放心的。那时我刚在复旦大学工作,分了房子,拿到了户口簿、购粮本。当时大米是凭购粮证供应的,我每个月的定量是30斤。每个户口可以买6斤粳米,其余定量只能买不太好的大米,叫做籼米。那次我兴冲冲地把这每个户口的6斤粳米买回来,结果发现是发了霉的粳米。后来我得到一个经验,就是一个月有那么几次粮店卖好粳米。你得等到那个时候去买,就是要经常到粮店去看,看到卖的粳米样子比较好的时候,还必须拿起来放在鼻子下面闻一闻,再下手去买,否则就只好吃发了霉的粳米。请注意,这还是国营的粮店。那个时候的市场已经是缺少诚信的,但是他还不欺骗你,他告诉你这个粳米就是霉米(笑)。而现在情况就完全不一样了。所以按照合格的市场标准来衡量,中国的市场是有问题的。再举一个例子,合格市场经济中的市场应该是完全开放的,但是我们有的地方,比如为了保护本地生产肥皂的工业,就下令这个地区的商店一律不得销售外地生产的肥皂。消费者在商店里看不到其他品牌的肥皂,他无法选择,就只好买这种肥皂。中国很多地区都有这样的地方保护政策。这样的市场,在多大层面上是一个合格的市场?这样的企业行为,能说是市场行为吗?我们现在到底在多大程度上是市场经济,或者说市场经济占多大的比例,这还是一个没有研究清楚的问题。

　　针对这样一种情况,我们当然希望有一个健全的市场经济。从去年到今年,全社会上上下下都在谈论的一个问题,是诚信问题。诚信是市场经济的灵魂,没有诚信就不可能有市场经济。没有诚信的经济不可能是市场经济。那么怎么解决这个问题?现在人们提出来的思路是用制度建设来解决诚信问题。这是否可行,就是我们社会学研究要回答的问题。如何建立规范的市场经济,目前有两种思路。一种思路是依靠一系列的法令、措施来强制推行。另一种思路认为,市场经济是自然生长出来的,不是强制推行能产生的;如果社会本身不能够自然生长出市场经济,市场经济还是不可能得到。简单地说,一个认为市场经济是在人们的日常生活中产生出来的,另一个认为市场经济是由政府来决定的。现在一般人,都认为市场经济应该由政府来推行,也盼望政府来推行,这个思路对不对?我们现在的市场经济体制,已经推行了有十多年了,我记得上海曾经在第八个五年计划时宣布,上海要在八五期间建成现代企业制度。可是八五期间没有建成,然后就说九五期间要"努力建成",就不敢说

---

[1] 指1988年。

一定要建成了。我们知道上海政府是全世界最有能力的政府(笑),这是全世界公认的。上海过去的这六七年,建设速度非常之快,全世界都吃惊。毫无疑问,全世界没有任何一个城市的政府比得上我们上海的政府。但是这是指建造大楼、街道、桥梁等。而建设现代企业制度,就没那么容易了。这是什么原因?前一种思路认为,只要政府下决心,就一定能建成市场经济体制。这种思路现在看来似乎已经被证明是有问题的。因此,我们就需要对此做社会学的分析。

马克思的《资本论》,我们过去一向当作一部经济学著作。实际上也可以把它当作哲学著作,特别《资本论》第一卷第一章论商品的部分,可以看作是历史唯物主义的经典著作。其实还可以把它看作是社会学的著作,因为实际上那一部分描写了一种社会结构,即资本主义生产关系,是如何产生出来的。马克思为此提供了一个理论模型。所以,现在西方国家的学术界,一般都把马克思看作是社会学家。当然他们对马克思的理论有不同的理解。有一部分人认为他是社会学中的冲突论的鼻祖。但是,越来越多的社会学家认为马克思的《资本论》是在讨论资本主义社会的社会结构是如何产生的,而不是单纯从阶级斗争这个角度建构社会学理论,所以不把他简单地理解为一个冲突论者。我们在这里发现了非常重要的一点,就是马克思的思想和现代的大部分社会学家,如符号论的社会学家,在这个问题上观点相当一致:就是人们的日常行为在产生着社会结构。经济体制是由政府规定出来的吗?不是!按照大多数社会学家的看法,人们的日常行为,比如我们去求职、工作、做生意等等,正是这些日常行为产生出了当代中国社会的经济结构。因此要从社会学角度来分析我们现在的经济机构,就主要不是考察政府政策,而是考察人们的日常行为。当然政府政策也很重要,如果像"文革"时期那样,这个也不许你做,那个也不许你做,人们日常行为都停顿了,经济结构也无法产生。现在政府政策很清楚,只要是合法的,你都可以去做。在这种情况下,政府的政策已经不是主要考虑方面,重点要考察人们的日常行为怎样产生我国现在的经济结构。

我举个例子。前几年我的一个朋友准备下海做生意,我问他打算怎么干?他说我对这个行业比较有兴趣,先到公司里去学学、做做,过几年有了经验,自己开公司。应该说这是中国人的风格,有一句老话,叫做"宁为鸡首,不为牛后"。鸡头很小,但再小也是个头;"不为牛后",牛的屁股那么大,不干。请大家注意,中国人的这种思路非常重要。我决不是说我这位朋友的坏话。我觉得这是中国人典型的思想，大家都差不多。他到这家企业去工作，去的时候就没安好心，就是准备去学本事，然后挖墙脚。我接触过许多民营企业。民营企业大到一定程度，就必须要设立分部、分公司，而这些分公司经理的行为，相当一部分是有问题的。实际上是借着总公司的招牌在各行其事，为自己谋私利，也就是我们讲的"挖墙脚"。甚至打着总公司的招牌，偷偷地做自己的生意。这种案例非常多。于是中国的民营企业出现了这样一种规律：它大到一定程度，必然发生分裂。这就促成中国的民营企业家成天就在考虑怎么提防别人挖他的墙角。我也曾经给几位民营企业家出过主意，我说你这个公司不要开大，可以通过参股的办法来控制其他公司，而不要让他们成为你的下级部门。因为如果成为下级部门，他就会非常担心，用人时候，太有能力的人他都不敢用，宁肯用一批比较愚蠢但比较听话的人。每个太有能力的，都是潜在的对手。这对于我们经济整体的发展会造成什么样的后果，就可想而知了。

在我们未来的经济发展中，这是很值得大家关注的问题，应该引发我们更深层次的思考。我们现在还要不要提倡员工对于公司、对于老板的忠诚呢？旧时代的工商业者，有一个非常重要的观念，就是对老板的忠诚。茅盾的小说《林家铺子》里就讲到林老板的一个伙计，非常忠诚，最后老板把女儿都嫁给了他，店铺也给了他，由奴才变成主子了。但是现在大家就会觉得这种观念很可笑，为什么要对老板忠诚？我们这些行为者的态度，实际上就直接决定着中国当前的经济结构。据说，现在许多的外资企业，对我们大陆中国人采取不重用的办法，如果他们在这儿设立分公司，不得不用华人，他们宁可用香港人、台湾人，而不用我们大陆人，因为他们认为大陆人靠不住。在这些基本上维持着西方的社会结构的公司里，也就是市场化程度高的企业里，大陆人是不大可能进入高级领导位置的。也就是说由我们自己建成的经济结构，在市场化程度高的结构里处于从属地位，而不能够处于主导地位。当然，按我这几年的观察，这些外资企业到了中国以后，也慢慢地适应了这里的情况，对我们员工的一些不良习惯，在制度上不得不做了一些让步。

我们现在更关心的是在完全由我们中国人自己组成的企业里，将会出现怎样一种情况。根据温州的情况，我们发现，这样的企业很难变成大企业。企业大到一定程度，原来的合作者就会发生分歧，几个合作者各搞各的，企业就分裂了。穷的时候大家可以合作，富了以后就合作不下去了。能够共苦不能够同甘，这种情况是非常多的。这里的原因当然很多，但归根结底，在于我们的意识深处对他人的不信任、不尊重。

社会结构都是通过这个社会中的成员间的相互关系产生的。我经常举的例子是两个人谈恋爱。谈恋爱就是创造社会(笑),它表现为再生产社会关系。两个人谈恋爱、结婚,就创造了一个家庭。你在娶你太太的同时,你把丈人、丈母、大舅子、小姨子这些关系就创造出来了(笑)。不要看轻日常行为!我们的日常行为都是在不知不觉地推动着社会发展。马克思就说工人的劳动在生产物质产品的同时,再生产着资本主义的生产关系。我们的日常行为,都在创造社会结构。但是不同的日常行为,创造出来的社会结构有着不同的性质。如果我们的日常行为能够把市场经济的社会关系创造出来,我们就推动着社会向市场经济转化。那么什么样的行为才能够创造出这样一种社会结构呢?这涉及到我们在日常行为中的心态、态度。我们设想这样一种情况,某人由于偷税漏税被有关部门拘留了,要他补交10万元的税款,几天之内不补税就要判刑,这时他的父亲就要想办法。一个办法是把税款补上让他出来;但假如他钱不够,手头只有5万,这时他首先想到的是拿这5万元去贿赂有关人员,想办法把他儿子给弄出来。他这种行为究竟是在巩固法制还是在破坏法制?同样在经济结构的问题上,我们看做生意的人和找工作的人,他们的行为是在巩固着市场经济体制,还是在破坏着市场经济体制?我以前看过一个电视节目,说是要考察求职者的品德如何,故意把一把扫帚倒在地上,看走过去的人是不是会把它扶起来,我觉得这个思路很愚蠢,这只能说明招聘者没眼光、没水平。其实在单位负责招聘的人,应该会看相(笑)。我说的看相不是算命的看相,而是招聘者根据他的阅历,一眼就能判断出这个求职者是否适合这个工作。何必弄个扫帚在那儿摆着?有的人看过这个电视节目就会注意这些细节,就给你装模作样弄一弄,这又如何判断?我一直主张,求职者应该拿着前任老板开的鉴定,给新老板看,否则就不能求职。我一直提倡要建立这样一种体制,这是对诚信的一种推进。现在时兴"反炒鱿鱼",员工一不高兴马上就走人。这种制度就是让你反炒鱿鱼没那么容易。你要是反炒鱿鱼,就拿不到鉴定,新工作就没法找。这样我们的经济结构就可以比较稳定。

我每天上班都要经过一个盗版光碟市场,我发现卖盗版光碟的都很负责任,很有诚信,买了以后有质量问题包换。现在港台的盗版光碟市场都没有这么好的服务态度。它已经产生出了这样的社会结构,而且形成了一定的道德规范。假如哪一个同学看见他们在卖盗版光碟,把他们揪到工商管理部门,大家都会觉得这个人多事。不是说我们没权利去抓他，而是人们认为我们不应该去抓他。已经形成这样的一种道德标准，出现这样一种经济结构。更严重的问题不在这里，而是许多地方冒用他人的商标，大规模地制假、售假。我那次到温州去，有人给我讲了一件事情，当地有人仿冒生产德国某著名品牌的运动鞋，那个德国老板发现了以后就找上门来了，参观完工厂以后就说：“你做的可以乱真啊！这样吧，我给你两条路：一条是你做我的联营厂，那我就不起诉你；第二条，你不做我的联营厂，我就起诉你。"(笑)那个老板当然很高兴，马上就跟他联营了。这说明他仿冒的技术很好。还有很多大量仿冒水平没那么高的，而且仿冒国内产品，他被查处的危险就更大。比如外省某县仿冒上海的产品，上海这家企业就委托上海的司法部门去查处。但是我们知道，一般地讲，该县的有关部门会保护它。因为这些造假企业逢年过节都要给当地领导送红包。这个红包不是贿赂。贿赂是我给你一笔钱，购买你的服务，根据的是交换原则。当然，这是不正当的服务。而逢年过节送的红包，并不要求立刻就为他服务，而是形成了一种社会关系，在外地来查处我的伪劣产品时，你得给我通风报信，你得保证我不被他们抓走，诸如此类。这样一种社会关系，在政治意义上是腐败，在社会学意义上是一种新的社会结构的产生。请注意，就是说这些企业家的行为，不仅产生了经济结构，还产生了社会结构。这种全新的社会结构我现在还找不到一个合适的词语来称呼，但是它有点像欧洲中世纪领主和农奴的关系。当时的农奴原来都是自由农，因为中世纪的欧洲社会很不安定，土匪很多，农民随时有被抢劫丧命的危险，于是他就去找有武装力量、有城堡的原先的氏族贵族，把土地献给他，得到允许后在他的城堡旁边盖个房子住，此后后者就有义务保护前者的人身安全。这种领主和农奴关系的建立，一面是他缺乏安全感，需要投靠他；另一面，则是他能为他提供保护。现在我们许多地方正在形成有点儿类似的社会结构。他冒用他人的商标制造假货，需要得到当地领导的保护；他付出的代价就是逢年过节给领导纳贡。对此简单地用腐败来解释，是远远不够的。当然我们也可以说这是腐败，应该查处。但是作为一个社会学研究者，我认为这个现象没有这么简单，它反映了新的经济结构和新的社会结构在出现。当然以后还会不会进一步发展，则是另外一个问题。我们希望这种社会结构不要发展，因为这种类似于西欧封建社会的关系，是和市场经济背道而驰的。

我们现在的经济结构非常复杂，各种各样的成分都有，对此都需要做实际的研究、实际的考察。对于每一种新的现象,都要做理论上的分析,来判断它是一种什么样的结构。所以回到开始讲的问题,中国有没有市场经济成分?当然有。占多大比例?我估计是一半左右,可能还不到一半。其余的成分非常复杂,既有市场经济,也有关系网经济,还有带有封建人身依附关系的地下经济。现在我们一般是用三个概念把整个经济结构都概括了,一个是市场经济,一个是计划经济,再一个属于违法乱纪,就这么三个概念,从学术上看是太简单了。如果是因为这三个概念具有可操作性,管理社会、管理企业等等用这三个概念就够了。但是作为研究者和决策者,思考如何才能把整个中国的经济导向我们所希望的市场经济,就必须用比较深的理论框架做分析。我刚才提供一些可供思考的例子,是希望大家以后能作深入研究。这样我们对于复杂的经济现象才能理清思路,什么需要建构,什么需要遏制,大家才能有一个比较好的分析。我一直比较同意有些学者的观点:严格地讲,我们中国基本上没有存在过计划经济,只有命令经济[①]。当然这个问题还有待讨论。

二

我刚才提到,建立市场经济需要一个共同的基础,这属于社会学研究的范畴,那么这个共同的基础是什么?我们需要多长的时间,才能把这个共同的基础建立起来?用比较简单的话讲,这个共同基础,就是一种贯彻全社会的普遍性的原则。

我们从远古的时候讲起。这个"远古"我指的是春秋时期,大概 2500 多年以前。中国人讲远古好像非得 5000 年以上,在欧洲人概念里 2500 年已经非常久远了。那个时候,原来的宗法社会解体了。于是有很多社会成分,就是"士"这个阶层,找不着工作,下岗了。他们就在社会里到处游荡,到处跑来跑去找工作,这就出现了"游士"。孔子就招徕了一批"游士",教他们一些本事,帮他们找工作(笑)。我们可以这样来理解当时的社会结构,就是由一个氏族或者说家族构成的社会,整合成较大范围、包含很多家族的社会。用现在流行的词语讲,就是从社区向社会转化的过程。原来一个人忠诚于自己的家族或者氏族就可以了,但是现在社会产生了一个政治结构,它对于各个家族的成员都是同等看待的,每一个人,不但要遵守自己家族中的规范,还必须遵守整个

[①] 有的学者称之为审批经济。

社会的规范。我们用一个现代社会的词语来描述，原来是"私"民，现在成为公民了。或者原来是"族"民，即某个家族的成员，现在变成一个社会的公民了。但是我注意到中国人到现在为止，都没有变成真正意义上的公民。我以前举过东北人的例子，请在座来自东北的同学不要生气。东北人特别讲义气，不论是非曲直，一律帮东北人。而对非东北人，又看作跟动物差不多（笑）。当然在座有文化的东北人就未必这样了。南方人的公民意识可能稍微强一点，但也未见强多少。广东的某些地方也有这种情况。就是只在一个小范围里，大家彼此都遵守一定的规则。但出了这个圈子，这些公共的规范，就较难被遵守。而且对待这个圈子以外的人，就不把他当人尊重。我们所谓"文明"的上海人，同样也经常是小团体主义。当然总体来讲，上海人的小团体性在上海本地是比较少的，到了外地则表现得非常强烈，这就是上海人被外地人所厌恶、所仇视原因之一。有一次我去外地参加一个会议，待了一个星期，这些外地的高校教师给我一个很高的评价，说"你一点都不像上海人"（笑）。这些都反映了一个问题，就是到现在为止，中国人的公民性质还相当缺乏。

中国早在2500多年前的春秋时期就进入了平民社会，原始的氏族贵族基本上被消灭了。这恐怕是世界上最早的平民社会。以后每一个新朝代诞生，都会出现一批新的贵族。但是每一次改朝换代，这批贵族又都被基本消灭，然后从平民中再产生一批新的贵族。中国这样的历史，是全世界所没有的。我们的平民社会早在战国时期基本上形成。那时各个诸侯国要富国强兵，都提出"尚贤"的主张，就是重用有才能的平民，把他们提拔到高官的位置上。秦始皇统一天下的时候，他的将相大都是平民出身。然后，秦朝被汉朝推翻以后，汉朝不但将相全都是平民，连皇帝本人也是平民。中国平民社会的传统，是世界上根底最深的。当然也有一小部分统治者是贵族，如北方少数民族建立的政权，像五胡十六国、北魏、金、元、清等。世界上第二大的平民国家，就是美国。美国的总统小时候给人开电梯、擦皮鞋，都不妨碍他以后成为总统。而在欧洲如果一个人从小就给人家擦皮鞋过日子，大家都会看不起他，以后就别想跻身上层。在日本也是不可能的。

但是，我们这么早就成为平民国家，为什么公民却总是达不到？世界上没有比我们国家再早的平民传统了。而且，中国的平民一不高兴就起义，把皇帝给推翻。200年左右就来一次改朝换代。但是为什么就形不成公民传统？这是一个很有趣的问题。对此，我们现在无法进行社会学的考察，因为要考察

2000年以前的事情，我想去进行访谈，可是找不着访谈对象（笑）。所以只能做些猜测。但是，这个现象是明摆着的，我们总是形成不了公民传统。欧洲打倒贵族是14世纪前后的事，至今整个欧洲贵族的影响还是很大的，可是他们的老百姓公民意识非常强，而为什么我们中国这么长时间都无法建立起公民意识？简单地讲，我认为关键问题出在中国人没有权利意识。这个词我们也有翻译成"法权"的。权利意识最重要的要素是对他人尊重。现在有些人希望把"私有财产神圣不可侵犯"写入《宪法》。我曾经在南京的某大学做过一个演讲，我说在中国要做到"私有财产神圣不可侵犯"是很难的。一个社会学系的学生就站起来教训我，他说他是法学院社会学系的，他的意思是说他是懂法律的，而我不懂（笑）。他说他认为保护私有财产非常重要，应该支持，不应该反对。我说同学，我好像没有说过我反对保护私有财产，也没有反对把这一条写入《宪法》。我只是说，在中国很难做到这一点；不是写入了《宪法》就会做到。私有财产不可侵犯，为什么我们就做不到"神圣"？实际上这里涉及我们尊重他人是无条件的还是有条件的问题。这就是要回答我刚才提出的问题，即为什么我们从春秋时期就进入了平民社会，但却为什么总是不能成为公民，为什么这个普遍性原则总是不能够最终占据统治地位？问题的关键就在这里。所谓"私有财产神圣不可侵犯"的原则，实质上是人格尊严神圣不可侵犯。因为私有财产是个人人格的物化表现。中国人对他人的尊重，一向都是有条件的，而不是无条件的。或者称作相对主义的态度，而非绝对主义的态度。所谓无条件尊重他人，就是不管他人对我何种态度，我都要尊重他；有条件的尊重是假如他人对我尊重，那么我也对他尊重。中国人的逻辑是：要我尊重他，首先他必须尊重我；如果他不尊重我，我当然不尊重他了。我们从逻辑上分析，假设人人都要求别人先尊重自己，然后自己才去尊重他人，你就不可能得到他人的尊重。因为如果我们都以他人尊重自己为前提才去尊重他人，每个人都等着别人先尊重自己，最后等来等去什么也等不到。而基督教文化对此的态度则正好相反，不论他人是否首先尊重自己，自己对他人的尊重是坚定不移的。大家都这么去做，自然任何人受他人的尊重就得到了保证。而在这种以他人尊重你为前提的情况下，你的人格尊严实际上是得不到保证的。人格尊严得不到保证，财产尊严同样也得不到保证。所以这不是"私有财产神圣不可侵犯"是否写入《宪法》的问题，而是我们的态度不可避免造成的后果。那么我们是否就没希望了？当然有，我套用一句老话，"从我做起，从现在做起"。在座的诸位都是当代中国社会的英俊（笑），从现在起就无条件地尊重他人，那么市场经济、民主政治、法治社会全部都会来了。但这一条如果大家都不去做，那就是没有希望。

康德曾经说：你要这样行为，让你行为的主观准则同时也是一条客观法则。这里讲的就是普遍性。比如不偷盗，我不偷别人东西的同时，也要成为社会每一个成员在任何场合都可以遵守的规则，这就成了一个普遍性原则。孔子则有另一句话，"己所不欲，勿施于人"，这和康德那句话意思似乎很接近，都是让你不要做某件事。但是我们仔细分析孔子这句话以后，就会发现它是一个条件句，"你不要这么做，否则别人也会这么对待你"。而西方关于这个问题最早的思想源头，在《旧约圣经》中，《摩西十诫》全部是无条件命令，不得偷盗，不得说谎、不得奸淫等，是不存在条件的，命令你必须遵守。我们的就不是命令，而是规劝：你可别这么干，否则的话你自己也要吃亏的，因为别人也会这样对待你的。有条件和无条件尊重他人，这是导致我们的行为产生出何种社会结构的最根本要素。产生中国当前社会结构的原因，不是到政府那里去找，也不是到他人那里去找，而是要从我们自己身上找。我们每个人都是中国人，我们的行为模式，我们的思路都是一样的，这就是文化。

三

我们有没有可能走出这个泥潭，发展自己，形成市场经济的社会结构呢？也就是我们和国际接轨的可能性大不大？

这里首先要解释一下接轨的概念。我们中国的铁轨是标准轨道，前苏联的是宽轨，当年阎锡山统治山西时还有一种窄轨。过去我们的火车开到中苏边境，就要把车厢吊起来，换上他们的底盘，内部还是一成不变。这是我对接轨的理解。如果这样理解的话，接轨当然可能。那么换轨有没有可能呢？当然从道理上讲，世界上没有不可能的事（笑）。但是我只能说，换轨非常不容易。因为我刚才已经做了分析，说明了一个问题：你要换轨，即形成与西方类似的社会结构，那就需要全体老百姓都变成公民，就需要我们对他人的态度从有条件的尊重变为无条件的尊重；我们在座的这些英俊们能否做到，我都不敢下结论，全体中国人能否做得到，我就更没法儿说了。要完成这样的转化非常困难，100年、200年恐怕都难于完成。因为从春秋时期到现在的2500多年都没能转变，谁能指望100年，或者200年就转变吗？我曾经说过，中国进入法治社会的状态,至少需要500年。这是三年以前我在一篇文章中指出的。我本来要说2000年的(笑),后来怕大家丧失信心才说500年。其实不说500年,即使100年以后的事情,对于你我又有什么意义呢?

在公元2000年到来的时候,复旦有很多同学在相辉堂广场敲钟。当时我很有感慨。耶稣当年传道的时候,他说过一句话:"天国近了",翻译成英文是is at hand,就在眼前。恩格斯写过一篇论文,研究《新约圣经》最后一篇《启示录》。他认为尽管《启示录》在《新约》中排在最后,却是《新约》中年代最早的一篇。恩格斯对启示录的研究证明,当时对天国何时来临已经产生了分歧。其中有一种说法就是"千禧年"。《启示录》第20章提到"一千年",并不是我们现在一般人理解的那个意思。在该千年到来之际,耶稣复活,将魔鬼撒旦打入abyss(地面下面是地狱,地狱下面就是abyss,有的书译作无底坑)囚禁起来,此时所有被斩首的圣徒全部复活,大家快快乐乐地过1000年——包括满足种种物欲。之后,撒旦再次降临人间,再来一场激烈的战斗,而后进入末日审判。在耶稣死后还不到100年,已经把天国的来临推迟了1000年。当时的基督徒,对耶稣说的"天国近了"已经有许多解释了。另外一种解释是:天国就在你的心中,而不是在地面上。那天敲钟的时候我就在想,耶稣降生到现在已经2000年了,耶稣宣布的天国还没有来临。那么市场经济、法治状态,是不是在中国也要2000年才能到来呢?因为要使我们每一个中国人对他人的态度由有条件的尊重转变为无条件的尊重,不仅是在座的英俊们,而是全体14亿中国人,包括大批文盲、半文盲,都有这种态度,2000年够吗? 西方社会也有许多文盲,但是他们对他人的态度同样充满了基督徒的精神。这就像是中国传统社会的农民,虽然不识字,但是他的行为相当合乎儒家的要求一样。这种传统,是他还在母亲怀抱里的时候,就受到的教育——应该怎么去做人,对老年人应该是什么态度,对同辈人应该是什么态度……这是日常行为不断的教育,而不是学校里教的。我刚才说至少500年真是说得客气了,因为过去2000年我们没有发生的变化,难道能指望在未来的500年就完成吗?

我们当然要努力建设市场经济体制,这是确定不移的。但是目前我们的这种建设还缺少一种精神基础,即我们自己行为中表现出的对他人无条件尊重的态度。可是,尽管我们缺少这种态度,要自动达到公民状态现在还做不到,但是依靠各种各样的法规、检查机制来维持这样一种状态还是可以做到的。当然这种状态也许会让人感到很不舒服。我们将来要探讨的问题,是如何找到一个中间点，虽然不是很舒服，但也不是太不舒服，然后一步一步慢慢地发展，维持那么1000年再说。对我现在这句话有疑问的同学，不妨去读一读世界历史，看看各国怎样走过艰难的历程，还是没有达到理想的状态。我读过一点历史，因而深深感到达到这种理想状态是多么困难。

我最后想说，一定要付出巨大的努力，尤其是在座的青年才俊们一定要忍辱负重，做出超于常人的努力，我们的社会才能朝着这个理想状态前进。我就讲这么多，谢谢大家。（鼓掌）

问一：您认为现在世界上有没有国家已经达到、或是接近于您所说的这种理想状态了呢？

答：我是说我们中国离这种理想状态比较远，并不是说其他国家都已经达到。我觉得最接近这种状态的国家是德国。你如果到德国去，就会感到非常地难受，因为他们的规矩特别多，中国人受不了这样的约束，中国人喜欢随便。

问二：请问应该建立怎样一种制度，才能使整个社会向您所说的理想状态发展？

答：我刚才已经讲得很清楚了：制度是行为的后果，而不是行为的原因。我给你举个例子说明这个问题。我有一个朋友到了美国以后，他写信回来就说："美国人真小气啊，还是我们上海人大方。"（笑）全国人民都认为上海人小气，他竟认为上海人要比美国人大方！我对他这句话很有感慨。有人告诉过我，世界上最小气的是德国人。其实从我个人的接触来看，也未必如此。很多法国人比德国人还要小气。因为德国人的小气是有道理的，而法国人的小气就有点没道理，有点像中国人的小气。我写过一篇文章分析这种现象。严格地讲，美国人和德国人这不叫小气，这是和他人划清界限：你的就是你的，我的就是我的；你不要侵犯我，我也不侵犯你；你不要占我便宜，我也不占你便宜。比如大家一起出去吃饭，各付各的账，这一点我想现在很多同学都能够接受了。但是大多数中国人，特别是北方人，他认为你的就是我的，我的就是你的（笑），这叫亲密无间。你要是提出一点异议，有一些人就会说："这人真不够义气,对朋友还这样。"上海人之所以遭到全国人民的厌恶(笑),就是因为上海人喜欢坚持自己的原则,轻易不愿意做让步,再好的朋友也要划清界限。比如你上午10点半到上海人家里去,坐到11点半,他就静静地等着你走(笑)。北方人决不会这样。他会千方百计不让你走,一定要留你下来吃饭。上海人不太喜欢留客人吃饭,当然事先说好请客吃饭,则是另外一回事。如果你是不速之客,上海人就是等着你赶快离开,决没有留你吃饭的意思。其实,这是尊重你的人格尊严。但我们绝大部分中国人不喜欢他人有尊严、不喜欢他人有自由、不喜欢他人有自己的空间。所以现在受虐狂才会比较流行(笑),包括《我的野蛮女友》之类(笑),把你想筑起的心理防线彻底破坏掉。这是东方文化的特点。这样一种情况你要建立的制度顺着它还是逆着它?你能指望依靠一个建立不起来的,或即使纸面上作了规定但不可能发生实际效用的制度推动人们的心灵西方化吗?不可能。

问三:您刚才都是在用西方的标准来评判中国社会。请问西方化是人类惟一的发展道路吗?中国一定要走西方化的道路吗?还有没有另一条解决道路?

答:我从来没有做出这样的结论。而且,我刚才讲了那么多,就是说明中国要西方化是不可能的。中西比较是方法。另一条道路当然有。这就是中国的儒家提倡的,在日常的生活中达到圣人的境界。这就是中国人的道德理想。中国人的社会理想是太平,或者叫大同。太,大;平,同。即《礼记·礼运》中所说的:"大道之行也,天下为公,选贤与能,讲信修睦。故人不独亲其亲,不独子其子。使老有所终,壮有所用,幼有所长,矜寡、孤独、废疾者皆有所养;男有分,女有归。货,恶其弃于地也,不必藏于己;力,恶其不出于身也,不必为己。是故谋闭而不兴,盗窃乱贼而不作,故外户而不闭。是谓大同。"

问四:您刚才说我们要一直朝前走,但是这样走就一定能达到你所说的那一种理想状态吗?

答:我们现在所说的朝前走,是按照我们现在的想法。但是到了一定的时候,我们的想法也许会改变。人类是很聪明的动物,他随时会调整自己的行为,到了有些时候,矛盾、冲突非常严重的时候,他会找到另外的解决办法。从历史上看都是如此。现在世界上最尖锐的冲突,一个是巴勒斯坦和以色列,一个是美国和阿拉伯世界,我们相信他们都会找到解决办法的。以色列和巴勒斯坦冲突了半个多世纪了,我们都相信他们会找到解决办法。而且我相信在你们的有生之年都是看得到的(笑)。

问五:对于通过技术性的完善的立法来强制社会维持一种比较理想的状态,您到底有多大的信心?第二个问题,既然您认为一般人所说的西化的概念是一种理想状态,在中国很难实现,那么您一直强调的公民概念又是怎样定义的?

答:如果我们通过人大立法和政府执法可以推进这个过程,我觉得我们还是应该做的。我并不主张让社会保持其自然状态。但是立法必须符合社会实际,也就是当前社会正在如何发展、存在何种建构,立法要和这些情况相符,而不是脱离实际。现在有些人向往的状态,我认为是不可能达到的,或者说很难达到。但是,我们可以并且应该努力去体会人们的意愿,让社会朝着比较实际的、可能实现的状态前进。我说的公民,即遵守普遍性的原则,他的行为在任何场合都是符合这一原则要求。公民尽管是个来自西方的概念,但对于中国还是需要的。因为我们这个社会这么大,每一个人都必须遵守公共规则,否则社会岂不是要乱套了?这一点上海人是做得比较好的。这几年上海建设比较快,除了上海市政府筹划得好,还与上海的市民素质较高有很大关系。但我不希望你泛泛地说"一般人说的西化是理想"。西化不是我的理想,也不是中国人的理想。人们攫取了某个或某些西方文明特征,表达自己现实的向往,实质上不是主张西化。想象的西化中透露的是实际的中国盼望。

问六:我记得当年中国参加 GATT 的谈判时,美国就说你们不是市场经济,没有资格来谈。而到了 1993 年,美国就承认中国属于市场经济了。而您刚才一直在说中国的市场经济成分所占比例很小,这又如何解释?

答:我明白你的意思。说老实话,美国经常故意给我们找茬。比如关于人权问题,严格地讲,我们中国的人权状况在世界上应该算是不错的,比印度、巴基斯坦这些国家不知道好到哪儿去了。但是美国从来没有指责过他们的人权状况,却老是来指责我们。这就是故意找借口来打击我们。像市场经济的问题,也有类似的情况。他忽然不承认你,忽然又要承认你,其实这背后都有着他的国家利益驱动。美国是否承认和我们现在的讨论是两回事。我们现在是学术讨论,要讲清楚差距和实质,而且要从根底处讲。学术与政治不是一回事。如果我去和美国政府打交道,我肯定会说我们中国的市场经济发育得很好。内外有别。坦诚是必须的,但也没必要在外人面前把自身的弱点和不足挂在嘴上唠叨不休。实际情况也是我们在不断地成长着。

社会体制视野下的中国社区建设变迁[①]

内容摘要 从社会体制视角看"社区",我国1990年代开始的社区建设运动之前的所谓"单位办社区"即可视作社区建设。自1949年迄今,中国农村社区建设、城市中单位作为社区的建设和居民区作为社区的建设,分别随社会结构的变革而变迁,虽然成就显著,也相继凸显架构示微、定位不明、商进党退等问题。而要解决这些问题,最终要回归到党建的加强和党员素养的提高上。

从社会体制视角看社区,其实是个"纯"社会学概念。从这个视角看,我国1990年代开始的社区建设运动之前的所谓"单位办社会"也可视作社区建设,因为社区即共同体,社区建设首先是建立、形成、巩固、发展共同体(社区)。"单位办社会"即一种共同体建设。社区建设一度被视作改变了过去单位办社会的社会发展方式。这有一部分道理,但不全面。须知,原先的"单位"就是一种社区(共同体);至今,近20年的社区建设过去了,仍然有一部分单位具有社区的大部分性质。近来,许多企事业单位被要求不得把富余员工推到社会去,要"内部消化",如此举措实则透露了政府仍然需要单位担当社区角色。

按照列宁和毛泽东的思路,无产阶级革命就是由党组织新社会。社区建设正是党组织社会的基层活动。然而眼下的普遍状况是,基层党组织组织社会的功能并未充分发挥,而商业势力不断增长。笔者认为,社区建设关键在于社区党建和党员素养的提高。

[①] 这是为2008年6月21、22日中国人民大学《中国社会体制改革30年》研讨会写的会议论文,原题《中国社区建设及其趋势》,整理后以此题发表于《探索与争鸣》2009年第3期。

1949～1990年中国社会的三种社区建设

毛泽东1949年9月30日在中国人民政治协商会议闭幕会上宣告"全国同胞们,我们应当进一步组织起来。我们应当将全中国绝大多数人组织在政治、军事、经济、文化及其他各种组织里,克服旧中国散漫无组织的状态"[①]。这是中国共产党重建中国社会结构思想之经典表述。依照此思路,一切工作都可看作组织中国社会的努力。建党、建军、建立工会青年团妇女联合会、建立各种协会、组织统一战线、农业合作化、私营工商业社会主义改造、建立居民委员会、高校院系调整……均可如是观之。这个时代完成了中国社会结构的革命性断裂,旧的社会组织彻底粉碎,新的社会组织迅速成立。当然,由于推进速度过快,建设一度赶不上破坏,留下了许多未能及时填补的社会功能空白。尽管如此,最高领导始终高度重视组织社会的事业,并且始终把注意力集中在组织社会基础即社区建设上。

在此,农业合作化被看作农村社区建设、城市工商业的公私合营被看作城市社区建设的一个部分。以下主要叙述三种社区建设:农村一种;城市单位和城市居委会两种。

1. 农村社区建设

农村社区重建是中华人民共和国的立国基础,是中国社会现代化的主要战场,在这一阶段得到最大关注。

第一个是建国前后开展的土地改革运动。这个运动彻底实行了毛泽东在《新民主主义论》中阐发的土地私有纲领[②],在中国历史上也是最彻底的平均地权的运动。过程大体如下:在战争胜利的前提下,工作组进村,找积极分子,通过各种途径、方式向村民宣讲革命道理。这个环节即思想动员,以社会学的话语叙述,是革新意义系统,赋予农民的革命行动以新的意义。以新的方式解释世界,是社会结构重建中最初的、也是最重要的一环。在此基础上开展组织工作:发展党员、组建党支部,建立农会和其他组织。这个环节是组织群

---

① 引自《中国人民大团结万岁》,载《毛泽东文集》(第五卷),第348页。
② 《新民主主义论》以"耕者有其田"为解释"平均地权"方针的口号。主张"没收地主的土地,分配给无地和少地的农民","把土地变为农民的私产";"农村的富农经济,也是容许其存在的"《毛泽东选集》第二卷。

众。然后,带领群众斗争,并取得胜利;把没收的地主富农土地、房屋、财产分配给村民,让群众分享胜利果实。这是个实践环节。最后,原有的基层政权组织、社会组织随同生产关系一齐打碎(废除、取消或解散等),建立村委会之类基层政权。

经历以上过程,确立了党理所当然的领导地位,并建构起基层党组织与村民一体化的社会结构。新社区的建构过程,也是中国社会的现代化过程。在这种社会结构下,道理是党倡导并灌输给群众的;组织是党建立的,组织的骨干份子是党发现、确定、培训的;政策和策略是党拟定并领导群众参与实施的;最后胜利果实是人人有份的。这种社会结构笔者称之为伦理社会,其实质是,占主导地位的人与人之间的社会关系是直接性的。具体地说,党的领导这种伦理关系(俗称人事关系)比市场、商品等理性的社会关系重要得多。换言之,尽管实施土地私有,而且是中国历史上最彻底、遍及全国的一次,新建构的社会结构仍然是人事关系主导型,即伦理社会。所以,以为土地私有的实行就是理性关系的确立,实则错误估价了土地改革的经济、社会意义。真正强大而且牢固的社会事实是党的领导的确立。理解了这一点,就能理解日后的农业合作化直至人民公社一大二公取消土地私有,其根据何在。无疑,建国初期实施的土地私有,是有条件的私有,实质上是公有前提下的有限私有。

第二个是农业合作化运动,经由互助组、初级社、高级社,把单个农户组织起来,全然是社区重建。原先的单个农户组成的村落是社区,合作化之后的村落当然还是社区——不过是内部关系和结构变化了的社区。高级社阶段,社员在理论上还可以退社。

第三个是人民公社运动,土地改为集体所有制,杜绝了社员退社的可能,村落的社区结构与此前根本不同了。对于人民公社,通常有两种看法:一是把人民公社看作合作化的当然结果;二是把人民公社看作一个插曲。从土地所有关系看,现在仍然规定土地是集体所有,维持了人民公社运动促成的状态,人民公社似乎是合作化运动的目的与结果。而当下农村中人与人之间的社会关系状况则反映,人民公社似乎是个插曲。这两种看法都有根据,还要等待事情的自然发展,尚未到下结论的时候。

这个阶段还有两件大事:一是1958年1月9日通过并施行《中华人民共和国户口登记条例》,第十条规定:"公民由农村迁往城市,必须持有城市劳动部门的录用证明,学校的录取证明,或者城市户口登记机关的准予迁入的证明,向常住地户口登记机关申请办理迁出手续。"自此,有了农村户口与城镇户口之区别。1972年修改宪法又取消了迁徙自由条款,农村社区的性质随之变化。二是1984年4月6日国务院发布《中华人民共和国居民身份证试行条例》,1985年9月6日全国人大常委会通过并开始施行《中华人民共和国居民身份证条例》,规定居住在中华人民共和国境内的年满16周岁的中国公民须领取身份证。从此,农民又可以离开户籍所在村庄在国内流动,农村社区的性质随之再次变化。

2. 城市中单位成为社区

城市中单位成为社区的情况比较复杂,既有类型的区别,又有发展的不平衡,还有具体建构的差异。这里要明确的是,单位之所以必须看作一种社区类型,首先在于单位的核心是党的基层组织。其次,在党组织领导下,单位成员进行多种互动以结成伦理关系。党支部要开生活会开展批评与自我批评,单位成员之间要搞各种评比。1950年代开展过的"拔白旗、插红旗"等劳动竞赛……都是促进社区团结的有效措施。单位之所以是社区,还有许多因素的推动,比如住房分配。单位一般会为员工盖房供集中居住,使单位在空间上有了成为社区的保证……等等。

3. 城市居民社区

城市居民的居住区是目前社区一词通常所指,其形成起源于毛泽东组织社会之理念:即在城市中把人员组织进单位的同时,还有一些"剩余"人员也要组织起来。

几千年来,我国城乡社区基本上是自治的。古代长期实行控制性管理的"编户齐民"制度,北宋之后称"保甲制",延续到民国时期;解放后,迅速在城市里废除了保甲制,建立了新型的居民自治制度,大体经历三个阶段:"1949年杭州孕育阶段",居民委员会的称谓最早出现于杭州。"1952年华东区试点阶段",上海市在4月建立居民委员会。"1954年立法",毛泽东指派彭真调研,并根据调研报告立法,以便在全国统一规范和迅速发展。当初发展居民组织主要目的有两点:一是把"无组织"的居民组织起来。二是动员单位之外的力量,增进城市居民的福利。因此,居民组织不同于其他民间组织,是以居住地为条件建立的非营利、非会员制和区域性居民自治组织;居民组织与参加各级人民代表大会和政治协商会议的人民团体也有所不同,是公民参与国家公共事务的一种新途径。居民组织采取的组织形式是"委员会制",议行合一,集体领导,办事民主,职能机构健全,内发机制充满活力,为基层社会管理、社会救助、劳动就业以及国家的工业化建设等调动了大量的社会资源,实践了一次社区发展运动。新型居民自治制度与旧保甲制度的根本区别就在于,新制度有基层党组织与居民水乳交融式的一体性。这种一体性,是社会主义民主的实质"存在体"与前提"对于实际运行而言"。

1990年代开始重新组织城乡社会

1990年代开始的,由政府倡导的社区建设运动,起因于改革开放引发的中国社会大变迁。在党和政府领导下,自觉重组中国城乡社会、积极推进社区建设的实践。当然,由于对社会变迁估计不足、对社区认识存在偏差,这一过程走了些弯路。对社会变迁估计不足主要表现在:农民大量离土进城在全国范围内流动谋生;外国及我国港澳台地区人员因从事商务活动涌入我国大陆社区居住。对社区认识的偏差主要表现在:混同社区建设与基层政权建设为一事(到中国共产党第十七次代表大会报告才明确列为两件事);至今没有认识到过去的"单位办小社会"也是社区建设,于是把居民小区当作社区建设中心问题而放弃或忽视了单位的社区建设。

这场1990年代以来的社区建设运动实质上是中国共产党对中国社会的重新组织。应该看到,领导层有着较高的自觉性。然而也须承认,由于开始时认识不够明确,缺少理论指导,此建设具有相当程度的探索性。也因此,首先给人们突出印象的是,大量农民离土进城被视为扰乱城市秩序的盲目流动人口,没有认识到这是中国社会大变动的开始;也没有预见到外资大量流入将引发中国社会结构更为重大的变迁,而不单是增加资本、债务等"纯经济的"事件。农民进城和外资入华,是改革开放以来中国社会变迁的双重变奏。

现在我国的社会结构可归纳为两种类型并存模型,即体制内、体制外并存。其在经济体制方面表现十分明显,在民间组织方面同样明显,只是没有明确的表述。比如,经费来自政府财政拨款的社会组织,不列入民间组织,无须到民政部门登记,属于"体制内"。民办非企业单位为民间组织,须到民政部门登记,属于"体制外"。而不少社会组织迄今是"中间"态的、类型模糊。像学会中的大部分,已经划归民间组织类型,须到民政部门登记,但还要接受相关方面[文联、科协、社联等"体制内"机构]的直接领导,即类型上似乎应属于"体制外",实质上仍然属于"体制内"。至于各类社区,也在经历着新的演变。

1. 农村的社区重建

农村取消公社制,重新实行政、社分开,是农村社区重建的重要环节。1984年实施居民身份证制度使农民的身份或曰社会地位发生根本变化,为其后的农民全国大流动准备了条件,是解放生产力的重大举措。农民大量离土外出,其是否在一部分地区已经演变成农村社区解体,是个有待研究确定的课题。目前可以初步确认的是,一部分农村的基层党组织,由于骨干党员外出打工,已经趋于瘫痪。与此相关联的农村社区,至少其构成已经基本改变。若干著名的保持集体经济的村庄,如华西村、南街村,则构成新型的"双层"社区。原村民成为集体老板,雇佣大量(超出原村民多至十倍数量的)打工者。华西村用购买方式占用周围若干村的土地,其村民尚未获得与华西村民同等的待遇,这些村落成为"三层"社区。而这样的购买方式,尚未获得中央认可①。一些农村,农民大量外出,土地由集体租给外来的农业经营者,由其雇工耕作。又一些农村,少量农民外出,留下的人员正在探索合作经营……

总之,农村社区在经历了动荡不定的近乎解体阶段后,正在重建中。重建成什么样子,目前只能看出几种大致的方向。在"建设新农村"指导思想的总体要求下,我们须在今后的实践中跟踪调查、不断探讨。

2. 城市的社区重建之一:单位作为社区

城市社区建设仍须分两个方面研究:一是国营企事业单位,一是居民区。

由于领导层和大部分学者从一开始就把社区概念理解为以地域性为主的居民人群,未能把社区建设与基层政权建设区分清楚,学者中对社区建设的目标与途径分歧也多,城市社区重建呈现复杂局面。

十几年前②,开展社区建设初期,指导社区建设的基本思路是:鉴于单位性质的变化,单位成员主要活动场所从单位转移到居住区。十几年过去了再考察,许多单位其实仍然是社区;单位作为社区至多是有所削弱,有的或许还有所强化。以笔者所属的复旦大学为例。尽管职工购买新房,原宿舍房屋已有部分变卖或出租,职工的社区意识(即对本单位的归属感等)并未削弱。复旦大学原先的职工宿舍有若干处,跨街道且跨区,但是复旦大学整体是一个社

---

① 华西村案例极有研究价值,复旦大学社会学系已在那里建立了实习基地。
② 指1990年代初期。

区十分明显。随着改革的深化,复旦大学宿舍区、校区都有增加;加上与上海医科大学实行两校合并这个因素,宿舍区、校区更为分散。但感觉上仍然是一个社区。特别是,复旦大学邯郸校区[合并前的复旦大学所在区域]师生还是杨浦区人民代表大会的一个选区,这个情况强化了复旦大学单位作为社区的社会结构。工资包干、编制包干、职数包干等规定均在巩固单位作为社区之社会结构。高校本不该再管学生找工作之事,然而现在被要求为学生找工作努力,这些活动都加强了单位作为社区的发展趋向。

可以说,全世界的高校都有共同体(社区)意义,而高校在我国作为国营事业单位、作为社会基本单元,更是具有独特的社区意义。同样,政府职能部门的机关,也属于单位,有着社区意义。能够凸显其社区功能的有:如办三产安置富余人员、创收增加成员工资外收入、集资自行盖房分配给本单位成员、开办子弟学校等。在此须指出,我国社区的一个重要构成要素理所当然地锁定为是否有党组织并发挥核心作用。国营企事业单位显然都具备这一要素。政府职能部门除了设党组,还有机关党委。机关党委标志这些职能部门是作为社区(共同体)的社会结构①。

3. 城市的社区重建之二:居民区作为社区

重视居住区作为社区适应了社会变迁的新情况。开展社区建设要求既从理念出发(一是加强基层政权、一是发展居民自治),也从实际需求出发(力图满足社区中的多种需求),于是,社区建设一度被指称为实质上就是基层政权建设。其从理论上看并不全面,然而从实际可能性上看,似乎不得不如此——因为当时城市社区正在粉碎性地解构中:旧城区整块整块地拆除,老社区解散,居民各奔东西;新建的居民小区,居民彼此不认识,因而根本谈不上存在着社区。在这种情况下设立的居民委员会常出现居民全然不认识居民委员之事。据报道,不少地区选举居民委员会,甚至有试验直接选举的。这些选举有的固然提供了民主经验,有的却须进一步了解——对于一些新的居民小区而言,这种选举的实际意义其实仅仅在于产生了新的居民委员会,于社区建设并无多大意义,因为居民彼此还不认识。然而,无论如何,居民委员会建立起来,总是一项必须做的事情。逻辑顺序似乎也是:先建居民委员会,日后再逐渐地形成社区。

---

① 我国高校实行党委领导下的校长负责制,党组织是高校这种类型的社会结构之核心,十分清楚。

社区建设之核心是党建。一般大城市居民区党建已经做到了全覆盖,但是党组织发挥的作用还远远不够。比如,党支部与居民的联系须进一步加强,须探讨党组织对居民产生经常性影响的途径与方式;居民党员在居民区中也须独立地发挥作用。再比如,要研究基层党组织及党员是否须寻找与居民的共同利益、是否须与居民形成共同战线。现在急迫地需要对社区党建做评估,而在做这种评估前先须建立社区党建的理论,比如:像基层如何处理党政关系以密切党组织与居民之间的关系。总之,基层党建须有深入的、创造性的理论建设和有效的实践。

在具体的社区建设中,人们多从社会服务、社会福利角度探讨,这的确是必要的。社区建设主要关注点首先是社区本身的建设,即把社区居民组织起来、自己治理自己。上述视党建为核心,即组织起来之核心环节。其次是社区统一战线、民间组织的发展。对于"体制外"的经济成份、社会组织成分("两新组织"),一方面,要在这些机构中发展党员、建立党组织;另一方面,由于其大部分成员属于"无组织人员",组织他们的途径主要落在社区,这是社区统一战线的重要工作。同时,社区丰富多彩的生活须有各种机构组织实施,其中包括开展社会服务、执行社会福利的民间组织,因而亟待发展社区的民间组织,这势必要求有众多训练有素的专业人员,从而对社会工作专业提出了进一步的要求。

自1990年代以来的城市社区建设运动确实取得了巨大成就,基本搭起了居民组织的架子,其中居民委员会备受社会各方面的瞩目。然而至20世纪末,居民委员会的建设就开始呈下滑之势,正在暴露越来越多的问题。其突出表现为商进党退。具体而言,政府的影响在减退,党组织在社区的影响未见增强,商人(物业公司)大踏步进入社区;大标语上写的是联防,旁边巡逻的却是物业公司雇佣的保安;平时少见居民委员,多见物业公司经理在指挥社区管理;政府为人民提供的活动场所多半是全市性的,社区活动场所则往往由公司经营。在西方社会为第三部门活动领域的,我国意在模仿西方社会的一些人士却倡导"交给市场",划入第二部门;称为社会学家但在他们概念中竟然缺乏第三领域,行动上实为商人大开其门。此外,90年代建造的社区活动设施,其中一些也留下了形式主义痕迹,居民使用率很低。这类硬件超前的现象不是个别性的,其归因于当时未做认真的调查研究,也未从社区居民的实际需要出发设计。政府曾规定,建造新住宅区时必须为居民委员会及居民活动预留房屋。有些居民委员会利用这一规定把部分房屋租赁出去,名义上是"社区服务项目",实际上是"创收"供发补贴。《物权法》出来后,属于业主共有的居民委员会用房的合法性成为问题,可能成为居民发泄不满的借口。功能日益萎缩的居民委员会不断面临新的挑战。

简短的结论:发展趋势

改革开放以来,中国社会发生了巨大变革,解放思想、解放生产力,人民获得了更多的自由,取得了巨大建设成就。同时,回顾30年,这条道路是艰辛而代价巨大的。中国共产党第十七次代表大会报告主张,"要健全基层党组织领导的充满活力的基层群众自治机制,扩大基层群众自治范围,完善民主管理制度,把城乡社区建设成为管理有序、服务完善、文明祥和的社会生活共同体",为社区建设规定了明确的方向。十七大报告还指出,"完善以职工代表大会为基本形式的企事业单位民主管理制度,推进厂务公开,支持职工参与管理",这一方针将巩固国营企事业单位员工的主人地位,使国营单位的社区内涵得以延续。十七大报告同时要求"加强基层政权建设,完善政务公开、村务公开等制度,实现政府行政管理与基层群众自治有效衔接和良性互动。发挥社会组织在扩大群众参与、反映群众诉求方面的积极作用,增强社会自治功能",厘定基层政权建设、社区建设为两事;政府的行政管理与基层群众的自治两者关系是"衔接、互动";关注社会组织发展,发挥其作用,目标是"增强社会自治功能"。

十七大报告为社区建设规定的方针是正确的。只要落实这一方针,我国社区建设就会走上健康发展道路。在新农村建设中,应该关注其中的社区建设意义;同时,要提高对国营企事业单位社区内涵的认识。从这一角度看,管理国营企事业单位就是管理这些单位的社区建设。当然,十七大报告指明了方向,要在实践中完全彻底落实,还有大量理论问题要研究,其中最关键的是基层党建理论。

如上已述,我国开创的社会主义基层民主制度与旧时代保甲制度的根本区别在于,我国将实现基层居民当家作主。由于我国社区的党组织与社会一体性结构,社区自治的形态设计为基层党组织领导下的居民当家作主。"一体性"之意义是基层党组织与居民水乳交融般地紧密结合。这是我国社会应有的一种社会结构。党组织与人民群众在基层的紧密结合,是实现人民当家作主的必不可少的前提。有了这样的结合,居民委员会才有生命力,才可能成为真正的居民自治组织。贯彻十七大报告的方针,还要求基层组织与党员具有高素养,要求发展出完整的修养理论,并推进其实践。或者说,社区建设的前途完全系于社区党员的修养。这是基层组织发挥其应有功能的前提。修养提高,才能与居民休戚与共,才能正确贯彻党的路线方针。如果要测量社区建设的发展程度与趋势,基层党员的修养一定是诸多主要指标中的关键一条。

非政府组织在中国[①]
——几个概念和发展前景

20年来[②],中国朝野均对非政府组织(NGO)给予极大关注。总的说来,这些年我国民间组织有显著发展,同时存在很多问题,各界对非政府组织的认识差距很大。展望未来,道路将是艰辛的。良性发展的前提是清楚的理论认识和朝野共识。

一、非政府组织概念不适于描述今日中国社会

第一步工作是辨析概念。

首先涉及的问题是,选择哪个术语:非政府组织? 民间组织? 非营利组织? 第三域? 民间非营利组织?

非政府组织(NGO),无论其存在,还是其概念,均兴起于西方国家近年的社会变迁。本义指社会中在政府组织(公)、企业组织(私)之外的广泛领域中的其他组织,所以起初或称之为第三领域。适逢中国改革开放简政放权之后要转变政府职能,在经济职能分离出去、实施政企分开之后,类似地,是否也须把社会职能分离出去? 于是从西方社会引入了非政府组织(NGO)

[①] 本文是《上海菁英阶层对NGO的立法意见》课题的部分结论,完成于2008年。发表于《吉林大学社会科学学报》2009年第3期,5月24日。同期发表的还有两篇讨论社会组织的论文,一篇是清华大学NGO研究所王名教授的《走向公民社会——我国社会组织发展的历史及趋势》,列为首篇;另一篇是吉林大学学报的主编崔月琴的《转型期中国社会组织发展的契机及其限制》,列为末篇。在崔主编向我索稿时,我并不知道同期有王名的论文。直至看到杂志时,才知道有王名的论文,及其内容;也才知道崔主编自己的研究成果同期发表。只是在此说明,本文关于公民社会的文字,与王名论文题目相撞,并无预知。

[②] 从1990年前后算起。

概念。

然而,非政府组织这个概念不适用于当今的中国社会。

概念按用途看,有描述性的,也有规范性的。有些学者(包括有的西方学者)使用非政府组织这个概念时,心目中把这概念用作规范性的,因而其意图在于,使用这个概念指导中国的社会发展。本文使用这个概念用以描述现状。而且主张,即使要规范、指导,也须先弄清现状、深刻理解中国国情。所以最要紧的事仍然是描述。

有一条基本的方法论原理:在历史研究和社会科学研究中,概念须看作社会结构的表现,或者说,概念一般是对应社会结构而提出的。例如,feudal system 是表达欧洲社会结构的概念,用于解释中国社会,在翻译时,选择了描述西周宗法制社会的"封建制"为其译名。理由是社会结构有相似处。后经郭沫若先生断定西周为奴隶社会,又移封建社会一词于描写秦以后实施郡县制的统一帝国之社会结构,造成历史学、社会科学的理论混乱。这一理论广泛传播于全社会,又造成社会思想的混乱,至今未理清。其学术上的原因,就是没有遵守概念与社会结构相对应之原理。同样,非政府组织是表现当代西方社会的社会结构之概念,能否移用于中国社会,须看当今中国社会有着什么样的社会结构。

二、当今中国社会的基本结构

当今中国社会是个结构上与西方社会迥异的社会。西方社会,虽然各民族国家之间有差异,甚至是不小的差异,仍不妨看作同质的结构。比如意大利与德国之间的差异就很不小:回顾一下马丁·路德发动的宗教改革,就可以领会,何以天主教到了日耳曼民族非改成新教不可。但还是可以认为它们在社会结构上是同质的。而中国社会就须看作与它们在社会结构上异质的。中国社会原先是家族本位的社会,大体上可以看作诸多家族联合而成的文化统一体。在长期的发展中,中国社会没有形成个别性人格(*individuelle Persönlichkeit*)。作为群体的家族是价值的本位。个体(individual)不是价值本位。国家:国之原义是诸侯有地,所谓"诸侯有国";家之原义是大夫属地,所谓"大夫有家";国家一词后来用于称呼统一帝国的朝廷,这个朝廷建立与管理一支庞大的官僚队伍与一支军队,维护帝国的运转,但决不是体现普遍性的现代意义的国家①。

当今中国社会的结构是在其独特的历史道路中形成的。一般说来，一切社会结构都是依各个社会的自身历史形成的，没有规律可循。用一个公式解释所有社会的历史会造成很大的思潮混乱。"资本主义是社会发展中的必然阶段"之公式，是现今一些人士向往资本主义的理论根源。甚至社会转型解释成"从传统社会转型为现代社会"，似乎毛泽东建立的不是现代社会而是传统社会；似乎现代中国社会必须引进NGO结构。

本文认为，毛泽东建构的中国社会已经是现代社会。

社会是由人们的意志相互作用建构的。在这种相互作用（或社会学家喜欢说的"互动"）中，伴随着人们对自身行为的理解。自欧洲启蒙主义兴起之后，思想就左右着社会发展。社会主义运动更是依照思想开展。毛泽东领导的当代中国社会建构之起点是中国共产党建党。列宁有句名言：无产阶级在反对资产阶级的斗争中，除了组织，没有其他武器。此言极称经典。而组织必须有思想指导，思想还要交给组织成员令其充分领会，意思是每个成员的行为都能彻底体现思想。列宁党还强调纪律，其主要意图也是准确无误地贯彻思想、理论，提高战斗力。执行的是马克思"理论掌握群众"思路②。

中国共产党领导的中国人民革命，既是夺取政权的过程，也是建构新社会的过程。革命军队每到一地必开展土地改革。从社会学眼光看，土地改革是社区重建，也是中国社会现代化的环节。

中国共产党的土地改革，不是党领导一支军队夺得土地而后分给农民那种"恩赐"做法。党组织先要用理论武装群众，告诉农民革命道理。用社会学术语说，就是改变人们的意义世界、确立新的意义，使得在新意义上建构新型社会关系。同时在村中培养积极分子和发展党员，并组织农会、青年团（少共）等群众组织。这些群众组织是党组织的外围组织。换句话说，是党组织的一种扩大。思想、组织的基础打好后，开展斗争地主土豪并重新分地分产的环

---

① 北宋张载提出"民胞物与"学说，二程说为"仁者以天地万物为一体"，皆有普遍性倾向。然而程颐为划清与墨家界限，提出"理一分殊"学说，明确了反对普遍性的态度。
② 马克思《黑格尔法哲学批判导言》："批判的武器当然不能代替武器的批判，物质力量只能用物质力量来摧毁。但是理论一经掌握群众，也会变成物质力量。理论只要说服 ad hominem[人]就能掌握群众。而理论只要彻底，就能说服 ad hominem[人]。所谓彻底，就是抓住事物的根本。但人的根本就是人本身。"《马克思恩格斯全集》第一卷（中共中央编译局根据苏共中央决定出版的俄文第2版译出），人民出版社，第460页。

节。在这斗争过程中,有着把斗争策略、步骤交给群众,领导群众实施斗争的方针。特别强调让群众在自身斗争实践中学习政策和策略、强调让群众通过自身经验体会党的正确。

在这一过程中,旧的政权、经济关系、社会组织被彻底粉碎,而由中国共产党领导的新生产关系、新政权与新社会组织建构起来。这是一种全新的社会结构。党组织是这个社会结构的核心。请注意:不是党建构了一种新社会而似乎党自身凌驾于社会之上。而是党把自身扩大为社会。党组织、外围群众组织、全体村民,组织一步步地扩大,滚雪球似地一层层地裹起来。一个基层支部扩大成长成一个社区(共同体)。党组织与社区是一体的。是一个,不是党组织在社区之外,而是党组织与社区是一个事物,一体。由于自始至终都是党组织作为核心在教育、组织、动员、指导民众,亲手领导着民众,还十分注重让参与的民众随时随处体验党主张的理论、政策与策略之正确,因而在这种新产生的结构中党的领导是理所当然、不言而喻的。

这就是中国社会的现代化。这是现代社会,不是传统社会。传统社会在中国革命过程中长成这样的现代社会。

毛泽东十分清晰地宣布了他的社会建设思路。他在中华人民共和国成立前夕,1949年9月30日,号召"全国同胞们,我们应当进一步组织起来。我们应当将全中国绝大多数人组织在政治、军事、经济、文化及其他各种组织里,克服旧中国散漫无组织的状态"[①]。

毛泽东完全按照列宁的思路,把组织看作新社会建构的基本原则。当然,不是任凭民众自己去组织,而是由党去组织,如他1945年所说"人民靠我们去组织"[②]。组织,是当代中国社会的建构途径(动词"组织",作社会行动解)与结构纽带(名词"组织",作社会存在解)。

当代中国社会结构的基本特征是党组织与社会的一体性。

[①] 出于毛泽东为中国人民政治协商会议第一次会议闭幕会写的宣言,1949年10月1日刊载于《人民日报》。

[②] 毛泽东《抗日战争胜利后的时局和我们的方针》:"人民靠我们去组织。中国的反动分子,靠我们组织起人民去把他打倒。凡是反动的东西,你不打,他就不倒。这也和扫地一样,扫帚不到,灰尘照例不会自己跑掉。"《毛泽东选集》第4卷,人民出版社,1995年版,第1131页。

三、当今中国社会组织的产生过程之一：解放后至改革开放前的建构

经过人民革命及社会主义改造，旧的政权组织、经济组织、社会组织通统击打粉碎。新的经济组织与社会组织伴随着新政权逐步建立起来。

建构新的社会组织之思路，源自列宁、由斯大林发挥。

斯大林从实施无产阶级专政应该有个机构的思路，从这个机构分解成"传动装置"、"杠杆"、"指导力量"的结构，设想了整个社会的组建方案：

"工会是无产阶级的群众组织，它首先在生产方面把党同本阶级联系起来；苏维埃是劳动者的群众组织，它首先在国家事务方面把党同劳动者联系起来；合作社主要是农民的群众组织，它首先在经济方面，在吸引农民参加社会主义建设方面，把党同农民群众联系起来；青年团是工农青年的群众组织，它的使命就是帮助无产阶级先锋队对新一代进行社会主义教育并培养青年后备军；最后，党是无产阶级专政体系中的主要指导力量，它的使命是领导这一切群众组织，——大体说来，专政'机构'的情况，'无产阶级专政体系'的情况就是如此。"[①]

这段话表达的思想极为重要。斯大林提到了工会、苏维埃、合作社、青年团和党，都有论列，然而分类不够明显、清晰。没有把政权组织（苏维埃）、经济组织（合作社）、社会组织（工会、青年团）明确地列为不同类别。的确，他没有必要明确地分类。因为所有那些非党组织全部都在党的统一领导之下。明确分类仅仅在西方社会的结构方式下才是必要的。这里还要提到的是，论及合作社时，斯大林讲到首先是消费功能，其后是生产功能。我国建国初期基本上是沿着斯大林思路建构城乡合作社的。

我国解放后基本上沿着列宁-斯大林的思路组建社会。当然，我国也有诸多独创成分。最为特创的是统一战线。战线即阵线。统一战线既是政党联盟，也可看作一个政党。所以常常被称作政党制度。同时这也是组织社会的一个环节。在这个意义上又称作政治制度。其实不妨看作社会制度，因为这是无产阶级先锋队组织社会的方式和环节。

[①] 斯大林：《论列宁主义的几个问题》，1926年1月25日。《斯大林选集》上卷，人民出版社，1979年，第411页以下。

解放后建立的社会组织首先是"人民团体"：工会、青年团、妇女联合会。俗称"工青妇"。各类协会：作家协会、各类科学家协会、各种社会科学学会……所有这些组织，与斯大林讲的"传动装置"、"杠杆"相仿，我国的常用语词是"桥梁"、"纽带"，借以实现党与广大群众的联系，实施党对群众的动员、组织和领导。有了这些组织，每一个社会成员都有生活保障，并置于党的领导之下。有的协会（例如作家协会）还发放给部分成员生活费，如果这些成员别无收入的话。把这种社会组织称作 NGO 显然不妥当。

还有一点要提及的是居民委员会。建立居民委员会的思路是组织"无组织的"人员，即没有进入工厂协会等组织的、剩下的"其他"城市居民。居民委员会概念有助于理解这个时期社会组织的概念。居民委员会是居民自治组织。理解这个"自治"概念，十七大报告中有两句话是关键的。一是"要健全基层党组织领导的充满活力的基层群众自治机制"，核心意思是自治须有党组织领导，或曰党的领导与群众自治是相容概念。二是"实现政府行政管理与基层群众自治有效衔接和良性互动"，核心意思是政府管理与群众自治是两件事，不能混为一谈。这些设想与当年毛泽东的设想最为接近。这就要求清楚区分"基层党组织的领导"、"政府行政管理"、"基层群众自治"三个概念，理清三者之间的关系。注意避免以政府行为取代党的领导和群众自治的倾向。

四、当今中国社会组织的产生过程之二：改革开放以来的变迁

改革开放引发中国社会结构巨大变迁。先是经济职能从政府工作中逐渐分化出去。一是允许非公有制经济成分存在。二是国营企业实行政企分开。各种工业局改制为集团公司，那些工业局则取消了。必须在此指出，不是全部经济职能都从政府中分离出去。国营企业在管理上逐步实行政企分开，而其资产始终置于政府的领导之下。宪法、物权法均对公有制财产有清楚明确的规定。

经济体制改革的深入，促使人们认识到经济、社会协调发展的必要性。这就是说，与经济发展相比，社会发展方面处于滞后状态。"社会建设"是近年才提出的概念，而且这个概念的意义至今仍然主要指各种"社会事业"的发展，较少涉及各种民间组织的发展。社区建设部分划分在社会建设概念下（涉及社会保障、社会服务等工作的），部分划在政治建设概念下（涉及社区自治、社区管理等工作的）。

1980年代末,民政部设置了社团管理局;随即,1989年10月25日,国务院发布了《社会团体登记管理条例》。这是一个具有划时代意义的举动,可以看作社会职能从政府工作中分化出去的开始。

1998年10月25日,在发布《社会团体登记管理条例》整整9年之后,国务院以这个同样的名称发布了新的条例。与此同时,发布了《民办非企业单位登记管理暂行条例》。2004年3月18日,发布《基金会管理条例》。于是,现有的"民间组织"概念下的三类组织,社会团体、民办非企业单位、基金会,都有了法规。

与通常情况一样,所有这些法规都是在对应的组织已经存在并活动一定时期之后才制订的。而且,至今仍在摸索之中,有待经验的积累。

总的说来,这个领域的发展速度相当快,在某种意义上,比起经济领域还要快。原因大概是长久未放开,一放就大量往外冒。再者,经济领域解放思想也对社会领域有奠定基础的功效。据国家统计:社会团体,1988年全国登记4446个,1991年猛增至8万多个,1992年又猛增至15万多;2007年登记数为21万多。民办非企业单位,一开始就登记了5901个(1999年),2001年达到12万多;2007年登记近17万4千个[①]。

归总上述情况,就是一句话:改革开放以来,具体说就是民政部1988年设立社团管理局以来,我国的社会组织出现了一种新类型——民间组织。这就是说,我国的社会组织划分为两大类型,一种是原先就有的、沿袭下来的人民团体等,无须在民政部门登记的;一种是新型的、必须到民政部门登记的,即民间组织(社会团体、民办非企业单位、基金会)。

新类型正式的(即官方的)名称是民间组织,其正式的英译名是NGO,但是中文正式名称不是非政府组织。

这就是说,在社会结构意义上,目前我国社会组织是两种类型并存。其中新类型勉强可看作相当于非政府组织(NGO)。决不能说我国所有社会组织都是非政府组织。

与旧类型的社会组织相比,新型社会组织数量上是很少的。医院学校在西方社会均列为NGO,而我国民办的医院、学校与公办的比例很小很小。公办的医院、学校叫做"事业单位"。"公办"二字指其"性质",决不能归入

[①] 据《中国统计年鉴-2007》,中国统计出版社。

NGO。此外，民办医院、学校有些还是作为工商业登记，并未登记为民办非企业单位。工青妇不是 NGO。全国有多少工会组织？全国产业活动单位有 700 多万个，以一个单位有一个工会组织计算，全国工会组织可有 700 多万个。如果青年团、妇女联合会也如此计算，加起来有 2000 万个左右。妇女联合会或许没有那么多，但工青妇总数超过 1500 万个当无问题。与在民政部门登记的社会团体数 21 万多相比，数量之庞大，会令国内外许多 NGO 研究者吃惊。

总而言之，非政府组织概念不适用于描述今日中国社会组织，仅仅可勉强用于称呼民间组织。

五、社会对非政府组织概念的认识偏差

先要说明一种情况，即人们常常会赋予新名词价值意义。例如"白领"。开始进入流行语时，有着"白领＝中产阶级"之意义，而又解释"中产阶级＝资产阶级"；所以我国主流意识形态视白领为内涵着负价值意义的词语[①]。这种判断并非毫无根据，因为在民众的解读中，确实有着拔高白领社会地位的价值倾向。其后，随着实际存在的白领日益增多，人们对白领的生活状况亲自接触日益增多，白领概念之"打工者"内涵通过生活实践为人们所亲知，原先附加的价值意义就消失了。

非政府组织概念也有类似遭遇。这个"非"字，在中文语境中，有时会解读为"反对"之意。然而其原文是 non-，不是 anti-。非政府组织意义是（作为组织类型的）政府组织之外的另外一种类型的组织，全然不是什么反政府的组织。可是不少人，尤其是有的政府官员，一听到"非政府组织"，就领会为"反政府组织"。这就是说，不知不觉地赋予了非政府组织这个名词一种价值意义。于是产生畏惧乃至憎恶情绪。

目前我国社会存在着的较为普遍的对民间组织认识上的偏差有：

（一）分不清民间组织、工商企业之间的界限。

有些人认为社会组织除了政府之外就是企业（经济组织），在这些人心目中没有第三个类型或领域。包括一些社会学家，讲起话来动辄"把这些社

[①] 1999 年我主持一个调查时，人们普遍高看白领。由于担心误导，当时报刊被禁止出现白领一词。

会服务交给市场"，似乎除了市场就没有社会，似乎不存在不以营利为目的的社会组织。有的政府官员也是开口就"政府花钱买（社会）服务"，似乎全然不知道还有一个社会组织活动的领域。涉及非营利组织，似乎这些组织的服务是免费的、政府不必拨款；政府有钱仅仅付给营利机构，"购买服务"。

官员中概念不清的大有人在。一般说来，民政部门的官员概念比较清楚。民政部门中，民政部官员概念相当清楚。地方民政部门则参差不齐，甚至有的大城市的民政官员概念也不是全都清楚。一般说来，大城市的民政官员概念较清楚；地方民政部门中，主管民间组织的官员概念较清楚。

不少民办医院、学校在工商局登记，说明政府对民间组织的管理尚不严格，对一些民间组织以营利为目的的现象熟视无睹。致使有的研究 NGO 的学者也主张在现阶段允许民办学校去工商局登记，以鼓励富人乐意出钱办学，纵容富人借办学赚钱。"存在决定意识"，这是非主管部门的政府官员概念不清的原因之一。

（二）不很了解民间组织的非营利性质

"非营利"之内涵为"该组织不以赢利为目的"，并非不能在某种规定限度内赢利。但是，仍然有数量不少的人群以为"非营利"就是"不赚钱"甚或"不收费"。连带而及的，以为"志愿活动"就是"免费服务"。

目前较大的概念偏差在于，把民间组织概念认识作"民办"，而不是把概念重点放在"非营利"上。即使注意到民间组织的一个类别的"非企业"特征，仍然未把重点放在其"非营利"性上面。企业与非企业之间的区别，一般情况容易确定。例如炼钢厂，无疑是企业；国际问题研究所，无疑是非企业。（研究机构一般属于非企业。但是，与工程技术相关的研究机构，例如建筑研究院，就不大容易定性。）然而许多种类的单位，特别是一些中介机构，却不易划界。农业合作社明显属企业。农业协会呢？一般登记为民间组织。然而有的办得好的协会赢利甚丰，有营利嫌疑。目前鼓励这类组织发展，可置之不问。将来它们繁荣了，必定要分类管理。现在就应着手研究管理思路。"非营利"原则的重要性就凸显出来。又如审计所、公证处等类单位，都应是民间组织，但现在审计所似被看作企业，公证处则被看作政府机构。咨询公司更是难分企业、非企业。怎样划清二者界限，不仅是个学术题目，而且是确定政府管理方针、方式的理论依据。例如,调查企业信用的咨询公司,或许可以以企业登记。但是,一旦这种公司要为企业评信用等级,甚至颁发评级证书,就必须保持"非营利"性质,也就是说,须登记为民间组织。——这些问题都有待于探索,经过理论与实践的多次试验而后定论。

(三) 不很了解对某些民间组织须有政府财政支持

由于在指导思想上缺乏对民间组织分类管理的思路,部分民间组织需要得到政府财政支持之情况就较为模糊。其实道理很简单:有社会需要,就须有相应的机构去满足这种需要。过去"全能政府"时期政府包揽了一切事务。改革开放从政府职能中逐渐分化出经济、社会两大领域的事务,政府机构及相关人员均精简出来,通过各种途径转化为民间机构。事务及人员机构都应有相应的花费,因而相应的开支也应有恰当的途径配套转出。这里有两个要点:一是经费跟着事务及机构走,因为归根到底还是用在满足同样的社会需要上。二是途径很重要,比如过去是上下级关系的行政途径,改革后是政府与民间组织之间根据法律法规互动。例如,有不少行业协会由原先的政府部门组建集团公司之后余下的职能与人员组建而成。在这些行业协会能够自给自足之前,政府应考虑供养一段时间。

还会有一些民间组织需要常规的财政拨款。比如照顾智障人士的机构。

有的地方政府向某些机构购买服务,可否看作对民间组织的财政支持?这个问题须具体分析。例如,为税务局接受税款的机构,尽管不是政府部门,属民办性质,其工作人员也不属公务员编制,但处理的是本应由政府承担的事务,应当划归哪种类型,是个要研究确定的问题。笔者倾向于认为,这是政府的延伸,不属于非政府组织,是带有政府属性的民间组织。难点在于:这种机构在"性质上"是民办的。而从社会学的观点看,照顾智障人士的民办机构才是非政府属性的民间组织。所以,付给协助收税的机构的款项,所谓"花钱买服务",实质上是政府的行政开支。而付给照顾智障人士机构的款项,才是合乎概念的对民间组织的财政拨款。

最后一点,相当多的人分不清民间组织与非政府组织概念上的区别。前面已经讨论过,不赘述。

六、非政府组织在中国的前景

(一) 公民社会概念移用于中国社会的局限性

公民社会是个至今未得深究的概念。这个概念涉及的问题相当复杂。由于公民社会与非政府组织有很大相关性,本文须有所讨论。以下在它与非政府组织相关的限度内略作叙述。

在黑格尔法哲学中论及的公民社会(Die bürgerliche Gesellschaft,或译市民社会),对应的社会结构以小业主为主要成分。根据概念与社会结构对应的原理,那样的公民社会在历史上一去不复返了。所以从黑格尔的阐述中引申出来的"公民社会与国家分离"内涵,只有历史陈迹的意义。晚近哈贝马斯使用公民社会一词,多指非政府组织,反映的是当代欧美社会结构。这个概念能否移用于描述、解释当今中国社会是个待研究的问题。当今中国社会是党组织与社会一体化结构,这样的社会能否说成公民社会?当然,如果出于对这个名词的喜爱,用来表达以党组织为内核的中国社会结构,也无不可。那么,如果套用"公民社会即非政府组织"公式时,人们就会面临两种可能的说法。一是中国社会早就有相当发达的公民社会,因为改革开放前中国社会就有系统、严密的工会、青年团、妇女联合会、各种学术团体、文学家艺术家科学家协会、联合会等等。这就是说,把原先的社会组织全部称作非政府组织。二是中国社会至今未有公民社会,因为至今民间组织比起工青妇等团体数量仍然很少。如果再问及"基层党组织是政府组织还是非政府组织?"就会看到,"政府组织"、"非政府组织"这些概念全都不适用了。公民社会概念在当今中国找不到对应的社会结构。面前明摆着的事实要求创建全新的概念和社会学理论。

(二) 民间组织将缓慢地发展

无疑,民间组织会不断发展,意思是,数量增长和素质提高。估计数量增长较易,素质提高较难。

目前突出的问题是民间组织公信度不高。其原因,论者有各种分析,笔者认为两个主要点未讲透。第一是由于在历史上有个断裂,我国的民间组织在改革开放之后才放开重建,公信度也须重建。建立公信度需要相当长的时间。国外的非政府组织从未中断过,没有重建公信度的问题。第二个原因也与这个历史断裂相关。传统中断了,从业者的行为方式与行为规则均须在实践中摸索总结,逐步成形。成熟需要时间,而且是相当长的时间。观察改革开放以来民营企业的发展过程及其公信度逐渐提高的过程,明显可见其成熟轨迹。现在有些论者抱怨我国的企业家缺少慈善意识。可见人们对传统断裂之破坏性后果估计不足,对企业家的成熟速度期望过高。比较而言,由于民间组织遇到的困难与压力比民营企业更大,当成长得更为健康。

国务院法规中规定民办非企业单位须有业务主管单位,这种主管单位是县级以上政府的有关部门、或县级以上政府授权的组织。对民办非企业单位设监管机构是必要的。但是现行的法规中的规定似还需要重新考虑。从实施情况看,担任业务主管单位的组织(经政府授权)所起的作用,像是"担保人"(俗称"婆婆");与其说是业务主管,不如说是政治担保。这些"政治担保人"很多无能指导非企业单位的业务,真的出了毛病也不可能起担保作用,担保往往是虚设的;而对民办非企业单位的业务指导却很必要。笔者倾向于认为,除政府部门以外的组织,不宜担当民办非企业单位的业务主管单位。业务主管宜一律由政府部门担当。而且不要规定为"政府有关部门",宜改为"政府对口部门",并明确业务指导关系。

(三)发展前景:民间组织,还是非政府组织?

本文前面已经确定,民间组织指两种类型或体制并存状态下的、由民政部门负责登记的社会组织;当全社会的社会组织全部或主流为民间组织,我国社会组织可以称为非政府组织。

那么,我国社会组织的发展前景是两种类型或体制并存,还是统一到非政府组织一种类型?

大量国营企事业单位有着可能转化为民间机构的因素。不少企事业单位正在进行人事制度改革,推行全员合同制。这就是说,这些单位的人员正在向雇员转化。目前还不能确定转化到何程度。但是无疑这是转化为雇员的关键一步。而工作人员转变性质于这些单位转化为民办机构是最重要因素之一。这是事业单位趋于非政府组织的发展动向。另一方面,十七大报告要求"完善以职工代表大会为基本形式的企事业单位民主管理制度,支持职工参与管理",阻遏企事业单位向民办组织转化之倾向。演变情况有待长期观察。

社会团体方面,似乎很难指望工青妇转化为民间组织。江泽民总书记向全国劳动模范说:"工会是党领导的工人阶级群众组织,是党联系职工群众的桥梁和纽带。"①在外资大量渗入中国、民营企业蓬勃发展的的情势下,工会要担当党扎根工人阶级、巩固党的领导之职能的重要组织。在纪念共青团成立80周年大会上,江泽民总书记重申"共青团是党领导的先进青年的群众组织",他特别指出,"中国共产党与中国共青团有着特殊的政治关系。共青团的事业是党的事业的重要组成部分,青年工作是党的群众工作的重要内容。"②胡锦涛为总书记的党中央政治局常委李长春进一步说:"共青团干部是党的干部队伍的重要组成部分。"③可见,中国改革开放以来的工会、青年团在国家政治体制中的地位,与斯大林设计的"无产阶级专政体系"组成部分,一脉相承,在根本上没有变化,有变化的是强化。妇女联合会稍有不同,但区别至今不是很大。三大类人民团体中至少前两类不大可能转化为非政府组织。或许,须稍作保留的是,工会的发展还要看一看外资企业、民营企业中是否有可能生长出独立工会(即不受总工会领导)。那将是非政府组织。但就目前情况看,设立独立工会的可能性很小。

　　综上所述,一是我国社会组织的发展前景将是,两种类型长期并存;二是这两种类型中,民间组织在数量上和质量上将长期处于弱势。看不到全社会的社会组织转化为以民间组织为主流的前景。

---

① 《江泽民文选》第 3 卷,人民出版社,2006 年第 1 版,第 245、246 页。
② 《江泽民文选》第 3 卷,第 486、487 页。
③ 李长春:《在中国共产主义青年团第十六次全国代表大会上的祝词》,2008 年 6 月 10 日。

当代中国社会的家庭危机和
社会工作者的使命[①]

20世纪是世界历史的一个重要世纪,更是中国历史的重要世纪:在这个世纪出现了许多新的重大趋势。不过,要注意的有两点,一是从世界历史看,许多重大趋势并非始自本世纪,而是由来已久,如普及教育、平民革命、民族独立、妇女解放运动,自18世纪即已开始,宗教改革还要早;它们在19世纪还局限于西欧,到20世纪扩展到全球,可谓风起云涌;现在到了世纪末,这些趋势已基本完成。二是这些重大发展从趋势上讲,特别从价值上讲,目前还不宜下结论——我们看不清楚,那到底是"进步",还是"暂时倒退"。由于20世纪的世界历史以发源于西欧的基督教文化为主流文化,我们可以说,中国社会在20世纪加入了世界历史;而在世纪末,世界文化发展又呈现出多元化倾向,以致21世纪的主流文化是否仍是基督教文化成了问题。未来的世界历史走向会在多大程度上受中国社会之影响尚待研究。以上是我们现在讨论中国社会中的家庭问题的世界历史背景。

一、对一夫一妻制家庭状况的基本估价

我们观察到的现象,诸如离婚率提高、婚外关系增多并日趋公开化、同居现象增多,令人提出一个问题:现行的一夫一妻家庭制度是否进入解体阶段?

传统的"婚姻不可离异性"早已成为历史陈迹。不可离异的婚姻有其宗教上的或道德上的前提,即有着神圣性或者绝对义务。婚姻一旦可以离异,就没

[①] 这篇文章是1997年11月9日为两岸三地青年会在成都举办的家庭社会工作研讨会作的主题报告,写于当年10月中旬。发表于广州《开放时代》杂志,1998年第2期。

有了神圣性。维护婚姻就不再是绝对的责任，任何人都有权决定是否让他（或她）所处的婚姻状态持续下去，这是他（或她）的基本人权之一。既然任何一个人都有权解除婚约、拆散家庭，产生一夫一妻制的诸价值观念，连同与一夫一妻制相应的、对家庭应负的诸责任就都从根基上发生了动摇。

离婚自由带来的观念紊乱，深层次上是婚姻之目的、家庭之本质与功能等基本概念，都变得模糊不清了。婚姻是为了建立一夫一妻制家庭，目的一向被说为"产生合法的继承财产的后嗣"。进入现代之后，有的社会学学派甚至把结婚目的说为"合法性交"（这是把功能说成目的之一例）。可以有两种考察角度，一是"规范的"，以一元论的立场提出一个原则，确定为婚姻之目的，全体社会成员都必须遵守。这多半是哲学的角度。二是"实存的"，从已经实际存在着的事实出发，找出行为者们各不相同的行为目的，描述、归纳、分类，其结局必定是多元论的。这多半是社会学的，但现代世界也有哲学采取这种多元论立场。以"合法性交"为婚姻目的，其观察角度系"实存的"。社会学多半采取实存的角度，然而部分社会学家意愿自己提出的学说具有规范作用，于是产生许多争执。这种理论的冲突也是社会工作者面临的挑战。

家庭之本质是社会实体。这看起来像是个哲学名词，但在社会学中也把家庭说成实体性的存在。社会实体，意思就是：不是自然实体，或曰物质实体。也就是说，不要以生理学的观点看家庭，更不要以动物学观点看家庭；而要以社会学、法学观点看家庭。然而，在现代社会生活中，家庭的实体性受到了极大的挑战。夫妻各有收入，开始出现婚前财产公证、婚后AA制使用各自财产的现象；夫妻在不同社会组织活动，很少在一起进食，整天难得见面，甚至因出差、夜班，一起睡觉的时间不足一半，企业领袖与秘书共处时间远远多于与妻子共处时间……家庭在多大程度上仍然算个社会实体呢？

如果说，家庭的功能除了财产归一、共同生活（生活一词之含义已经要大大打折扣了。工作难道不属于生活吗？然而现代社会必须认为工作不算生活。否则与异性同事在一起工作要说成与其共同生活。）即一起吃饭、睡觉，还有赡养老人、抚育子女，那么现在抚育子女的活动越来越多地社会化，赡养老人也在开始社会化——不仅服务方面，而且正在扩展到经费方面。在政治上，凡是成年人都有选举权，而不是每个家庭仅有一张选票——也就是说，个人有政治权利而家庭没有政治权利；家庭没有政治功能。功能日益减少的家庭在多大程度上还算个家庭呢？

家庭成员之间相处,功利主义态度日益增长。年龄层越低的家庭越是缺少稳定。夫妻各有权利,然而在共同生活范围侵权之事屡屡发生。而在有的问题上、有的时候却又界线分明,账算得非常清楚。婚外性关系迅速增长;特别婚前性关系已经得到社会默认,作为道德谴责用语的"先奸后娶"已成过时的死亡词语;"通奸"一词使用频率越来越低,中性化为"婚外情"……说明人们的价值观念正在转变。蓄妾现象增多。单亲家庭急速增长。贞操观念日益淡漠。亲子关系紧张,溺爱与虐待并存,有待调整;青年既要独立,不愿父母干预自己生活,又要父母高标准养活自己——钱与自由二者兼收并蓄。亲情淡薄,孝道澌灭,义务观念日益薄弱;现代生活繁忙使年轻一辈缺少与长辈交往的时间,而其前辈未曾遇到这样的条件;经济发展使得年轻一辈收入急剧提高,老人的经济价值急剧下降;年轻一辈接受西方科学、卫生观念造成生活方式、生活习惯变革,从而老人越来越被看作厌物;而老一辈仍然期待从晚辈方面得到他们的前辈一向得到的待遇;老年社会正在来临,老人问题的解决思路看来是社会化,然而老人所希冀的仍主要是家庭温暖和与亲人面对面的交往。中国社会还特有计划生育引起的独生子女问题和"文化大革命"遗留的知青问题,给严重的家庭危机增添了特色和困难。

家庭处于危机之中,看来是没有多大分歧的;家庭是否在解体之中?如果家庭在解体之中或家庭危机已经发展到了可能解体之程度,是否需要挽救一夫一妻制?怎样挽救?

二、家庭危机原因分析

一种制度遇到危机,通常是这种制度与生活实际由不适合发展到相互冲突。这是历史中必定会发生的情况,完全是正常的,只不过有些事正好让我们这一代人遭遇到而已。不但生活在巨变之中,社会结构也在巨变之中,价值观念更是在根本性的大变动之中。我们不倾向于使用"进步"、"倒退"这类词语。对历史变化采用价值用语或许不是好办法,那是自古希腊哲学以来的思想、特别是19世纪进化论风行后的思想在发挥作用。"进步"必定预设一个标的,即亚里士多德哲学讲的"终极目的"、"至善"。向着这个标的运动为进步,反向运动为倒退。然而无法证明这样的终极目的之必定存在。因为这个终极目的不应是将来才存在,而应是现在就存在(或者,准确地说,是超越时间的,或曰在时间之外的存在);但是没有人能够找到它。

中国社会传统的家庭观念,建立在家庭之目的是"传宗接代、延续姓氏"之上。而从生活方式方面看,全面的共同生活是其中的重要环节。《诗经》反映的旷夫怨妇之悲叹,以及当时的社会领导极其重视人民的夫妻团聚,认为那是社会安定的最主要前提,足见全面共同生活之重要。现在夫妻能够在一起共同生活的时间相当少。虽然社会玩了个概念游戏,把上班时间称作工作时间,下班回家才称作生活时间,让人们感觉似乎夫妻在一起生活的时间还很长;然而生活本身不会骗人,与秘书面对面地相处虽然称作上班,其实也是生活;概念会发挥一些作用,但其力量毕竟有限度,生活本身的力量终究会发挥更大的作用。何况人生中大量喜怒哀乐之发生场景是在上班工作中而不是回家吃饭时。生活实际本身是破坏一夫一妻制家庭的基本原因。

相处时间和此时间中的生活内容是否能增进夫妻感情仅仅是基础因素。直接起作用的因素是社会制度之变迁。其中最主要的是法权观念之兴起,以及随之而来的男女平权。

核心问题在法权。法权又译权利。法权意识兴起于19世纪,贯彻于20世纪,目前仍在第三世界国家扩展传播。按基督教的观念,女人是男人的身体部分,而且是卑不足道的部分——一根肋骨而已。所以按上帝的要求,女人必须服从男人。法权是完全谈不上的。在中国传统中虽有"妻者齐也"之说,但那"齐"仅在门当户对的前提下,因为女方代表家族与男方家族联盟,具有女家驻男家大使之地位。而"三纲"(其中第二条为"夫为妻纲")、"三从"(在家从父、出嫁从夫、夫死从子)具体地阐述了"男女有别"之内涵,妻子必须从属于丈夫。至于女子能够与什么样的男子发生性关系,有着更明确的限制。尽管精神内涵不同,西方文化以基督教义解释,婚姻神圣,也即以神的名义规定一个女人一生中只可以与一名男子有性关系;中国文化不讲上帝,婚姻也没有神圣性,但对女子性行为的对象有着同样的规定。这就是贞操观念。贞操概念之法权意义就是剥夺女性与一个以上男子发生性关系的权利。包办婚姻除了有家族之间联盟之政治意义,从法权角度看,属于(除了限制女子与一个以上男子发生性关系,还要)进一步剥夺女子选择与哪一个男子发生性关系的权利。近代以来法权意识觉醒。对理性社会的向往(称作资产阶级革命)、随之而起的空想社会主义(看作无产阶级解放运动),把妇女解放提上日程。哪里有压迫,哪里就有反抗;压迫愈甚,反抗愈烈。妇女解放之首要意义是性解放。第一步反掉了包办婚姻,第二步争来了离婚自由,目前是第三步,争取在婚姻有效期间可以与丈夫以外的其他男人发生性关系——因为男子一向享有婚姻有效期间与其他女子发生性关系的权利。妇女解放运动正在胜利前进。一旦"与什么人可以发生性关系"成为权利问题(基本人权),那么"这种权利可以有多大范围"就成为可以讨论的问题,于是人们会去探讨界限何在——一般说来那不是在理论上探讨而是在实践中"探讨"——从而打破各种界限成了时间早晚的问题。

价值观念随之变迁。原先"不贞"是个大罪名。所谓"不贞"并非生理上的不洁,而指精神上的污染。价值观念一旦变化,不认为那是污染,罪名也就不再成立。现在虽然有时还使用"贞操"一词,意义却已发生根本变化,由亵渎神圣性(在中国为"类似神圣性")演变成权利问题:侵权。侵权包括侵犯丈夫权利之意义。实际上这意义中含有雄性嫉妒成分,即不仅有法权意义,而且有生物学意义。[①] 人与人之间的交往,感情投入程度与作为行为后果的关系亲密程度,在不同的行为之间有很大区别。例如交谈、聚餐、性交三种行为,所需要的感情投入、由之产生的亲密关系,显然不同。考察家庭问题,不能单纯从道德、义务、法权等角度进行,还须考虑进生理心理因素。目前的研究常有忽视人之动物本性(如上述雄性嫉妒)产生的效用之倾向。这是应该纠正的。在今日世界上,在维护家庭方面,文化的力量已经大大削弱,也许正是"嫉妒"这种男女都有的天性成了维护一夫一妻制的主要力量。不过目前的主要趋势是女性的法权意识觉醒和活跃成为破坏家庭稳定的主要因素。(即使解释为女性过去忍受男性压迫、现在不再忍受,也未违背上述判断。)

上面从社会变迁、法权意识发展说明一夫一妻制家庭发生危机之原因。第三个重要因素是价值观念演变。向来有一种争论:究竟经济发展决定思想意识还是思想意识变化决定经济结构等社会制度。这里不妨回避这种争论,把上述两大方面看作是共变的、相互伴随的、相应变化的。只要确定这一点,就可以讨论诸种要素或事物之间的相互作用。

伴随着法权意识觉醒,普遍增长着减轻意识形态压力的要求。即以20世纪中国社会而言,尽管人们多半以为"民主与科学"是指导中国人民努力的主要价值目标,其实真的起着推动作用的是普遍要求解放的自由、自主倾向。真正对中国人民有号召力的口号是"解放"。中国人民革命的口号是解放,军队

[①] 雄性嫉妒不应仅看作生物本能。在人类社会中,由于这种情感,会产生相应的法权关系。

叫做解放军，新纪年叫做解放前、解放后；邓小平领导改革开放，两大口号是解放思想、解放生产力。对本题目而言重要的是"妇女解放运动"。"解放"则要求推翻儒学统治，打倒孔家店；解放又要求提出邓小平理论以发展毛泽东思想。"解放"之展开之一是要求废弃"三纲"。而废弃"三纲"又扩展为废弃一切纲常。一种扭曲了的平等观流行于世。意识形态压力减轻之直接后果之一是纵欲主义倾向抬头。法权意识所要求的本来是个人对自身行为更加负责，一时减少约束却造成社会各阶层不负责任态度风行。（溺爱孩子也是纵欲：亲子双方都放纵自己。）责即债；负责即还债，即为自己的行为之后果付出代价。不负责任或逃避责任，并不能真的逃掉。种瓜得瓜，种豆得豆。不负责任，只不过是拖延判决，等到积累了一定程度之后，总算账必定来临。社会将为纵欲主义风行付出沉重代价。

所以，总的价值取向是放纵情欲，至少是减少约束。严格要求日益不受欢迎，变成"苛待"之代词。

这种情况与中国传统重相对价值而轻绝对价值相结合，更加严重。中国文化中缺少绝对的、普遍性的东西，例如中国哲学没有理念论，中国宗教没有唯一神。中国文化中没有发自理性的信仰。中国的道德训戒基本上是条件命令。（摩西十戒却都是无条件命令。）相对价值观使得价值取向趋向于物质利益至上，道德与精神都被说成为物质利益服务、由物质要素决定，甚至被说成由物质要素派生，它们自身失去了独立的价值地位。中国文化从来都是世俗的，不存在"世俗化"问题。理论界关于中国文化世俗化的理论其实只是幻觉，好像中国历史上有过神圣文化似的。

由于中国文化在价值观念上的"相对主义"，人们普遍地接受了以经济力量决定夫妻主从关系的理论。这种理论之所以流行，一则出自民众自己以往的生活经验，一则借用流行的"马克思主义"学说——经济基础决定上层建筑，把"经济基础"曲解为收入多少，"上层建筑"曲解为夫妻主从关系。法权之基础本应是"精神的"，在中国却被理解为"物质的"：收入多的有较大的发言权、收入低微的则须服从。曲解加庸俗化，夫妻关系遂建基于收入比例之上。虽然"理论上"设定，夫妻双方都在工作，因此都是无产阶级分子，既然属于同一阶级，双方就应平权——这是"经济基础"之正解；然而"经济地位"这一马克思主义社会学概念被曲解为收入多少，或具体到家庭中的夫妻关系，理解为夫妻收入比例，股份制原则就被引进家庭，于是收入多的一方有较大的投票权，在事实上没了平权。德国哲学家黑格尔认为家庭是"精神的"实体,这一发自基督教的思想对中国人而言是不可理解的。

妇女既然是"半边天",在家庭中的地位又是以收入多少决定,家庭内部以物质力量为基础的斗争遂不可免,加上一段时间流行"斗争为纲"观念,逐渐养成中国妇女"争取自己权利"的意识和习惯,步步紧逼、寸步不让。从男女平等推论出夫妻平等(不知依据什么逻辑)。家庭内部应该有什么样的权利、义务和价值取向,至今没有稳定的规定;这一重大问题无人研究、无人重视,甚至尚未提出问题,人们仅凭想象和/或一时的念头作出决策,任意性很大。改革开放向女性提供了在商场上驰骋或出售自己的机会。"商业女强人"和"Office小姐"是当代新女性,她们的出现往往引起所在家庭的振荡。另一方面,劳动市场传来劳动力过剩的消息,使"妇女回家去"的议论重起。女性社会地位问题再次成为重要话题。

在思维方式方面,近百年来国人发展了一种可称之为"单向思维"或"过滤式吸收"的思维方式,也可称之为"单相思"、"一厢情愿"。要享乐,不愿劳动;要别人对他好而他却可以对别人凶;要父母养活却不要父母管束;要西方国家的科学技术却不要西方国家的文明(社会制度、纪律、道德如尊重他人及为他人着想)……不一而足。于是大家彼此感到对方"自私"。这样的思维方式,女性比男性更甚,既要丈夫疼爱她却又不肯为丈夫做家务,反驳时振振有辞"你把我当作家庭奴隶!"索取时斥责丈夫"不爱我",连撒娇都不会。家庭中战争气氛相当浓烈。这是错误的法权观念加上"以阶级斗争为纲"之后果。(女性之天性是要男性捧持、爱抚,而现代文明又鼓励女性独立自主、要强,丈夫又要做男子汉、又要在妻子为满足权力欲发威时谄媚迎合,很难做人。特别女性在表现自己女性而非女强人型时缺少理性,男性要掌握好分寸,难度相当之大。人们普遍叹惜"活得很累",任何事情都要求你、特别要求男性有处理问题的高度技术水平。)国人应该懂得设身处地多为他人着想,多念念孔子说的"己所不欲勿施于人"。

无信仰之后果,就是要求事事"讲出道理来!"大家都以为"讲道理"是好事。平常总听到人们讲"以理服人"、"摆事实、讲道理"。然而事情常有其反面意义同时存在。如果人们都没有想到要讲道理而道理时时处处自动地发挥着作用,那是令人欣慰的。如果道理总要讲出来而非渗透、体现在日常行为中,道理就不再是自身行为之主宰、灵魂,容易堕落成斗争工具,专门用来对付别人而自己则无须奉行。我们主张"讲道理",不是希望人们以道理彼此论战,而是期待人们随时随地一切言行都合乎道理。如果到处看到人们口沫横飞地讲道理,这社会就必定没了道理。由此看来,现在关于家庭问题以及在家庭之中道理讲得太多了!

道理不起作用,则必定事事须较量。"斗争为纲"遂成为准则。于是凡事都要"搞"、"硬上"、"缠住不放"。这成了方法论原则,并演化为行事风格。其前提是不相信别人会讲道理,或者认定只有服从自己的利益和要求才算有道理。这在别国也有案例,但在中国社会却是普遍情况,是通例。于是家庭中也时不时地"搞"得硝烟弥漫。

家庭中关系紧张之根源是否属于"认识问题"？恐怕价值观念方面的原因是更重要的。如上所述,道理一旦要讲,就说明道理成了问题。同理,夫妻之间要研究怎样相处之技术,这事本身就是夫妻关系处于紧张状态之表现。现在有许多出版物,讲了成批成堆的理论和技巧,教导人们怎样"调适"夫妻关系。可见情势不是哪一对夫妻关系紧张,而是一般意义上的"夫妻关系"处于紧张状态中。我们需要的恐怕是有个大家自然而然遵从的常规,相处就会轻松自如。问题在于,目前状况是把争斗看作常规,甚至要求夫妻们彼此争权(准确地说,要求妻子向丈夫争权)。所以如果我们同意谈论"提高认识",那就不是指加强相处技巧之研究,而是要求人们认识到,社会在价值观念方面出了毛病。

三、社会工作者之使命

家庭危机属于社会问题。家庭问题不外三个基本方面：夫妻、亲子、养老。目前的解决思路主要是"行为调适"。"调适"思路产生,首先证明问题严重,其次证明没有好办法。"调适"基本上是迁就现状、息事宁人。"调适",调整自己心理倾向和行为倾向,以适应相处对方、所处环境,不讲价值目标、不讨论是非、仅调和利益,和稀泥、捣浆糊。"调适"之立场是价值中立。在找不到从根本上解决问题的思路之前,也只能将就使用调适。调适家庭关系需要高度技巧,全面掌握这些技巧是很累人的事,而且并非人人都能掌握,或曰对大部分人而言是无法掌握好的事。所以对社会工作者而言,须有个决断——宣布一种新的原则,大家照原则行事即可；还是致力于研究技巧而后教人掌握这些技巧。宣布原则不是小事。在描述、分析时可以采取价值中立的超然立场,在实际处理问题时却无法避免价值判断。一切解决社会问题的方案、办法、措施都带有价值倾向。宣布原则意味着(一)或者承认有一个至善概念作为社会运动之终极目的,(二)或者至少弄清楚了目前社会发展之趋势;并把"推动社会前进"作为自己工作的价值取向。从事理论研究是必要的,社会工作者必须弄清自己工作之目标。

社会工作目标问题涉及另一个大问题,那就是,要否考虑重建理想和信仰。现代世界似乎处于一个否定任何种类理想和信仰的时代,分析哲学的价值观念(多元价值观,即承认不同价值观念有着平等地位、无所谓优劣之分,人们可以自由选择自己喜欢的价值观念)相当流行。理想一词的本来意义以柏拉图哲学的理念论为基础,理想以彼岸的理念为前提。然而现代中国社会虽然仍然使用理想一词,赋予的意义却是现实世界中的奋斗目标。这样理解理想,实际上是取消理想。家庭中盛行"交换理论",实践商品交换原则。夫妻关系日益变成金钱关系。中国社会又有崇尚实质主义、不讲理想的文化传统。社会工作者是否需要考虑为重建理想和信仰作出努力?我们似乎面临两种选择:明知在中国社会建立理想和信仰只有很小的可能性甚或没有可能但仍然作出努力;或者知难而退、放弃努力,而采取完全现实主义的工作态度。

理论研究还要涉及一夫一妻制家庭之根据。单纯从法权角度确定一夫一妻制之根据可能是不够完全的。(从性的需要之角度探讨家庭制度之根据,也属于法权角度。性的需要是个生物学或生理学事实,实际需要确定的是对性的需要之实现作出限制,因而属于法权问题。)人类需要建立家庭而且需要的是个比较稳定的家庭,除了财产和性方面的原因,还有情感方面的原因。夫妻感情不仅止于爱情,还有长久共同生活形成的感情。中国文化传统特别赋予性关系以很高的价值地位(如一个女子,不论已婚还是未婚,一旦与一个男子有了一次性关系,就认为"我是你的人了",所以"第三者插足"往往引起激烈的冲突)。与生理心理意义上的嫉妒不同,这种带有价值意义的倾向不妨称之为文化意义上的嫉妒。可能中国文化传统中的这种"文化嫉妒"有维护一夫一妻制家庭之趋向。社会工作者恐怕有必要对家庭演变趋势有个判断:家庭是否在解体之中?为此,需要首先作出我们自己的价值决定——是继续维护一夫一妻制还是"顺应"目前的潮流。如果能够研究清楚一夫一妻制家庭的"隐藏在人性深处的根据",或许就能判定这潮流仅仅是人类暂时走上的迷途。

孝道是个有重大意义的题目。在现代化长足发展的今日,孝道仍然是中华民族不肯放弃的基本价值基础。一个人是否够得上称个人,孝道是最基本的判据。《论语》第二条语录"有子曰:其为人也孝弟而好犯上者,鲜矣;不好犯上而好作乱者,未之有也",说明孝道不仅关乎社会有序,而且关乎社会安定。中国社会是伦理社会。中国社会的结构特征不仅是差序结构,而且是等级结构。长幼尊卑仍然并将继续是中国社会的主要道德原则。研究老年问题,不可避免地要适当采用西方人口学的科学主义观点,但主张老人由社会公养、一律进敬老院,有悖于中国传统的孝道,恐怕是行不通的。必须研究、确定孝道在今日中国文化中的位置。

孝道关系到家庭问题三个方面中的两个——亲子关系和养老问题。亲子关系中存在的种种问题都与孝道相关。现在人们抱怨青少年不懂得关心他人,以自己个人为中心,不懂做人的基本道理,重要原因是,在其幼年、其成长的初期,即在家庭中生活的阶段,就未得到应有的教育。"孝弟"既是教育孩子尊重和服从尊长,同时也有教育儿童关心和考虑他人之意义。反封建之一个项目是反掉"吃人"的孝道。孝道薄弱,除了导致亲情淡漠(特殊性),也导致不关心他人、不为他人着想(普遍性)。试想连父母兄弟都不关心的人,可能关心同志吗?若有不孝却关心同志的人,恐怕也是带有很多虚假成分。孟子曰,"老吾老以及人之老,幼吾幼以及人之幼",是推己及人的意思;现在,逻辑上还是推己及人,只是有了"恶吾老以及人之老、恶吾幼以及人之幼"的味道。社会公德属于普遍性。达到这样的普遍性可以有两类途径:一是从更大的普遍性入手,即先建立理念,再在理念之下建立公德;一是从个别性入手,即从亲情开始,再由私德扩大到公德。恐怕后者才是适合中国人的途径。

家庭问题关系到人生基本态度问题。有什么样的人生观,相应地就会有那样的家庭观。社会工作者是给人们带来平安与喜乐的人间天使,是传统价值观念的维护者、道德标准的体现者。人们不满意的(如青少年不懂事),并非西方文化侵入——那些被人们抱怨的方面并非青少年有了西方道德,恰恰相反,被抱怨的对象既无中国道德、也无西方道德。情况似乎是,意图是引进西方科技文化,结果却是(一般意义上的)道德水平下降。由这些情况看,我们应当思考一个重大问题:中国人究竟需要什么样的价值目标?(社会投入大量人力物力教育青少年,结果引起青少年道德水平一代一代地下降,违背办教育之初衷,岂不值得我们反思,毛病究竟出在哪里?是否价值目标就定错了?)我们应当深刻了解中国社会、深刻了解中国人。解决实务中遇到的问题并非仅限于解决了一个困难。处理事务之同时,也在宣示办事人员的价值观念。社会工作者还要思考一个重大问题:我们中国人需要一个什么样的人生根本价值?

人们往往把希望寄托在教育之上。然而教育能否从根本上解决问题却是令人怀疑的。古人曰,人生识字忧患始。鲁迅翻此语为"人生识字胡涂始"。今天我们是否可以说"人生识字放荡始"呢?来自西方社会的普及教育,以三"R"为目。然而后果是,读写算会了,道德却未曾有相应的长进。识了字又有什么好处?!教育目的中很大成分是培养合乎现代科技发展水平要求的劳动力,因此实际教育往往以适合"工作需要"为限。"识字"为的是受教育者能够"上岗"。然而识了字还可以读黄色书籍。业余时间用来干什么?仅仅会读写算而未曾受过情趣培养的"劳动力"只知道去看满布书摊的色情的、小道政治的黄色书刊。识了字且有谋略者还会开办制造假冒商品的企业。由此可见,目前的教育能否解决受教育者的人生观、价值观,尚待研究。

或曰,在社会工作实务中还谈不上解决人们根本人生价值问题。也就是说,那只能作为一个长远目标悬置而无法付诸日常工作实践之中实行。

我们至少可以说,在实务中可以做并且应该做的是启迪人们良知觉醒。现在家庭危机中的种种问题或许可以概括为功利主义增长使得人们良知晦蔽不明。中国社会多家庭冲突、在家庭冲突中经常听到斥责对方"没良心"之喝斥。这是痛苦的呼唤。这是社会在呼唤人们良知觉醒,也是人们已经感觉到缺少良知的沈痛。然而人们又麻木不仁,仅仅感受到他人缺少良知而不知自身同样缺少良知。唤醒人们的良知,促使良知战胜单纯的功利考虑、让良知先于功利,是社会工作可以付诸操作的。应该在一切社会工作实务中贯彻"唤醒良知"之指导思想,做任何一项具体工作都要考虑怎样在做好这件事务之同时使相关人员在良知方面有所觉醒。何况有的事情非使当事人良知觉悟才可能做下去。注重启迪人们良知觉醒的社会工作者才真正是人间天使。

社会工作者应该注重唤醒人们的良知。

社会工作应该以唤醒人们良知作为指导思想。

唤醒人们的良知,也就是说,引导人们成为崇尚道德的人——其实这就是在解决人们的根本人生价值问题。不是要求社会工作者去向人们说教,不是要求社会工作者去向人们讲哲学课、道德课。通过解决人们遭遇的问题和困难启迪他们良知觉醒,才是真正有实际意义的道德教育。人之所以为人,仅仅因为他有道德；中国人之所以为中国人，仅仅因为他有中国道德。良知觉醒到懂得道德是人之根本，人生价值问题就算解决了。社会工作是解决这一问题之主要途径。

虽然目前我们说不清一夫一妻制家庭之最终结局究竟如何，也说不清男性和女性在家庭中的角色究竟如何，然而我们确信，促使人们以觉醒了的良知对待面临的种种问题，无论如何都是正确的——这就是社会工作者的使命。

重建意义世界：重建中国农村社会之核心[①]

三农问题——农村、农民、农业，哪个是首要？即所谓解决之另两个就随之解决或至少可顺利解决，不解决之另两个就无法解决。论者多曰：农业。经济是中心，一了百了。经济找到出路，其他的怎么都有办法。成功的范例是甘肃定西。以"富民"为毕生心愿的费孝通先生，于垂暮之年奋力亲往调研多次，找到一个适合当地水土的土豆品种，让这个贫困县富了起来。又有论者曰：土地。解决三农问题的核心是把土地还给农民，让农民重新成为土地私有者。这种思路可归之为农村：是改变农村生产关系或曰农村社会结构。笔者以为，这种思路过于简单。若真地恢复土地私有，那个结局是大多数甚或绝大多数农民都会变卖私有土地、离土进城。农村问题转化为农民问题——为何如此说？农民自己的解决思路就是进城打工，把自身转化为农民工；农民自己的解决方案就是以农民问题为三农之首。

笔者经过初步调研，目前的认识是：三农问题以农村为首要，但不以土地为核心问题。三农问题首要在重建中国农村；而重建中国农村之核心在于重建意义世界。

一、农村问题为首要

三农问题以农村为首要本是中国共产党的思路。历史上是以土地改革和重组农村社会为中国革命中心问题。十七届三中全会专门通过关于推进农村

[①] 本文是《改革开放以来农村社会组织发展》课题的部分结论。2010 年 6 月完成。经文字处理后发表于《天津社会科学》2011 年第 1 期，1 月 23 日出版。

改革的决议,全面总结了解决三农问题的经验,全面制定了做好农村改革工作的方针政策,提出了建设新农村的目标。

所谓农村问题,确切的表述应是农村社会问题。建设新农村核心应是重建农村社会。然而,建设新农村多半被解读为农村硬件建设,成为七通一平、拆房子盖房子之类的工作。各地竞相展示花园式农宅,城里人多自叹不及,恨不能立即迁往农村当个新农民。劳民伤财,未得要领。

在这里,简略回顾一下中国农村的演变情况。传统的中国农村基本上是自治社会。尽管历代都设保甲,但其功能主要是监控、协助完税(钱粮),并不具备组织农村社会的职责。担当组织农村社会功能的主要是三种势力,一是宗族组织,二是神道体系。中国农村的神道体系相当复杂且原始,混和祖宗崇拜、原始巫术、山川木石狸猯蛇鼠五通淫祠与佛道高级宗教并存相资。还有一种势力,即第三种势力,是乡绅体现的儒道互补、以儒为主的国家意识形态。但这种势力多半实现为民间自治形态。乡绅不以退休或丁忧在家的官员身份活动,而是作为社区领袖受到社区成员普遍尊重。旧社会有所谓学田,可以看作乡绅势力的实体性表达。情况一般是,为了让社区子弟读书、将来赴国家考试出仕,由乡绅出面集资办学。所收集的资金建学堂所余,购田出租,以租金充办学经费。是即学田。乡绅及出资者组成管理机构。以今日眼光看,此即所谓公益性社会组织。毛泽东1930年5月在江西寻乌作农村调查,写成一篇相当出色的人类学论文,里面讲到"政治地主",属"公共地主"中的一类。有"考棚田"、"宾兴田"、"学宫"(或孔庙)、"学租"等名目,多属助学性质。也讲到乡绅办学情况。① 这些土地归结为被地主阶级占有,在"一切权力归苏维埃"

---

① 这种居民自治情况在这篇调查报告中写得很详细:C 政治地主:又分二类,一是考棚、宾兴、孔庙、学租一类属于教育性质的,一是桥会、路会、粮会一类属于社会公益性质的。县城的考棚田收得六百五十石租,经手的豪绅"吃油饼"吃去一百八十石,交出四百七十石与考棚。考棚田的来历是前清时候修建考棚,大地主捐了许多谷子,建筑余款,置买田地,作为考棚年修经费。起个"尚义祠",把那捐款大地主的姓名写在木主上,捐多的主高,捐少的主矮。宾兴田的来历也是地主捐起的,田散在全县各堡,多数仍由原主管理,年交收获之五成与县城宾兴祠。宾兴祠在各堡设有分局掌管田产。田产的用途是作为乡试、会试的路费及中了举人、进士的奖赏(主要还是作为乡试路费和乡试奖赏),奖赏的别名叫做"花红"。县宾兴祠年可收千五六百石谷租。乡试(省考)每三年一次,逢"子"、"午"、"卯"、"酉"举行。每届寻乌试考的一百多人,每人路费二十四元,中了举的有花红百多元。宾兴祠内有百几十块木主,写的都是出捐的豪绅们的名字。科举废后,凡在赣州第二师范毕业的,每人发参观费三十元,使他们好往江浙一带参观。此外,往外国留学的也曾津贴过一回,一个留学日本的给了三百六十元。县城办简易师范及高等小学,即是用的(转下页)

口号下没收统一分配。

这样的社会结构,不妨视为自然状态。我所谓自然状态指的是没有一个高组织程度的庞大团体按照某种系统的理论和设计好的方案、有组织有计划地大规模推行社会变革,而是任其自然自发地随波逐流。尽管乡绅是退休或丁忧官员按国家意识形态行事,但仍是作为民间力量行民间之事,不是作为政府代表。尽管宋朝以后多有儒生赴乡间开展社区建设活动,明代为盛,终归分散而组织性不甚强,也属民间自发活动。

1930年代,中国共产党在江西赣南地区(以瑞金为首府)实施建国试验,其中重要项目是农村社区重建。中国共产党的实验打破了中国社会有史以来自然生长状态,开始了大规模自觉重建社会结构的时代。这虽来自俄国革命的启示,却是源自欧洲的社会主义运动的延续。而这社会主义运动源自资产阶级的法国革命——黑格尔说,法国革命开启了以头立地的纪元:思想在先。① 信奉唯物主义的社会主义革命家实施的也是思想在先原则。社会是要改造的——改造一词自此进入了意义世界主流。改造必定有所依凭,必定要依凭某种思想性的模板。这就是说,当宣布要改造社会时,就不知不觉地把某

(接上页)宾兴祠的经费。建筑学宫也是地主捐钱,因此也如尚义祠、宾兴祠一样,起了一个"好义祠",纪念那般捐主。后头把祀孔经费又捐了千多元,是款子不是田地。学租是各姓地主捐集,为奖励本姓考功名的子弟的,姓姓都有。如篁乡古姓有学租一百石,车头邝姓有二百多石,至少的也有几十石。此外城区有"薪水会",各区也有。各区普遍地有"文会",性质同是奖励取功名,但系一种地方形式,由几姓或一区集合起来的。还有篁乡古姓某地主(古柏的祖父)捐出一百石租起个"尊育堂",却是奖励全县读书人的,算是一个特别形式。总计教育方面的土地,占全部土地的百分之四,占全部公田的百分之十。见《寻乌调查》,《毛泽东文集》(第一卷)180～181页。关于地主办学,毛泽东写道:"本县有四个中学,但都短命。项山大地主'屎缸伯公'办的知耻中学(项山小杭)办了一年,双桥地主们联合办的尚志中学(在圳坊)办了半年,澄江公立的普化中学(在澄江圩)办了两年,革命派办的中山中学(在县城)办了两个月,总共出了一百多个没有毕业的学生。中学生的大多数是在梅县、平远、赣州三处中学读书的(每处各一百名左右)。全部都是地主子弟,其中亦是小地主占大多数。"同上书,第225页。

① 见恩格斯为《社会主义从空想到科学的发展》所加的注。恩格斯在正文中写道:"那时,如黑格尔所说的,是世界用头立地的时代。"恩格斯注曰:"关于法国革命,黑格尔有如下一段话:'正义思想、正义概念一下子就得到了承认,非正义的旧支柱不能对它作任何抵抗。因此,在正义思想的基础上现在创立了宪法,今后一切都必须以此为根据。**自从太阳照耀在天空而行星围绕着太阳旋转的时候起**,还从来没有看到人用头立地,即用思想立地并按照思想去构造现实。阿那克萨哥拉第一个说,Nus 即理性支配着世界;可是,直到现在人们才认识到,思想应当支配精神的现实。因此,**这是一次壮丽的日出**。一切能思维的生物都欢庆这个时代的来临。这时到处笼罩着一种高尚的热情,全世界都浸透了一种精神的热忱,仿佛正是现在达到了神意和人世的和解。'"(黑格尔《历史哲学》1840年版第535页)转引自《马恩选集》(第三卷)第719、720页。

种理念设定为模板。因而只要主张改造,必定采取思想在先原则。于是,"思想是怎样的?"成了影响社会发展的极重要因素。

二、土地问题为何不能成为解决农村问题之核心？

土地所有制是社会结构表现形态之一。前面已述土地私有化在实际上并不能解决现有的农民、农业问题。实施重分土地其结局不过是大部分农民变卖自己所有的土地、完成土地集中到少数地主手中的过渡方式。这方面无须多说。本节要讨论的是中国社会土地所有情况所反映的社会结构这个"深层"意义,在此基础上论证土地问题不是解决农村社会结构问题的核心。

首先要回答这样一个问题：中华人民共和国在解放前后实施了中国历史上最彻底的土地私有化。经过土地改革,中国农民得到了自己私有的土地。而后,不到十年,在1958年人民公社运动中,废除了土地私有制。土地所有从农民私有变为集体所有。这一过渡顺利而和平。农民表现得相当配合。简直是奇迹! 这是怎样可能的?

这个秘密要对土地改革的实际进程作社会学研究得到理解。

中国共产党领导的土地改革,不是党领导一支军队夺得土地而后分给农民那种"恩赐"做法。党组织先要用理论武装群众,告诉农民革命道理。这是让农民群众了解自己行为之意义。用社会学的术语说,叫作改变意义世界。同时,在村中发展党员、建立党支部；发现和培养积极分子,并组织农会、妇女会、青年团(少共)等群众组织。这些群众组织是党组织的外围组织。换句话说,是党组织的一种扩大。思想、组织的基础打好后,开展斗争地主土豪并重新分地分产的环节。在这斗争过程中,有着把斗争策略、步骤交给群众,领导群众实施斗争的方针。特别强调让群众在自身斗争实践中学习政策和策略,强调让群众通过自身经验体会党的正确。在这一过程中,旧的政权、经济关系、社会组织被彻底粉碎,而由中国共产党领导的新政权、新生产关系与新社会组织建构起来。这是一种全新的社会结构。党组织是这个社会结构的核心。请注意：不是党建构了一种新社会而党在这个社会之上、之外,而是党把自身扩大为社会、党在这个社会之中并担当其核心。党组织、外围群众组织、全体村民,组织一步步地扩大,滚雪球似地一层层地裹起来。一个基层支部扩大并发展成一个社区(共同体)。党组织与社区是一体,不是党组织在社区之外,而是党组织与社区是一个事物。由于自始至终都是党组织作为核心在教育、组织、动员、指导民众,亲手领导着群众,还十分注重让参与的群众随时随处体验党主张的理论、政策与策略之正确,因而在这种新产生的结构中党的领导是理所当然、不言而喻的。

这就是说,土地改革所建构的社会结构,不是以单个原子式的个体农民为独立单元的自耕农社会——像许多研究者以为土地私有达成的结构方式那样,而是党组织与农民结成的牢不可破的伦理关系。土地的私有并不彻底、完全,而是有限度的私有。我用"公有制下的私有"表述这种所有制。

这就意味着,无论怎样宣布土地归谁所有,当代中国社会土地关系之实质——党与农民之间的伦理关系——仍是决定一切的。

这就是说,如果实施土地私有——任农民变卖、失去土地——其社会后果是割断党与农民的伦理关系。

其实,无论谁买到土地,也并非土地的完全私有者。如果他是个农业经营者,归他所有的土地就只有供耕作的五寸许深。即使解放初经土地改革归属农民的土地,也只有这么深——国家规定,土层以下的全部矿藏、财宝等属于国家所有。土地改革分得土地的农民起始就不是土地的完全所有者。

总之,土地改革一方面实施了土地所有权这方面的私有化,一方面结成党与农民的伦理关系——二者中,后者是根基、也是实质。任何解决中国农村问题的思路和方案都不能忽视这一点。土地所有情况从来不是实质之所在。企图从此入手解决农村问题就是误以为土地所有是实质所在。

三、意义世界是社会得以为社会之必不可少前提

既然三农问题首要在农村,而农村问题实质是农村社会结构,重建社会结构不在土地所有——那么,重建农村社会在于什么?我的回答是:在于意义世界。本节先讲意义世界之地位与意义。

改革开放从意义世界入手。邓小平一开口就讲拨乱反正。何谓拨乱反正?按邓小平讲法,叫做纠正思想政治路线上的是非。[1] 邓小平主政的主题

---

[1] 邓小平同志1977年9月19日在谈教育工作时提出拨乱反正。1980年10月25日对中央负责同志谈话中说,"我们现在讲拨乱反正,就是拨林彪、'四人帮'破坏之乱,批评毛泽东同志晚年的错误,回到毛泽东思想的正确轨道上来"《邓小平文选》(第二卷)第300页。1985年8月28日会见津巴布韦非洲民族联盟主席、政府总理穆加贝时的谈话中说:"粉碎'四人帮'以后,我们拨乱反正,就是要纠正极左思潮。同时我们提出还是要坚持马列主义、毛泽东思想。""我们拨(转下页)

是正名——重新阐释社会主义概念。他的讲法是：要搞清什么是社会主义、怎样建设社会主义。① 搞清社会主义概念之内涵，也属调整意义世界。

在改革开放初期有一个重要争论：义利之争。论者曰：过去是义在利先，现在要改为利在义先。

倡此论者之所重，也在意义世界。其企图是让意义世界中利在义先原则取代义在利先原则。

这场争论影响甚大，对改革开放起了误导作用，流毒至今。

笔者一贯认为，义在利先不能取消或降格、代之以利在义先。本人从1985年至今25年间反复阐明，义永远在先。拨乱反正是改变义之内涵而已，义在利先须坚持不懈；决不是让利居于义之前。可叹笔者的诠释未在意义世界中占据应有位置：未得全民族接受、成为民众日用而不知的道理。

社会怎样成其为社会？社会通过各个自由意志之互动建构。在互动中的行为是有意义的。任何行为都是有意义的。互动不可能脱离意义。总起来说，社会之建构源于各个自由意志之带有意义的互动。意义又在意义世界中。因而社会之成为社会，意义世界是前提且是基本前提。

由利在义先原则风行天下始，中国社会的意义世界从根基处受到破坏。一个社会的健康，基本前提是人人皆诚敬。诚则对他人的行为可以预测其反应，比如说，借给他钱可以指望在约定的时间如数归还。敬则人们的一切行为皆遵守规则、皆不会冒犯他人把自己意愿强加于人。由于利在义先已经风行天下，人们不再以诚敬为第一原则。党的基本路线讲"以经济建设为中心"，遂有学者解释为"一切向钱看"。本人从1980年代后期就反复阐明，"经济建设"概念至少有三重含义：（一）最浅层次的，是社会产品、服务之总量；（二）生产关系方面，以及经济结构、经济体制等（比如现代企业制度、股份制等）；（三）一切经济行为的规范体系（比如借债应如期归还、无理由退货制度）、经济活动内涵的精神（比如商业精神）。这第三方面已经属于精神文明建设。可见在社会生活中"物质"与"精神"是分不开的、不可割裂的。经济建设本身就内涵着精

（接上页）乱反正，就是要在坚持四项基本原则的基础上发展生产力。"《邓小平文选》（第三卷）第137、138页。

① 邓小平1985年4月15日会见坦桑尼亚联合共和国副总统姆维尼时，在谈话中指出："问题是什么是社会主义，如何建设社会主义。我们的经验教训有许多条，最重要的一条，就是要搞清楚这个问题。"《邓小平文选》（第三卷）第116页。

神文明建设、文化建设。然而尽管笔者大力讲解,眼看着不择手段之风日益滋长,不仅意义世界受尽破坏,各种规则也日益凋零。就拿最为日用的交通规则来说,行人、非机动车不守规则;连机动车也日益不守规则,乃至不得不把行车线改成铁栏杆或水泥护墙,以防机动车越轨变道。

制度,以及组成制度的各项规则,均须由意义世界守护。如果商家均以伪劣产品为大忌,三聚氰氨案就不会发生。正因为众商家均以为此等行为乃可行之常规,才会犯之者众。甚至造出"机会成本"说。机会成本实际上是犯规成本。纵有制度在、有法律法规在,行为者仍违规、犯罪不断,社会不成其为社会矣!意义世界乃依之建构社会者,意义世界乃依之维护社会者。意义世界是社会之前提。

四、中国农村意义世界现状

由于理论上、执政上均未重视意义世界,社会结构与制度两个方面呈严重迟滞状况。农村情况更为严重。

前述旧中国与农村社会结构相关的意义世界主要由三种势力造成:宗族、神道体系、乡绅。大致说来,宗族对应祖宗崇拜,神道体系则是多神、泛神、巫术、佛道等的混杂物,乡绅则体现儒道互补以儒为主的国家意识形态。(其他的要素,集市的、婚嫁的,为农村社会之结构基础。)中国共产党的土地改革运动,着力铲除上述三种势力的影响,代之以马克思主义的唯物主义思想。

中国共产党领导的中国革命给中国农村带来了深刻的变化。不仅是社会结构(含生产关系、经济结构)巨变,意义世界更是巨变。

毛泽东时代以党组织为核心的社区取代了旧日单个家族或若干家族联合组成的农村社区,在意识形态上强调"组织高于一切"。孤老由政府安排生活必需品供给。古书上梦想的"矜寡孤独废疾者皆有所养"成为农村的现实。[①]那时对政府的能力极具信心,认为社会主义政府有能力解决一切问题——无限政府理念起初形成于这种缺少论证的信心。既然党组织有这样的担当,民众自然乐于卸掉自古以来承担的养老责任。解放初期,新型社区摧毁旧式社区的力量即在于此。

[①] 城市中也有类似情况。家父谢冀亮曾告诉我:解放初期他在外贸部工作,为接祖母到京,向领导请假。领导讲,你要相信组织。个人不必考虑那么多。组织上会为你们安排一切的。

"对组织忠诚老实"取代"父为子隐子为父隐",鼓励亲子、兄弟、夫妻之间互相揭发对方不符合党的利益、党的指示的言行。

宣传唯物主义、无神论,批判"封建迷信"。告诉民众,无须害怕地狱,因为那是历代封建统治者编造出来麻痹、毒害人民以利巩固其统治的谎言。这一步骤影响深远,极大地解放了中国农民的思想。从此农民再也不怕死后下地狱受罚,可以放开手脚做自己想做的事。

有效建立起对党组织、党的领袖的崇拜。家家堂屋悬挂毛泽东像。"孝顺（无违）"、"承顺颜色"转变为"听党的话"。

在毛泽东时代,意义世界的转换相当迅速且有效。然而张力巨大。到"文化大革命"新意识形态达到顶峰。领袖崇拜达到巅峰程度。总体说来,"文化大革命"期间显现出理性化（rationalization）倾向。中国社会出现历史上从未有过的为了毛泽东一句话的解释而开战的现象——这现象相当普遍,决非孤证。这种情况令人想到或许一种理性宗教正在成形。

不过在此必须指出,与城市相比,农村理性化倾向并不那么明显。可见农民的思想稳定性较强。在此正是指出下述情况的合适处所：相对城市而言,文化传统也是农村保存较多。

改革开放在文化趋向这个方面是从理性主义返回中国传统。在政治上否定"文化大革命"的同时,文化上不是趋向西方化,而是远离西方化——如果揭示西方化内涵是理性主义化的话。

改革开放虽然从农村开始,但很快主战场转向城市。农村被搁置了。农民大批离乡离土在全国流动寻找工作机会。农村社会几近解体。离乡离土的农民大多是青壮年,自然其中有许多人是党员。这样,一些农村的党组织瘫痪了。社会结构的坍塌导致农村社会的意义世界遭受到比城市更严重的破坏。意义世界中的国家意识形态逐渐萎缩。退缩留下的空间须有填补者。一是祖宗崇拜以及传统礼仪制度中的神道崇拜开始恢复；一是新宗教兴起。新宗教的兴起相当迅速,其发展势头蓬勃,令人惊叹。

必须注意的是：重建意义世界须得到有组织的、有指导的、有规模的、系统性运作。目前农村社会中传统文化、国家意识形态、新宗教这三种强势文化,有组织、有指导、大规模、系统性的运作,强者是新宗教。传统文化最弱。

党的声音不容易听到了。以往连接中国每个村落的蛛网般的有线广播线已经荡然无存。虽然收音机甚至电视机已经在农村处处可见,然而村民很少注意收听收看新闻联播,也即很少关注党的声音。党员在社区中少见踪迹;外人进村辨认不出谁是党员——用毛泽东的语言批评,即"混同于普通老百姓"。这样的撤退似乎是党主动采取的步骤。

一些村落不但看不到党员,支部书记也很少露面,整日忙于奔跑赚钱。开口讲话也很少政治伦理,多是经济法律,甚至只讲赚钱相关事宜,忘记了自己的意识形态责任。(有待做深入、全面的实证研究。)

旧日的神道体系已经残缺不全。对猬狸蛇兔等妖精的崇拜趋于消灭。(此须做深入的实证研究。最佳地点:华北地区。)地狱观念大体上消灭了。村民说,改革开放以来,闹鬼的事越来越少。意思是,随着科学与社会发展,鬼神世界之实存逐渐消失。在这样的观念背景下,祭祖活动之意义与旧时代已经全然不同。仪式上与旧时代略相似,意义却与国家意识形态倡导的无神论文化之悼念活动相同。(此题还须做深入的实证研究。最佳地点:华东、华南。)农村及接近农村的小城市多有发财后编族谱的。由于许多家庭的族谱早已丢失,现在续补多有平空编造的。(此题也须立项研究。)神道体系的发展趋向是一项需要跟踪调查的重要课题。

在人的本性中有宗教需求。宗教现象不仅不是十全十美的好事,而且在有些情况下就是相当坏的坏事。同样,认为宗教一定是坏事,是麻痹人民的毒品,也是可笑的。人类本性中的宗教需求本是精神需要,在满足这种需要时会产生教团,而只要有教团,它就会或做好事、或做坏事。我相信,既然人的本性中有宗教需求,社会也总会产生教团,系统地满足人们的宗教需求,教派组织就总是伴随人类社会存在。必须有宗教提供给民众;必须注意维护教团的正面功能、尽可能消除其负面作用。解放后,企图以科学取代宗教。在唯物主义、无神论意识形态强力进攻下,农民(乃至城市居民)转以党组织、党的领袖、党的理想为崇拜对象。这是文化大革命的造神运动得以掀起大潮的基础。改革开放以来,党担当宗教崇拜对象的功能减退,出现巨大的"信仰真空"。(这也值得做一专项研究。目前我还说不清楚这一过程是怎样经历的。)于是各种新宗教得到大发展的良机。法轮功与家庭教会之暴兴盖出于此。

人之本性中还有追求善的趋向。尽管各民族文化相去甚远、各有其体系,从而对善的理解也各不相同,然而求善趋向是同样都有的。在利在义先原则笼罩下,不择手段成了普遍原则;越来越多的人不知羞耻,迫使总书记不得不亲自出面颁布八荣八耻、提倡社会主义荣辱观。现实的世界恶势力猖獗,激发起人们与生俱来的求善趋向。与渴求信仰类似,人们也渴求善、渴求正义、渴求规则。现实世界缺乏的,宗教世界能够提供,于是渴善的人们趋新宗教若鹜。这是新宗教暴兴之又一重要原因。

以上所述总起来讲就是:目前农村的意义世界属残缺不全,主流尚未确立。国家意识形态停留在村委会(城市则是居委会)干部的口头里,远离农民的日常生活。作为道德的集体主义萎退,余下的只是土地方面的集体所有制;而土地的集体所有较易被村委会主任用来谋私利——由此亦可察意义世界缺失状况。由于各级官员开口闭口 GDP,连同哲学上讲唯物主义、无神论,导致金钱成了最高价值,成为意义世界中的主导准则。幸亏农村中还残留着一点传统文化要素,能够支撑农村经济运行。就我们调查的温州瑞安而言,农村中村民彼此借钱会如期还债。然而离了社区是否还能保有这种品德就很难说。据说温州人在国外还能这样。或许在国外温州人会感觉到同乡社会的社区性质。但这给人们一种希望:或许这种残存的文化传统能够帮助农村社会的重建。

重建意义世界的巨大障碍或许是目前盛行的"利在义先"准则。当然,这里所说还须进一步证明。要证明当前农村社会已经是仁义礼智让位于金钱或利益,似乎还须专门做一项研究。

还有一个重要因素必须考虑:科学技术日新月异大大强化了唯物主义主张,人的价值进一步贬损。人日益被看作茫茫宇宙中的一粒微尘。讲究现实主义的中国农民是否能再接受仁义礼智高于一切的价值体系,有待观察。(这样讲,并非不承认在日常生活中仁义礼智仍然在发挥着作用。)

五、中国农村重建意义世界展望

目前中国农民已经引起广泛关注。中国共产党提出的"三农"(农业、农民、农村)说,是一个比较好的说法。可以区分为三者,而三者又彼此联系。我们主张三农问题首要的是农村问题,农村解释为农村社会——不是一般所说是盖房子、通电建自来水管道、建下水道、集中居住等。因为即使把农民集中住在一起,即农村城镇化了,问题还是回到这些集中居住的人群构成一个什么样结构的社会(或社区)。

这一见解并非笔者所独具。许多学者都主张三农问题在于把农民组织起来。就社会学界而言,似乎大体上可以认同这种主张。而组织农民的问题之基础、本质，就是本文讨论的农村社会重建。而一旦涉及怎样组织，就会出现各种各样的主张，很难达成一致。

首先，是农民自己组织还是由外来于农民的力量来组织？组织之基础是意义世界。以利合者其心必异。稍有风吹草动就会解体。在当前意义世界状况下很难指望农民自己能够建立起良好的生产、销售组织，更无论协会或维护自身权利的组织。

有人主张，只要真正实现民主，给农民权利建立维护自己权利的组织，就提供了解决农村问题的关键。

这种主张是模糊的、幼稚的。"给权利"语义是什么？是撒手，放任农民自生自灭。大家知道，中国农民是羊，旁边有众多的豺狼虎豹守候着等机会扑过去吞噬他们。中国农民没有保护自己的能力。且不说现在需要有一种针对中国农民的人口学研究，一是研究这个人群中有多少人在道德上属于经过学习能够达到自觉程度的——即孔子所谓"困而后学"者、孙中山所谓"后知后觉"者，有多少人是只会喻于利的、无论如何也不会在道德上觉醒的——孔子所谓"困而不学"者、孙中山所谓"不知不觉"者。哲学、宗教尽可以假设"人皆可以为尧舜"、"一阐提者皆可以成佛"，劝诱信众努力向善。社会学、政治学、管理学等学科可要讲实证，要从实际出发。二是研究在现代化条件下，在总人口中有多大比例的人是不能学会现代技术要求的知识、技能，从而无法靠自己的劳动养活自己的。中国农民有多大一个比例是这样的？需要做研究。在这些研究都未开展之前，空论民主，无异放手让农民供豺狼虎豹去吞噬，无益于事。

假设真地撒手让农民自己去组织，会出现什么状况？我相信，在最好的情况下出现的也只是旧时代的那种模式。即使允许农民建立军事组织（例如民团），允许农民武装（像美国那样可以持枪），这种军事组织也不可避免地成为少数农民压迫其他农民的力量，而不是人们希望的民主力量。有什么样的意义世界就会有什么样的社会结构。在意义世界未有根本性革新之前，不能指望自发产生新的社会结构。

目前农村的意义世界有要求黑社会的内涵。人们不充分估计自己能力，在发财梦想驱使下借贷经营，失利后（自不量力的小百姓大多数会经营失利）无法偿付债务，又不能恪守信用，常常是拖欠不还；债权人只好请打手上门讨债，实在还不起，至少剁掉一根手指了帐——这还属于欠债者讲信用、债权人宽容的。这不就是发展经济所需要的黑社会么！？

实际上，一旦放开，首先会是商业势力立即渗入农村，收购土地（或土地使用权），建立农场，雇佣失去土地的农民当农业工人。在当前的意义世界下，这种农场也面临着与个体农民同样的处境——如果不是足够大，就必须依靠一个有武装的势力作后台；可是任何大型农场都须从小做起，于是或者依靠政府或者依靠黑社会。外来的商业势力，可能已经足够庞大。然而进入农村，则是"强龙不压地头蛇"，必须谋求与地方势力和谐共处……

十分清楚，在现实意义世界状况的条件下，农民组织起来不能指望放任农民自己去组织。既然商业势力靠不住，又绝对不能依靠黑社会——那种"真正的农民民主"就是把地盘让给黑势力——结论就是只能依靠共产党组织，这是目前可以看得到的最为健康的力量。是否可依靠宗族势力？作为宗族基础的意义世界已是残缺不全。目前可见的恢复宗族组织的努力，无论修谱、建祠、集合宗亲资金行善，意义与古人所做全然不同。其产生的社会结构迥异于古代社会。（这一论断可做一新的研究项目。）

前面已经讲述，国家意识形态在农村已是萎退状态；主持意识形态的基层干部大多放弃了自己的责任而忙于赚钱。所以希望寄于共产党整顿好自己的农村基层组织。而要整顿好党的基层组织，首要的是建设好意义世界并贯彻到农村干部心中去积淀为他们的文化存在。

目前，中国共产党已有重建意义世界的充分自觉。不过有几个要点尚不清楚。一是党组织、党的意识形态能否解决民众的宗教需求，提供民众需要的信仰。在中国共产党旁边有一头狮子正眈眈地盯着等机会。党的理论家似乎未醒悟到，其日益壮大源自人们宗教需求须得到满足之要素；而仅仅从政治角度解释为敌对势力的活动，因而很少想到根本解决之途是把自己提供为民众渴求的信仰对象。二是党组织能否解决民众渴求道德善的需求，清洗自身的腐败达到恢复民众信任的程度。三是大多数党员能否在大多数地方大多数时候是社会公正的主持者。

问题归根到底在于重建的意义世界是什么样的。看来，国家意识形态与儒学的关系是关键。中国的国家意识形态一贯含有儒学成分。现在的问题是国家意识形态与儒学结盟还是吸收更多的儒学成分。这是一个意识形态方面的战略考虑。须进一步探讨(调查和试行),现在还不能下结论。①

  有一种主张是恢复儒学或曰建设儒教。且不谈共产党会否允许在官方批准的五大宗教旁边再成立一个儒教,这种主张本身就是脱离实际的。传统儒学的社会基础已经荡然无存。唯物主义或许还可与儒学中的气本论混为一谈(虽然这是错误论点但人们包括哲学家们已经普遍接受了),无神论怎么可能与有神论混淆? 旧式农村社区以家族组织,这种社会结构已被摧毁,代之以党的基层组织。以孝为国本代之以忠于党、忠于国家——这或许还可与宋明儒学"圣人与天地万物一体"调和(民胞物与,宋儒有疑其有墨学"兼爱"之嫌),而现实生活中贯彻计划生育使中国约一半的家庭没有了男性后嗣,给复兴传统儒学以铲除根基性质的严重打击。同样这也是当今社会混乱状况与社会不稳定的重要原因之一。目前既没有听党的话、对党唯命是从,也完全谈不上孝悌,眼见一代又一代的青少年习于犯上、成年后轻于作乱而束手无策。前面已讲述过,新社会的家庭是无家长、无规矩的。根据这两项社会事实足以得出结论:不能指望恢复重建儒学所需要的社会基础,至少短期内不可能。在这样的条件下建设的儒教多半会成为天主教会、共产党那样的组织形态(如果能建成的话)。

  然而,儒学的核心价值体系仁义礼智,或仁义礼智信,至今仍然活着。虽然未公开起主导作用,毕竟还活着并发挥着重要作用。暴兴的新宗教也须借用这些核心价值推销自己——共产党不拿过来就会让那些新宗教拿过去。当然共产党也不能宣言式地拿过来就可以算数,须经过理论探讨、拟定方案、反复试行的长过程才可定论。

  现时恰逢中国共产党在制定社会主义核心价值体系,所以目前可尝试的方案是在这一核心价值体系中充分吸收儒学成分或曰传统的核心价值;而且要切实践履,切勿停留在纸面,要化为几百万基层干部身体力行的真实活着的意识形态。这也可能成为马克思主义中国化的实现途径。

---

① 在本书集成时,读到习近平总书记今年 9 月 24 日在纪念孔子诞生 2565 周年国际会议上的讲话。国家已经作出战略决定。

附录：城镇化过程中的农村社会转型
——兼论城镇化的限度[①]

改革开放初期，邓小平同志说：改革是一场革命。当时，革命一词听得烂熟于耳，只当是领导人的强调之辞，了解其重要性，但没去深刻领会其意义。改革开放的实际进展让人们越来越认识到其所触发的剧烈社会变动。实际上改革已经深入进精神领域，邪教出现就是个信号。思想革命正在来临。只是很多人尚未警醒到这一层而已。

城镇化是否也是一场革命？还是仅仅是难度较大的日常工作？

一、农村社会结构及其与农民居住方式、土地所有制关系

城镇化，当然是农村城镇化。农村问题不是个孤立的问题，还与农民问题、农业问题关联在一起。农村不能理解为仅仅是地理概念。农村是个社会学概念。当讲到农村时，不仅要想到乡下那块地方，还要想到那是农村社会——有结构的社会。我读了不少讨论城镇化的文章，谈到土地、农业甚至户籍，但没见到讨论农村社会的。城镇化是原来在那里的社会（或者叫做社区）拆散、重组。甚至城镇化是消灭农村社会之举！

社会结构与居住方式密切相关。在城市里搞旧区改造时，已经忽视了这层社会学意义。旧房子拆了个干净。居民安置妥贴了——所谓安置妥贴，仅仅是落实了住房，在新的居住区配套建设了商店、学校、公共厕所、娱乐场所、公共交通线路等，通电、通水、通煤气、通讯等等。开始时甚至没有想过，这样

[①] 这篇文章为2013年9月24日在安徽芜湖召开的三省二市参事室"长三角城镇化论坛"而作，草于当年8月31日旅中。

一来,社会被破坏了,被严重伤害了。原先的社区顷刻间解体了。前几十年党的群众工作建成的与人民的血肉联系、中国共产党的执政基础,顷刻间被自己亲手毁掉。现在要搞城镇化是否要回顾城市旧区改造的这一教训,避免重演破坏社会、破坏党的执政基础的错误?

拆散社会不会流血,造成的伤痛未必会感觉明显。然而拆散容易,重建难、而且极难。这是城市社区建设已经为我们提供的经验。城市中几百年形成的社区,农村中或许经几千年形成的社区,就那么一下子毁了。再形成社区,没有个几十年的功夫是不行的。

城镇化有没有限度?——我指的是,是否要消灭农村,还是在现在已经形成的格局上稳住、理理顺,或者再稍稍扩大些、有限度地再拆掉一些农村社会就停下来。我很担心无节制地不断地拆呀拆,直到消灭农村。

长三角城镇化与西部地区不同。上海可以没农业,然而长三角不可能不要农业。实际上上海也不可能不要农业——中央规定了上海的粮食产量。上海也要种菜。当然,粮食可以建农场生产,蔬菜可以采用高科技在大棚中生产——农业生产的方式可以"转型"。因此,上海或许可以做到消灭农村。但长三角其他地区可能做到吗?

问题不止于农业生产的具体方式。还有人们热议中的土地、户籍等问题。

更进一步的,也即本文关注的问题是:农村的社会结构会否被破坏?怎样重建?

改革开放以来,农村社会结构已经发生很大变化——换个表述,即:农村社会结构已经破坏。其原因是农民自愿地、自发地离乡外出,或打工,或经商。离乡人数及人口质量(如党员、干部)达到一定程度,村落就解体了。怎样评定这个程度,要立课题专门研究,本文不涉及。大量村落属于破坏,有一定数量已经达到解体程度。土改、集体化所奠定的党与农民的密切联系,已严重破损。

这是当前开展城镇化面对的现状。因而是城镇化的起点。

城镇化面临双重难题:一是推进城镇化的区域中的那部分人群社区重建问题——这就是说,由城镇化打碎了原有的社会结构,这部分人群迁徙到新居住地点后,重建社区。

再一是重建这部分人群与党的联系——属于党建工作范围。

我们要考虑的是前者,即本文题目所示:农村社会之转型。

一般地说,社区重建有两种方式。一是原社区,不管它破损到何种程度,整体迁移;二是多个社区聚集为新城镇,各自打散,再随机混和,按行政管理方便为准则重新划界组合,把新组合建设为社区。

在长三角地区,制定规划者在上述两种方式中多半会采用后者。这大概出于规模出效益的想法。不集中,怎么会形成市镇?采取这样的思路就意味着切断农民与土地的关系。生产用土地可以流转。宅基地往往不明不白地"变现"了——没了。这就涉及农村土地所有制发展方向——是趋向私有,还是趋向国有?土地流转意义是趋向私有;宅基地消逝意义是这些土地趋向国有——城市土地属于国有。

农民土地所有制之真实意义是农民与党的关系。我国建国时实施的土地改革运动是中国历史上最彻底的土地私有化。土地改革过程:思想发动,向农民灌输"地主、富农土地来自剥削",而后发现群众中的积极分子、帮助农民建立农会等组织,把斗争策略交给农民群众,领导农民群众与地主、富农斗争,分配胜利果实——土地、房屋、农具、财宝等。由于党组织是教育者、组织者、政策与策略制订者、行动指挥者、成果分配者,因而建立了牢固的伦理关系,成为理所当然、不言而喻的领导者。所以,看起来是农民分配到了土地,完成了私有化,实质上却是建立了党对农民的坚强领导,为其后合作化、人民公社化奠定了基础——其实质是土地公有制。

土地流转之社会学意义就是切断党与农民的血肉联系,把土地交给携带资金前来的经营者,把党与农民的伦理关系转化为农民与土地经营者之间的金钱关系。这是向土地私有化的过渡。

目前规定城市土地属于国有,但房屋确定为不完全的私有——房屋使用的土地租期70年。在房屋产权存有模糊处的前提下房价越来越贵,而且以抑制房价为理由开征房产税。这就是说,火上浇油,让房价更贵。房价贵源于地价贵。这就是说,人们购房所用资金较大比例是用于支付地租价;房产税中较大比例实际上是土地租金税。这部分税应向土地所有者收。向房产业主收就意谓着默认房产业主为地主。这样,人们醒悟过来后,不可避免地会要求对房基地的所有权。城市土地的国有能否坚持有待观察。政治后果也极为严重——土地财政为动乱积蓄能量。消化这种能量的办法是适时宣布房屋及地基为持房产证者私有。综上所述,开征房产税将会引发业主要求房基地转为私有的诉求,增加社会动乱因素;消除这种因素的思路是:城市土地用于住宅的实行私有化。

目前这个问题未引起震动有两大原因。一是70年期限还比较遥远;二是广大农村没有这个问题。一旦推进城镇化,同时又消除宅基地的私有性质,将会加剧动乱因素。

建议:在城镇化中保留农民对宅基地的权利;研究宅基地是否需要私有化,如果确认,研究实施步骤。

建议:在推进城镇化进程中,尽可能保存原有的农村社区结构。具体地说,尽量让原先的熟人在新建的住宅区中居住在一个区域,并在组织上确定为一个居委会;或者,在保持原先的社区分布状态前提下实施城镇化。这样,几百年乃至几千年聚居互动积淀的社会资本不致流失,党组织几十年工作积淀的政权基础不致毁弃。

二、在城镇化进程中贯彻建设法治政府理念,切实尊重农民的人权

十八大报告提出2020年基本建成法治政府、切实尊重和保障人权的目标,内涵伟大的理念,要在城镇化进程中充分贯彻。

长三角地区的人权,应当比生存权高一个层次。应当在全国有典范和引领作用。人权的根本义是尊重公民的意愿——通俗地说,让人搬家,如果他不愿意,就要按他的愿望办。

农村不简单是一群农民的组合。农村意味着农民的家族组织和思想形态——也即祠堂和庙宇。祠堂和庙宇是农村社会的有机成份,不是"粘贴"的、"附加"的,是与农民不可分割、浑然一体的存在。这是农民文化存在的表现。这种存在既有道德价值,也有经济价值(构成农民的社会资本)。毁了这些,同时也就毁了道德和社会资本。表面看来,拆了就拆了,既没死人,也没伤人。实际上,改变了农民的文化存在,是"内伤"、是人的贬值。这些年来,由于不明白内在文化的重要,一味实行以钱为纲的思路,既损害了人,也连带导致人的经济意义上的贬值——普遍的互不信任使人们消费时要付出更多的钱。我问过一位批发商商品定价情况。他告诉我:例如一条裤子,出厂成本10元,批给他(他做外贸),11元;批给国内的批发商,17元。为什么有这样大的差距?厂商并未赚到更多的钱,仍然只能赚10%利润。因为厂商要保证自己有10%利润,必须给国内批发商17元的要价。这个6元的差价源于国内商业缺少诚信。这就说明,伤了内在文化,经济上要付出沉重代价。(上述例子还有下文:

这条裤子在美国柜台上标价10美元;在国内柜台上标价200元人民币。更大的差距涵有其他的社会问题,在此不赘述。)

在正规的意识形态描述中,祠堂和庙宇属于"封建迷信",破是应当的。然而社会学、人类学、文化学研究一再指出,这些都属民众的文化存在——换个表述,是民众的文化生命体。破了祠堂和庙宇就是伤害了农民的文化存在。尊重和保障人权就意味着尊重农民的祠堂和庙宇。这是人权又一层的意义。

曾有的做法是,迁徙人群时把相关的庙宇也迁址。虽然这样做比较温和,毕竟也是一种伤害。尽管对象不得不接受,比较拆除,相对能够接受,终究还是留下阴影。如果以和谐社会为价值标准,这种结果仍然显得不够圆满。

基于上述考虑,建议在城镇化方案中注重"就地城镇化"思路——即尽可能让农民社区留在原居住地。

这样做,不及大规模搬迁、集中为一个新镇那样宏伟,那样具备观赏价值。然而对贯彻党中央的要求,较为切实。

农民向着城市流动本是个自发的、自然的过程。其中的酸甜苦辣、悲欢离合皆出于行为者自己的决定。现在的城镇化属于政府行为。农民遇到困苦就会要求政府承担责任。也就是说,城镇化中产生的怨恨可能招揽到政府身上。实施时要慎之又慎,要尊重农民的愿望。

三、城镇化过程中关注人的发展:农民向市民的转化

在城镇化中贯彻科学发展观"以人为本"精神,就要关注农民向市民的转变。可以列出各项指标,如社会福利、社会保障的落实,环境卫生、交通通讯设施的完善,生活方式、风俗习惯更为文明等等。其实这些方面,已经在进展中,改革开放以来,农村、农民的面貌已经有了很大改观。重要的是实质改变。

农民成为市民,实质在于社会结构转变。社会结构在此有二重意义。一是进城的农民(或组成新城镇的农民)在新的社会结构中的位置;二是其自身的社会存在样态——是否成为自然人(natural person)。

从集体农民转变为拥有产业的自然人,是个历史过程。粗略地看,现在进城闯荡的农民分化为三个阶层。一是当了老板,一是拥有较高技术含量手艺的工匠,一是下层打工者。许多论文的作者注目于下层打工者,有的甚至没有看到工匠阶层——这个阶层中不少人已经在城市里置了房产。然而,即使是

这个阶层,在法的意义上已经成为自然人了,在文化上仍然没有成为市民。

首先要确认其身份。目前的定位是称之为"外来人口"。这其实是个政策用语,在社会学、经济学意义上是不正确的。他们大部分已经成为移民,虽然没有获得移民身份。对这部分人的研究可以参考西欧社会的移民政策。建议派人到法国、德国等国家考察。看看法国处理阿尔及利亚移民、德国处理土耳其移民的经验。由于缺少这样的对比研究,我目前说不出更多的意见,只能提出如下待验证的命题:

(一)城市里形成二元结构是不可避免的;

(二)消化掉二元结构是一个长期的历史过程,能做的至多是设法缩短这个过程。

长三角地区的大城市、特大城市已经形成二元结构。历史已经证明,自发的农民进城这种人口流动,不可避免地把城乡对立转移到城市里形成城市内部的二元结构。恐怕需要在评价上作些调整——把二元结构看作正常现象。当然,并不是说这是好现象。正常现象中会有些不那么好的现象。因而不必急于消除二元结构。急则生乱。现在要做的不是消灭,而是缓解。缓解这种结构的进一步发展,须分已经进城的、尚未进城的两种情况分别研究。我比较倾向于对尚未进城的农民实施"就地城镇化"思路——这与人们说的"发展小城镇"有区别,我指的是村庄城镇化。这种做法尤其适合于大城市周围的村庄。可以吸引已经进城的农民回流。

综上所述,城镇化是不可回避的历史过程,但最好不要搞得太剧烈,像革命的样子搞运动。顺其自然恐怕是最好的策略。避免把怨恨招揽到政府身上,在自然进程中顺应农民的愿望。充分认识土地财政与公有制的内在冲突,克服从土地中找资金的思路——否则就须认定土地私有化的方向,但那与党的执政理念怎样协调又成一大问题。结论是:树立有限城镇化概念。

认清自身传统是重建社会秩序前提[①]
——评"倡孝道、敬老有助于道德重建"

一、讨论这个话题的历史、文化背景

论者曰：倡孝道有助于道德重建；故而提倡敬老。且不论孝道重孝亲，而敬老是个普世性的说法。老吾老以及人之老是儒家学说；泛泛而言的敬老则是墨家学说。孝道与敬老是两个不容混淆的概念。不过本文似不必严格区分二者，因为要澄清的问题太多。本文先阐明这个问题涉及的背景，再从须澄清的概念中选取几个讨论。本节述背景。

先须明确，这个讨论是在中国社会已经发生巨大变化的情况下开展的。这种变化极为深刻，无论社会结构，还是文化，都已巨变。同时，须分清变与不变。论及传统，区分变与不变尤其重要。区分才有深度。就事论事、以解决具体问题出发的议论，感慨颇多，若不触及根本，不仅不能解决问题，或许反而推动问题愈演愈烈。

目前，道德建设成为众所瞩目的话题，时论之潮流又已提出弘扬传统之必要，道德与传统之关系问题终于成为大众关注重心。这种情况的重要历史背景须追溯到五四运动。五四运动是长久中西文化相互作用之后爆发的西化冲击。五四运动由外交屈辱事件引发，推动了酝酿已久的文化运动，以"科学与民主"口号代表西方价值体系，并提"打倒孔家店"口号，随后又以"两个决裂"

[①] 此文初稿于 2012 年 8 月 4 日，为上海市文史研究馆、上海市精神文明办公室、上海市老年基金会是年 10 月 11 日联合举办的《第三届敬老崇文论坛——传统文化与道德建设》作；被收入《敬老崇文文集》，中西书局，2013 年 9 月。2013 年 2 月 25 日稍作补充交北京《文化纵横》杂志，以《认识传统是社会重建的前提》之题发表，2013 年 12 月号。

方针，表现了强烈的反传统意向。其后这股强劲的西风贯彻到国民义务教育中，以汉字拼音化、语法教学、数理化课程推行文化上的西化；纪年也改从耶稣诞辰，度量衡与西方国家保持一致。西化思潮与中国国民精神冲突日益明显，日益在表层上表现出来——政治西化的诉求愈来愈强烈。

体现五四运动西方价值观念最为代表的是人权思想。五四运动中比科学民主更具动员力量的是要求婚姻自主。其实质是人权——在婚嫁问题上自己有权做主。个人权利概念由此进入中国文化的意义世界、深入中国人民内心。

家庭观念也发生根本变化。古时已有"忠孝不两全"的说法，但是在意识形态理论上仍然主张以孝为本。五四运动兴起"婚姻自主、男女平等"主张从根本上颠覆传统观念。"男女平等"观念使得家庭中伦理关系彻底破坏。旧时代"夫妇为人伦之本"、"有夫妇然后有父子，有父子然后有君臣"、"夫为妻纲"的伦理秩序从根基上被否定。家庭中无家长；既无法律又无规范（只有平等互爱相互尊重等原则，从而夫妻争吵有了充分的依据）；独生子女政策加上传宗接代思想残余造成娇惯儿童新风俗——自幼犯上①。人民革命进一步要求革命者与家庭划清界线，力铲孝文化，把人与人之间相处原则从以亲缘为本颠倒为以理想和党缘为本。人民革命胜利后，社会政策从家庭养老转变为由政府养老，随后推行计划生育国策，既造成政府越来越难以承受的负担，又造成风俗浇薄②。全球化浪潮袭来后，能力与活动性较强的人群远去他乡异国寻求发展，空巢家庭不断增长。子游问孝。子曰："今之孝者，是谓能养。至于犬马，皆能有养；不敬，何以别乎？""孟懿子问孝。子曰：无违。"——现在的情况是连"能养"都未必做得到，更无论敬、无违③。孔子以孝为本的思想体系与现在的社会结构、生活方式、意识形态都有极大的距离。

---

① 男女平等原则当指社会地位平等。用于家庭内部，成了夫妻平权，家庭中就没了纲常。在家庭事务甚至怎样教育子女问题上争执不休，有时当着子女的面争执，孩子莫衷一是，有时还拉子女一票助己，久之，子女渐具仲裁力，敬父母之心愈益淡薄。犯上遂成习惯。
② 1985年：计划生育好，政府来养老。1995年：计划生育好，政府帮养老。2005年：养老不能靠政府。2012年该演变为：推迟退休好，养老靠自己。
③ 我曾问一些中学生，提倡孝道是否正确。答曰：正确。我说：那意味着要服从父母的意志。几乎所有学生脱口而出地答道："那怎么行！"我说："这是孝道的基本含义。"对曰："时代不同了，孝道要有新解释。"我说："总不能解释得根本不同吧！这样赋予意义，孝这个概念不能用啦。"答曰："孝道是对的。但是不能无原则地服从父母意志。"我无语，笑了：服从还要讲条件，实质上就是不服从。词义之诡释，使得现今思想、文化之虚伪性愈来愈重。

二、澄清概念：文化传统正当，传统文化无效

首先要区分的是传统文化与文化传统两个概念。文化一词有多种解释。人们喜欢说文化有多少种定义——据说有200多种。定义这词用于此处不准确，用规定性一词较妥。不过对本文而言，不必在用词精密度上如此计较。在我们讨论的问题中，涉及一个术语意义时，不外从两种角度看。一是谈自己的主张：发言者认为应当怎样规定。另一是阐述当下语言中人们使用该词赋予的意义。前者依哲学、文化学甚至政治学的理论研究确定；后者须依社会学调查统计方法作经验研究确定。各位学者的主张尽可以不同。文化一词实际使用中的意义，经过实证研究，当有较为科学的结论。本文下文所述乃笔者个人观察所得，尚未经社会学的科学研究（即建立模型并经过调查统计验证），容或不够准确。

就目前我国民众使用文化一词的情况分析，大体用在二重意义。一指文化产品，诸如音乐绘画诗歌散文影视等艺术作品、建筑装潢家具食器网络游戏等工艺美术作品、刀斧锤凿各色机床牛车汽车气球飞机火箭飞船等生产工具、哲学数学史学科学（自然的与社会的）管理学等理论学术作品……有时还可把各种制度也看作文化产品（称之为制度文明）。

二指文化产品内涵的意义，及这些意义组成的体系——称之为意义世界。意义世界对学术圈之外的人来说可能是个生疏的概念。这个概念与文化精神有点关联，暂时可看作大略相当；文化精神概念较为通俗、普及，但较为模糊，不易阐明。意义世界是"精神性"的，然而又是客观存在着的。这就要突破目前的世界观模式——客观世界、主观世界两个世界的模型，加上个第三世界，即客观精神或客观知识的世界，提出三个世界的模型。意义世界属于第三世界。人们一直讲不清楚精神文明建设要建设什么，要么搞各种创建活动，要么搞大量文化产品。精神文明建设要建设的其实是意义世界。核心价值体系就在意义世界中。意义世界存在于第三世界，同时又构成每个社会成员的文化存在；每个社会成员都是意义世界载体。每个社会成员都内涵意义世界（一般不完整）；但人们往往不明白意义世界为何，也不知道自己已经备有意义世界。《周易·系辞》有句曰"百姓日用而不知"，指的就是意义世界。

再来辨明传统文化与文化传统两个概念。我记得谭其骧先生1986年初曾在龙柏饭店座谈会上大谈传统文化无法继承。他举了湖南民间的傩文化为

例。我体会：他是在批评传统文化是个无使用价值的概念。这是因为传统文化一词只能用来指留存下来的文化产品堆积。这是个囊括一切的大口袋，里面良莠不分地、杂乱无序地堆放着所有前人、别人创造出来的东西。由此可见，传统文化既无法弘扬，又由于无所不包从而是个毫无用处的概念。文化传统概念就较为明确。传统属于意义世界——即泛泛而言的"文化精神"。往昔的意义世界中有些已经死去，有些还活着。传统属于意义世界中至今活着的部分。我曾讲过，文化有变有不变——即有的死去，有的仍活着；指的就是意义世界中有活下来的部分。这些活着的就是传统，或称文化传统。

三、道德建设：弘扬传统，不是继承传统

既然活着的才属传统，就无所谓继承。没必要讲"继承传统"。讲"继承传统"积极意思是确定传统之合法性。传统本来就是割不断的；否定传统等于自杀、自甘堕落，伤害的是国家民族，却不可能割断它。

然而，"继承传统"的主张也可能产生消极作用。辨明何谓传统极为重要。有些正在消逝着，甚或已经灭绝的文化，主张接续、恢复，称之为继承传统，也会伤害国家民族。

目前因为养老这个实际问题引发的弘扬传统孝文化的主张，是个要认真研究的重大案例。本文前已述当今中国社会在结构、生活方式与思想意识诸方面已巨变。当今中国以党和国家为本，这与以孝为本从根底上相悖，互不相容。况且从人民群众生活方式上看，子女对双亲能一贯和颜悦色已属难得；若要求承顺颜色、无违亲意，那是决难做到之事。一些人士认为，尽管难以做到，提倡提倡总有好处。本人以为：难以做到的事，单是提倡，容易导致口是心非，助长虚伪之风；除非采用立法强制路数迫使民众遵循，久之习惯成自然，否则真实无妄之风，真正无望矣。前文如此费辞、辨析概念，就是论证孝道已属濒死的文化，将要被排除出传统，而且难以再接续回归。

或问：以孝为本的文化还能继承吗？能继承的传统究竟是什么？

答曰：前文已述，传统是活着的因此无须讲继承；已经死去的也无法继承。继承二字可以不用。传统可能翳而不明——意思是虽然活着，但得不到尊重、受到压抑，因而弘扬传统的说法是可以用的。总之，不必讲继承，只须讲弘扬。

弘扬传统意思是让传统中优秀的、美好的东西抬起头来风行天下。简明

地说,就是扬正气、贬邪气。——这样讲还嫌浮面。准确地讲是必须探及根本、找准根本。

以孝为本的文化之重要性,在《论语》中有一经典表述,用的是孔子弟子有子的语录,高置于整部《论语》的第二句。

有子曰:"其为人也孝弟而好犯上者,鲜矣;不好犯上而好作乱者,未之有也。君子务本,本立而道生。孝弟也者,其为仁之本欤?"

有子此言直接指出,领导干部(君子)必须关注社会之根本,根本确立了思想政治路线才得以确定(本立而道生)。孝弟就是领导国家、社会之本,就是干部群众不犯上作乱从而实现社会稳定和谐之根本。这就是说,孝弟是治理人治社会的基本原理。

反过来说,中国社会若否定了孝弟之根本地位,必定导致犯上作乱的社会状态。

为什么会这样?

这涉及中国文化之最为深密的传统。

这个传统是什么?

答曰:去执。

笔者一直认为,中、西文化之差异是根本性的。一些学者不认同笔者看法,他们沿袭社会达尔文主义、黑格尔哲学的文明单线进化思想,认为中西文化差异只是发展阶段不同——西方先进,中国落后而已。笔者接受文化多元并进主张,认为中西文化是平行的、按照各自特性独立发展;会相互影响,但保持自身特性。这就是说,要中国社会进步为西方社会,或者说,中国社会向西方社会方向进化,是不可能的——为了逻辑完满,用较缓和的语气,不用"不可能"这样断然的表述,换用"至少要五个世纪,多至两个仟纪的时间"那样的表述。这一看法与"几代、十几代(约五个世纪)、几十代(仟纪)"相应,还得到晚近的"世界文明多样性"理论支持。余下的问题是:中西文化传统差异在何处?答曰:中国文化去执,西方文化坚执。[①] 去执特性最突出的表现是"礼之用和为贵"原则。礼,各项规章制度之总和。制度运行、实施时不必严格遵守条文,要根据情况有所调整,以达到"和"境为上。古代圣贤称之为"有经有

---

① 详见拙作《文化:走向超逻辑的研究》第 325 页以下,1989 年 2 月版,山东文艺出版社;华东师范大学出版社 2014 年 4 月版,第 243 页以下。

权"——礼的规定,为经;实际运用时要根据情况灵活变通,为权。此即中庸之道。毛泽东曰"党的政策历来是：坦白从宽、抗拒从严",是他具体运用中庸之道的范例。西方国家也有权变事例,但从未像中国文化由圣贤确定为理论原则公布并教学以贯彻之;甚至公然制定为重要政策宣布出来,告诫属下在实施法律者时不得拘泥条文,必须或松或紧以达到目的为上。也即孟子教导的"大人者,言不必信、行不必果,唯义所在"。去执特性再一个重要表现是土地私有制难以建立。一切制度之根源在思想。本文可以回避意识为本抑或制度为本的争论,视为二者对应即可(有个现成说法,叫做历史与逻辑一致)。因而,有什么样的思想就有什么样的制度。坚执生私有制;去执则无私有制。或曰：中国社会从来都有土地私有情况,怎么可以说土地私有从未建立过？答曰：所谓私有制,指：不得所有者同意,任何人和组织、机构,包括政府,不得动用其所有物。土地私有之意义：他人未经地主同意不得踏入其土;入则可击毙之。这样的土地私有从未得中国人民认可。中国人民接受至今的是"普天之下,莫非王土;率土之滨,莫非王臣"。西方文化之所以不能在中国社会扎根,西化倾向引发中国社会重重矛盾且不断加剧,根源就在两种文化传统这样的差异。

　　前已述男女平等的社会主张引入家庭成为夫妻平权,造成家庭内部无纲常,模仿西方社会以法律治家庭关系,其社会后果是子女犯上成为常规,社会稳定、和谐失去基础。从而印证孔子所说："道之以政,齐之以刑,民免而无耻;道之以德,齐之以礼,有耻且格。"今天情况与古代大不相同,遭遇的是人治、法治问题。中国社会目前还是人治社会。皮相的理解是：法治就是依法治理。此言大谬。古代各朝均强调祖宗家法,也属依法治国,其为人治,乃我辈共识。中国古代重视法制的莫过法家,而一般论者都懂得：法家的法制为人治。因此,如下概念是容易理解的：有法制、依法治国,不等于有法治。有人治的法制(法家为代表),也有法治的法制。由此可见,法治还须有更重要、更为根本性的前提条件。按法哲学乃是：民族及其每个成员之自身意识达到无限性的人格性。通俗讲解：有个区分人治、法治的常用说法——人治是"权比法大";法治是"法比权大"。这个俏皮话显示民众的智慧,讲出了部分道理。然而这种说法不全面,未及根本。涉及文化研究,单考虑掌权层的行为,在方法论上立不住。正确的方法是对民众的日常生活开展实证研究。何况今日官员来自民众。任职后的行为方式奠基于青少年仍然是普通民众时。除了"权比法大",还有"钱比法大"、"耍无赖胜过法"等情况必须考虑。现调整、修改为

"人比法大"为人治、"法比人大"为法治，作为通俗说法。目前，建设法治社会目标已为绝大多数民众赞同，然而这个建设过程将是艰难的、长期的，不可避免要走过复杂的甚至曲折的道路。文化上的去执传统至今活跃，民众厌弃坚执。口头上要法治、行为上抵触法治的情况十分明显。最为普遍的例证是对待交通规则的态度与行为。人们都在自行决定是否与何时遵守交通规则，都把自己置于交通规则之上；交通要道口设置协管员喝令步行者遵守法规已成为城市新风之风景线，充分证明法对民众很少约束作用，摆个人在那儿才能起些作用。此外，寻找空子破坏审判、招生、求职、就医的规则等等对抗法律法规的行为普遍存在，制度设计人员穷竭心智想方设法出招对付，遍设监督机构及人员防范，加了一层再加一层……在在凸显中国社会至今不得不依靠人治。上述情况足以证明建设法治社会的长期性、艰难性。既然目前以及一个未来的长时期仍将是人治社会，在治理上就要根据人治社会的规律，不应把治理法治社会的思路用于中国社会。这大概就是代表人治的信访制度至今不能废除，惹了很多麻烦却不得不让它继续存在的原因所在。

　　人们已经认识到，对社会有秩序、能健全发展，道德是具有根本重要性的基础和前提。道德滑坡也已成为人们共识。目前的分歧在于怎样看道德滑坡的原因。有些人认为是市场经济造成道德滑坡。这种看法是错误的。市场经济需要对应的价值体系和道德规范体系为基础，不会造成道德滑坡。事实是：发展市场经济的方针政策使得一些不良分子利用机会逞恶，造舆论刮起歪风；部分学者和管理者不能正确理解市场经济的前提与条件，放任甚至纵容那些不良分子掠夺、剥削，从而推动道德滑坡。

　　要紧的事不是追究哪些人的责任，而是要确定造成道德滑坡的"深层"原因——与中西文化传统差异相关的原因。一些人士主张，解决社会矛盾的总思路应是加快西化步伐。为什么不能解决矛盾？他们的回答是：西化不彻底。如果彻底，就会解决。这已经成了一种心结、恶梦。不妨称之为"西化梦"。汤因比历史哲学有一原理：同一个挑战反复出现、越来越强，每次应战都失败，这个社会就走向解体。拥有古老智慧的中华民族能否放弃西化梦、发挥创造性，跳出这种屡屡碰壁的思路？难道不能换个思路，认为西化正是造成社会矛盾的总根源——或让一步讲，是西化速度过快？[1] 越是加快西化步伐，

---

[1] 详见拙作《重释"五四精神"，吸收儒学思想》，完成于1989年3月初，刊载于《复旦学报》是年第3期。

社会矛盾积聚越快。这一点,是其他所有问题的聚焦点。认清这一点,解开这个纠缠中华民族近两百年的心结,中国社会才能健全发展。

四、文化自觉:前提是认清自身

现在已为人们普遍接受的"文化自觉"口号,正是要求大家认识到自己归根到底在文化上是个中国人,以及何以是个中国人。这就是说,要求大家认识中国文化传统之究竟;醒悟中国人极难在文化上成为西方人;懂得中国人在文化上、道德上不成为西方人,中国社会就不会建成西方式的法治(包括法律制度、民主政治制度、市场经济制度)。文化自觉之要义即是:自觉到中国社会西化之内涵及前提条件等;懂得缺少这些内涵、前提条件则西化努力带来的恰恰是使中国社会陷入困境。

即以平等为例。平等是五四运动声势浩大地引入的西方观念,铲除中国社会"长幼有序、男女有别"传统之利器。人民革命之后的新社会,此口号已经家喻户晓,人人会念。但是当代中国人生下来就不平等。有城镇户口、农村户口之别,还有阶级出身之别。笔者1960年代考大学时,考生还有称"朝为田舍郎、暮登天子堂"的。事实是,如果一个地富子女考进大学,不仅从农村户口一跃升为城镇户口,且从平民升为国家干部(准或储),更能摘去地富子女帽子,进入"知识分子"阶层。这一社会事实揭示当代中国社会的等级性。改革开放以来,阶级成分逐渐淡化,兑现了1949年解放初期的承诺(当时规定:土改之后原地主富农自食其力五年则成分可改为"农业劳动者",从阶级敌人转化为人民一分子)。身份证制度实施之后户口价值逐渐弱化。考上大学也不再升入国家干部行列。然而,考生及其家长仍然奉行"吃得苦中苦,方为人上人"奋力拼搏。心中何尝有平等观念?!中国社会仍然是等级社会,废了长幼有序、男女有别之等级,代之以国家级、部级、局级、处级为标记的伦理等级。上大学仍然是爬入统治阶级的正途。考生仍然以提高社会地位为读书目的。甚至以此为主要目的,求知目的渐行渐弱。学位甚至升格为组织原则,列入指标,强化读书与社会等级的对应关系。大学及学位从求知场所演化为等级升迁途径。从而大学扩大招生新增的大批人员,不能获得梦想的社会地位及相应收入,有着比考不上大学多得多的怨愤,增加了中国社会的内部张力。他们在大学学到的知识、增长的见识、交结的朋友、积累的社会资本,为他们发泄怨愤提供了更有力的手段。以平等为口实,心中深藏的真实动机是爬为人上人;受挫则怨愤乃至有所行动——中国人可能西化吗？中国社会奉行西化能不使社会矛盾深化、激化吗？

五四运动以来中国文化的某些特质也由此例显现：口是心非的虚伪性和心灵内在分裂。

西化之所以有此后果，根源在：仅仅模仿西方制度之外壳而滤掉了其制度之精神内涵。通俗地说，即是中国人的心灵未西方化。

揭示自己内心世界的真实才是文化自觉。

首先要觉醒自己是人。作为人则必须以德为先，摒弃唯利是图、拜金主义、以 GDP 衡量一切。

人要有尊严。尊严是德之核心。人之所以是人在于有尊严。今人多以钱或权为尊严之源，这是崇尚暴力、向禽兽堕落。尊严来自德性。孟子有句话：反身而诚乐莫大焉。人们已经醒悟诚信重要。须进一步明白，诚、信是两个概念，诚为信之本。切不可把信置于首位。诚，意思是真实无妄。真实、无妄意指与生俱来的尊严——孟子称之为天爵①。每个人生下来时都很纯粹、干净；随着成长沾染了社会中的各种污秽。反身而诚即诚意（《大学》）、至诚（《中庸》），去除污秽、回归纯洁、维护为人之尊严。

尊严还要"现代化"——吸收西方思想内涵。所谓吸收，实质上是借鉴。借鉴，就是借用为镜子；就是把西方思想作为镜子照中国思想，作比较研究，发掘中国思想库中原有要素可供当代发扬者。换句话说，是每个人发掘自身文化存在中已具备的要素存养扩大之。尊严要点是须尊重他人。孟子讲的反身而诚、天爵基本内涵是自身尊严。现代思想须把尊重他人意志纳入尊严概念。尊重他人、不把自己意志强加于人，是人权概念之基础。财产不是靠暴力和诡诈夺来骗来的——那叫财物，真正是古代中国社会中的意义。财产是人权之延伸，其概念之内涵来自西方社会，其本体在有德性的意志相互尊重中建构。在此要指出：至今不少人士仍然遵照以阶级斗争为纲的思路，主张权利、民主制度要靠斗争获得——此乃错误思路。没有德性（在此主要指尊重他人意志）为基础，单讲斗争甚至以斗争为纲，不可能建构起人权（权利），只可能自己翻

---

① 孟子曰："有天爵者，有人爵者。仁义忠信，乐善不倦，此天爵也；公卿大夫，此人爵也。古之人修其天爵，而人爵从之。今之人修其天爵，以要人爵；既得人爵，而弃其天爵，则惑之甚者也，终亦必亡而已矣。"

身、获得压迫剥削他人的权力。由于马克思主义是西方思想之一种,误解历史唯物主义可以看作引进西方思想则滤掉其理性主义内涵的范例。马克思的本义是工人通过生产劳动建立起资本主义——他的说法是"工人在生产物质产品的同时再生产着资本主义生产关系";并通过生产劳动使得资本的私人占有容不下社会生产力,于是敲响资本主义丧钟。简略地说,马克思的思想是劳动这种民众的日常行为是推动历史的动力。阶级斗争、暴力,他喻为"产婆",即协助生孩子。这意思很明显:如果没有怀孕或怀孕而未足月就让女子生产,无异于摧残。然而世人理解马克思,误解为以阶级斗争推动历史发展属历史唯物主义。为了回避"英雄史观"的批评,进一步诠释为群众广泛参加阶级斗争。其实马克思的意思是民众日常生产劳动推动社会发展。马克思精通德国古典哲学,其说内涵深固的理性主义。中国人解读时不知不觉地就滤掉了其内涵。社会后果有目共睹无须赘述。

孝道已近澌灭。然而以去执为原则的中国文化传统还不得不重孝道。孝道虽难恢复,提倡以重建社会秩序或为助力。以今日之时势,恐怕在孝道之实施上不能完全恢复儒学,只得稍近墨学。孟子抨击墨学为禽兽。墨家不是反对孝父母,只是在次序上与儒家相悖。兼爱说称"爱无差等,施由亲始"。儒者论"杨朱但知爱身,而不复知有致身之义,故无君;墨子爱无差等,而视其至亲无异众人,故无父。无父无君,则人道灭绝,是亦禽兽而已。"当今世势儿童自幼犯上,须以孝道发扬其与生俱来的仁义礼智之心。否则中国社会无宁日矣。而要重倡孝道,先须在家庭中重建纲常。首先在理论上要明白:家庭必须有纲。半个多世纪家庭无纲是今日社会不稳的根源之一。家庭有纲则须确立一家一长。此极为难点。中国妇女争取自身权利一般做法是不在社会上修德以建构,而是返回家庭中夺取权力。权利基础为德(人的尊严),权力前提为暴力。可惜人们至今不了解权利、权力二者区别何在;二者在普通话中发音全同又助长混淆。错误思想出于这样的理论:女性在家庭中的地位源自其收入多少。钱理解为暴力。这一理论把暴力引入家庭理论,置于基础地位。家庭中的地位以钱多少确定,这就是说,家庭中的秩序以暴力建立。于是其他种类的暴力源源而至。冰冻三尺非一日之寒。家庭无序为时已久,然而不重建家庭中秩序,社会秩序也无从谈起,儿童犯上日甚一日,长大成人后则轻于作乱,中国社会无宁日矣。

党委书记要掌教化。发展是第一要务,于是一些书记考虑的全是GDP增长。此极为不妥。发展须以人为本，而人的发展重点在德、在精神品质。人格尊严是内核。党政要有所分工。教化是党的事，而且是头等大事。以党正风，贯彻正确理论，明确重建整个国家各方面秩序的理论依据和工作步骤——没有秩序，何来发展？正确理论的最为核心又最为基础的是认识何谓中国文化传统（去执或无执）；进一步弄清"与世界接轨"的精神基础（懂得尊重他人、坚执）——这就是文化自觉。注意克服经验主义。经验主义表现为行政上的试错法——问题积累之后再考虑解决方案；不信理论，不信学者，走一步看一步。困而后学——明白身处困境，发愤研究理论。孔子曰：困而不学，民斯为下矣。

法治：概念及其实现[①]
——兼答几位法学界人士的质疑

摘　要：法治建设核心点是培育国民为人格、法权主体；实现法治是个历史过程，要付出长期的、艰巨的努力。法治至少须具备六方面前提——动念贿赂法官或审判前向法官"做工作"的人或事极为罕见；全民把法律看作神圣的，不再从功利角度视法律为手段，律师以维护社会正义为职责；作伪证的人或事极为罕见；人们恪守规则，建立起无条件服从规则的意识；公民成熟为自由的——意即学会尊重他人，不把自己的意志强加于他人；公民对社会责任有高度自觉。法治内涵的理念——发展公民人格性，人格性生于自由意志反观自身、互观他者；实践上须国家、社会团体、个人三方面共同努力、齐头并进。法治建设要注重治心。

关键词：法治前提；人格性；治心

我曾提出个论点：中国社会实现法治约需要两个千纪。因受到一些法学界人士反对并批评[②]，改换了个让步说法：至少需要五百年。在此要声明：我与批评者同样热爱法治、盼望法治；只是认为中国社会缺少法治必不可少的前提和条件。不过，本文我将采取积极态度，对实施法治必须具备的前提和条件作正面阐述，对建成法治必须具备的前提提出理论说明，为热爱法治的同好们该做什么样的努力提供参考意见。

[①] 本文基于对复旦大学学生会组织的一次讲演，2012年6月。整理后发表于《汕头大学学报》，2013年第3期，6月出版。
[②] 因我认为实现法治须经历长期社会发展，让有的法学界人士感到沮丧，引发一些公开批评。此文是我第一次正面回答。

一、实施法治必须具备的前提和条件

毫无疑问,实施法治必须有一大堆人和物,如法官、律师,再加上书记员、勤杂工,法院、管理机构、协会等等,还要有房屋、车辆、电话、纸张等等。这些本文不讨论。在此仅仅提醒一句:有了法官、律师不等于有了法治。法治是某种特定的结构及特定方式的运行,和相应的意义世界——即运行中内涵的原理、原则和价值,以及人们的态度(文化心态)。法官、律师有了且数量足够了,正确的结构也有了,还不等于有了法治;决定性的要素是意义世界。所以讨论实施法治必须具备的前提和条件主要是从"精神"方面去看。

所谓精神,在此指意义世界,或者换个较通常的术语:文化心态。严格地讲,意义世界与文化心态是分属两个不同体系的概念。为了容易进入,在此不作区分。

实施法治必备的要件有法官、律师,还有法律。所以本文的讨论由此切入——从要件看"精神"。

(一) 对法官的态度

对法官应是无条件服从,对法官的裁决应是无限信任。

意义世界中应当认定法官是完全公正的、充分智慧的,因而他们的判决必定是正确的。人们对法官的判决即使不很满意,一般也会接受、服从,不会闹事。

当然,这是讲一般情况。不排除例外。按照凡是人都会犯错误的判断,可以推断:法官也是人,因而也会犯错误。但人们确信,既然在岗上多年,业务熟练,一般不会犯错误。

然而我国意义世界目前内容中对法官从根本上缺少信任。我有一位师弟曾在美国当移民问题律师。他告诉我,美国人设定法官是好人,因而不会想到去贿赂他们;而找他打移民官司的中国人一开口就是"那个法官多少钱可以搞定?"设定法官是坏人。大家知道,法官中难免会出腐败分子。那么就有个问题:这是个别例外,还是普遍规律? 如果认为那是个别现象,遇事就不会动歪脑筋去想方设法行贿。这就是说,动念贿赂法官以求官司胜诉,原因就是认为那是普遍规律。也就是说,对法官缺少根本性的信任。既然法官不堪信任,还能建成法治吗?

要进一步探讨的问题是：法官腐败的起因是法官品德不行，还是当事人品德不行？说到起因，当然不可以一概而论。一概而论总是不对的。然而讨论主流还是可以的。主流是：当事人品德不行。道理很明显：一般地说，法官受过系统教育，素质比较整齐；审判制度由来已久，不因寻租形成。而当事人有利益驱动，而且涉及的利益是大利益。大家都是中国人，对中国人有切身体会。国人在有些事情上主动性特别强——常常情势不利于己，又不得不听命的事情上，例如犯案被捕时，也要发挥主动性。犯了案，应当老老实实地接受审判。可是总有不少犯案者企图贿赂法官逃脱惩罚。

这种现象如果是个别的，或者退一步讲，是少数的，那么法治还是可行的。如果已成意义世界中的定律，成了常规，法治就难以施行。这里的规律是：既然有一个不小的人群认定贿赂法官的可行性，并付诸实行，法官落水数就会逐渐增长，司法腐败就会蔓延。意义世界，或者通俗说法，精神文明，是决定性的。

概括地说，在怎样看待法官、怎样对待法官的问题上，人们是听从法官裁断，还是力图驾驭法官为己所用，是法治能否实现的基本判据之一。

（二）对法律的态度

应是把法律看作至高无上的规则，近似于神圣的；对法律信任和服从。不能把法律当作工具使用。

我看过一个电视节目，里面一位男士讲，他的一位朋友为了抚恤金自残肢体，得了十几万元。这件事使我心中充满了悲哀。既深深同情那位自残肢体者，又痛感其愚昧。更不知该怎样判断他的行为——诈骗，还是合理交换？假如他出卖器官又该怎样评判？贫困真的值得这样放弃人的尊严和自己的肢体吗？

感情归感情。这里需要的是理性的分析。这位自残者的态度是把法律当作工具使用。法律的目的不应是维护人的尊严、人的自由、人的权利吗？进一步的理论问题是：人有权利出售自己的器官、肢体吗？

这里遇到这样一个问题：运用法律是为了维护正义，还是牟利？若问律师：你以什么为职业道德？有的律师会理直气壮地回答：维护当事人利益是最高原则。那么，为一个他自己也很清楚的恶人辩护而得巨额酬劳，是正义的吗？律师是否应该以维护法律尊严、维护社会公正而奋斗？如果人们认可律师以牟利为行为准则,甚至提升为职业道德,这样一个社会可能实现法治吗?

法律应当内涵正义。法律确实有着裁定利益纠纷的功能。然而法律决不止于判断利益分配,而是要在这种判断中体现公平正义、维护公民权利(人权)和人格尊严。西方社会在法院门前树一尊正义女神像,意思是宣示司法神圣性。司法体系的目的是维护正义、人权、尊严。参与司法活动、审判过程的每一个人员都应自觉地实现这个目的。如果公然牟利,弃正义于不顾,就是背弃法律应有之义。如果律师普遍对法律内涵的正义不屑一顾,法治可能实现吗?

(三) 对作证的态度

证据是审判、裁决的依据。作证是实施法治必不可少环节。法治的基本要求是人们在法庭上必须说实话。证人必须说实话。如果人们在法庭上作证时说谎话,就不可能有法治。由此可见,如果一个社会有一定比例的人习惯说谎,这个社会就不可能施行法治。

这里遇到的问题是,对说谎的评判依据质还是依据量。不少人认为,说小谎可以容忍,说大谎不可以容忍。这是以量评判说谎。另外的评判原则是依据质:说谎即罪。罪用英文表达是 sin,取其宗教的、道德的意义。法律上量刑,或许可以根据说谎的量——即造成后果严重程度。而在道德上、法治上不能这样看。

目前我国对作伪证,有刑法案、民法案的区别。怎样处置不同案件作伪证的证人是个具体的法律问题,要由法学专家们研究确定。本文要讨论的是:有那么多人作伪证成了习惯,法治是否可能。这是个哲学、社会学问题。

此外,还要考虑对作伪证的公民怎样处置。处罚可以依据说谎的量;要进一步考虑的问题是:怎样在质上对说谎者作记录?是否在作过伪证的公民的身份档案中留下永久记录或至少留 15、20 年记录?

(四) 对一般规则的态度应是恪守不移

这比守法属更进一步的境界。守法或出于畏惧刑罚而非出于崇尚理念。恪守规则乃是自律。

人们多以为不欺于暗室为自律。实则自律并非单只自己管住自己。界限在出于何种原因。出于畏惧刑罚,尽管是自己管住自己,也属他律。出于无条件地奉行规则,方为自律。当然,现时提倡自己管住自己,称作自律,也是好的。这里只是指出,按照形式主义道德哲学,那还够不上自律;准确地说是他律。规则是指导行为的命令。哲学家区分两种道德命令。一是有条件命令,一是无条件命令。依前者行动属他律;依后者行动为自律。

规则是人们互动的中介。人们在社会中打交道总是有规则的。所有具有现代性的规则都内涵着对他人意志的尊重。

举两个例子。一是经过督导、训练,民众日益遵守交通规则。设想在半夜,马路上基本上无车辆通行,行人是否还会遵守交通规则?人们会说:交通规则是为了保证行人安全、车辆行驶畅通。深夜马路上无人无车,既不会伤害行人、也不会阻碍车辆行驶,所以人们可以自由穿过马路,无须考虑交通规则。此例在证明国人对待规则态度上有典型意义。人们对待规则的态度是:由自己决定是否执行、怎样执行规则,而非无条件奉行规则。这就是说,人们认为人比法大。而法治的要求是:无条件地服从法。扩大开来,无条件服从一切规则。上例:无论深夜路上怎样无人无车,只要红灯亮着,就须停在人行道上等待绿灯。

二是小摊小贩短斤缺两,人们是补足短缺部分就罢手,还是要给他上一堂守规则的课?人们的行为方式是:发现短斤缺两就会找到该小贩;小贩补足分量,顾客就满意而去。若有人还要向管理部门报告此小贩的恶行,人们会批评他多事。此例证明:国人把规则看作工具,看作维护自己利益的手段;对规则的神圣性不感兴趣。人们不爱护规则,认为规则是为我的利益服务的,必要时自己也会违犯规则。人们有兴趣的是兑现自己利益,不关心维护普遍的规则。

(五)法治的一个状态是公民自由

自由在于实现自身意志、不被他人冒犯。因而有一项必要条件就是不妨碍他人自由。所以,自由之前提是尊重他人意志。对他人的态度应是无条件地尊重其意志。或者反过来说,不把自己的意志强加于他人。公民无条件尊重他人意志是法治的条件。

决不能认为人们不懂得尊重他人。然而要对尊重作点分析。有一种尊重是尊重有权的人,特别是顶头上司或曰直接领导。当然,在工作岗位上这是必须做到的。然而不少人还要推广到工作范围之外。究其原因,是担心顶头上司借岗位之便对自己不利。尊重领导之本质是尊重规章制度。服从领导是规章制度要求；领导是规章制度组成部分。如果把自己与领导关系看作直接性关系，要考虑"人事关系好坏"，那样的尊重在削弱、否定法治。

尊重有权的人、尊重有钱的人，都是从利益角度决定对他人的态度。对无权、无钱的人就撤销尊重。还有害怕有武力、足以打伤或监禁自己的人，害怕要无赖的、纠缠不休的人——畏惧有时也被看作尊重。对武力不足、善良老实的人就无所畏惧，有时还要点儿傲慢。这些尊重都属有条件的尊重。

极端的案例是1996年发生在上海的毁容案。杨某与徐某婚外恋。杨要求徐与她结婚，但徐不愿。杨为教训徐，以浓硫酸泼徐的女儿与妻子。在婚姻中搞婚外恋，当事人理解为自由。然而逼迫对方与妻子离婚、再与自己结婚，就不再主张自由，而是把自己意志强加于对方；对方不同意，则毁容其妻女作为教育。这个案例是极端的，极为罕见。然而，只要稍稍注意观察，就会发现身边有大量强迫他人服从自己意志的事情。只要运用社会学调查统计方法开展实证研究，就能得出科学结论。

法治要求的尊重是无条件的尊重。这是纯粹的、无物质成分的尊重；排除一切利益考虑、势力考虑。大多数成员不懂得尊重他人意志，不理解何谓自由，这样的社会不可能有法治。

（六）法治要求对社会责任存有高度自觉的态度

人们担当对家庭的责任，对家族、祖先的责任，对党组织的责任，对单位或公司的责任。还要勇于担当对社区、对社会的责任。人们应当深切意识到自己是社会的一个成员，而且意识到是对社会承担责任（或译义务）的成员。如果人们习惯于只顾自己或只顾小家庭，甚至不惜损害社区、社会的公利为一己牟利，向公共场所抛物、以邻为壑；有的干部、党员"吃"社会、甚至"吃"党和国家（即以牺牲党和国家利益为代价换取一己私利）……这种人士达到一定比例，这个社会就决不可能有法治。

社会责任之一是挺身而出维护公共物品。比如维护正义、维护法律。人们懂得，看见有人偷私人物品就大喊"抓贼"，至少报警。看见有人偷窃公共财物也应报案或大喊。那么，看见有人公然破坏规则理应挺身而出与之抗争。看见有人肇事逃逸或许有人报警，看见行人乱穿马路、电动车乱闯红灯就没有人报警——连警察看见也睁只眼闭只眼，何况市民！有些党员连党都不维护，人们能指望他们维护宪法吗？

也确实有挺身而出维护公共物品的案例。但要分析：当事者是为了私利出面还是为了尽其社会责任不惜私利受损挺身而出。看他是否"存天理、去人欲"。

以上六点是实施法治必须具备的条件。下面讨论实施法治必须具备的前提。条件是经验的，可以通过调查统计开展实证研究，了解中国社会是否具备了这些条件。前提是本体论意义上的，即国民在本体论上是否成为法治社会的社会存在。换句话说，国民在个体上其社会存在应是怎样的。

应该成为格位（person，通常译为人、人格）。人格是意志，是单一的意志，是自由意志对单一性的纯粹观照（意识）。

国民之社会存在是人格乃是一个社会得以实施法治之前提。

二、法治前提之本体论证明

所谓证明其实是推衍——把人格（格位）从自由意志推衍出来。

自由意志是人类之所以可能结成社会的前提。动物也有智力，但是不可能结成社会。因为动物的心智能力中没有自由意志。而人类社会成为法治社会，前提是自由意志自觉。这是一个哲学的讲法。换句话说，国民有相当大一个比例社会存在上成为人格（格位）。这是个社会学的讲法。

（一）意志自由

人本来就是自由的，只是人们未必能体会到而已。这里自由不是在权利意义上看，而是在道德意义上看、心性论意义上看。例如：每个人都有能力不做错事、坏事。这种能力就叫做自由。

可见，自由是对意志而言。

康德区分两种意义的意志：Wille 意志，Willkür 选择力[1]。前者为自由意志，即严格按照道德法则行动的心智能力。一些译者把 Willkür 也译作意志，不妥，与 Wille 混淆了。Willkür 不是自由的。按照这样的划分，意志 Wille 在概念中已经包涵了自由。

---

[1] 康德：《实践理性批判》第 8 节。Willkür 一词，邓晓芒译为"任意"，人民出版社，2003 年 12 月，第 43 页；李秋零译为"任性"，中国人民大学出版社，2011 年 7 月，第 32 页。这个词英译者多半译为 power of choice。

(二) 意志的反观

上述可以简要地概括为：意志本性上即是自由的。

进一步讲,意志必须认识到自身是自由的。这就是说,意志须反观。这个德文词 Bewußtsein（英文是 consciousness）一般翻译为意识。Selbstbewußtsein(英文是 self-consciousness)译为自我意识,其实里面没有我,译为自身意识好些。要紧的是 Bewußtsein(consciousness)在此理解为意识不是很贴切。理解为观照较贴切。Selbst(self)意思是返回自己,返身。因而 Selbstbewußtsein(self-consciousness)解释为反观。意志认识自己就是回过来看自身——反观(＝自身意识)。按照黑格尔的分析,这样一反观,原先的意志就观照到自身的单一性、无规定性——意思是：在这一阶段意志中还没有差别。但是这毕竟是对自身的最起始的认识。于是黑格尔就说：这种无规定性就是初始的规定性。这是抽象的同一性。于是意志就成为人格[①]。

(三) 人格的生成

按黑格尔,人格是意志辩证发展出来的。

意志反观获得规定性,进为人格。主体就是人格(person)。人格性(personality)的要义在于,我作为这一个(人格),在一切方面(在内部选择力 Willkür、冲动和情欲方面,以及在直接的定在方面)都完全是被规定了的和有限的,毕竟我全然是纯自我相关;因此我是在有限性中知道自己是某种无限的、普遍的、自由的东西。所谓自觉是换种说法,就是在有限性中认识到自己是无限的、普遍的、自由的。这种认识是反观[②]。

前提：反观,且认识到意志的纯粹单一性。黑格尔说：当主体用任何一种方法具体地被规定了而对自身具有纯粹一般自我意识的时候,人格尚未开始,毋宁说,它只开始于对自身——作为完全抽象的自我——具有自我意识的时候,在这种完全抽象的自我中一切具体限制性和价值都被否定了而成为无效。所以在人格中认识是以它本身为对象的认识,这种对象通过思维被提升为简单无限性,因而是与自己纯粹同一的对象。个人和民族如果没有达到这种对

[①] 黑格尔：《法哲学原理》,范扬、张企泰译,商务印书馆,1961 年 6 月,第 45、46 页。
[②] 《法哲学原理》,第 45 页。

自己的纯思维和纯认识,就未具有人格性①。

(四) 意志的承认

以上根据黑格尔《法哲学原理》部分内容,主要是道德哲学立论。尚未涉及社会。下面进入法权讨论。黑格尔在《精神哲学》中把辩证过程讲得还要清晰,他分三个阶段论述自我意识:欲望、承认的自我意识、普遍的自我意识。这里摘录两段:

"<u>这里是一个自我意识</u>(Selbstbewuβtsein)<u>为一个自我意识</u>,起初是<u>直接地</u>,作为一个他者为一个<u>他者</u>(als ein Anderes für ein *Anderes*),我在作为自我的他者中直观到我自己,但也在其中直观到一个直接定在着的、作为自我而绝对地独立于我的别的客体。自我意识的<u>单个性</u>的扬弃是<u>最初</u>的扬弃;它因而就只被规定为<u>特殊</u>的自我意识。这个矛盾产生这样的冲动:<u>表明自己是自由的自身</u>,并且对他者作为这样的自身而定在着,——这就是<u>承认</u>的过程。"②

"我在作为自我的他者中直观到我自己"(Ich schaue in ihm als Ich mich selbst an)。黑格尔在此用直观(anschuen),相当于意识(bewußt)——康德不会这样用词。意志把自己当作一个他者观照;在这样的观照中同时观照另一个他者(客体——其实是另一个意志)。

此中难点是:两个意志各在观照自身时互相观照;必须达到这样的观照——意识到,或曰观照到,自身是自由的,才能看作承认。按照黑格尔喜欢的表述方式,叫做在他者中映现(scheinen)自身。黑格尔讲:承认的过程是一场战斗,要求承认的战斗是一场生与死的战斗,充满危险。这是对一个相当长的历史阶段的哲学叙述。

"<u>普遍的自我意识</u>是在别的自身中对自己本身的肯定的知,其中每一个作为自由的个别性都有绝对的<u>独立性</u>,但由于对其直接性或欲望的否定都不把自己与别个区分开,都是普遍的自我意识和客观的,并且都有作为相互性的实在的普遍性,因为它知道自己在自由的别人中被承认,而他知道这点,因为他承认别的自我意识并知道它是自由的。"③

---

① 《法哲学原理》,第 45 页。
② 黑格尔:《精神哲学》§430,杨祖陶译,人民出版社,2006 年 2 月,第 226 页。
③ 《精神哲学》§436,第 233 页。

自我意识(不妨解读为每一个个人)达到"普遍的"这样的发展阶段,必须是"在别的自身中对自己本身"有"肯定的知"。而且必定是齐头并进地、互相承认地认识自身是自由的、他人也是自由的。普遍性意谓所有的人发展程度相当。可能一部分人先富起来;但决不可能一部分人先进展到普遍的自我意识——那样的话,普遍性就未达到。马克思提出无产阶级只有解放全人类才能最终地解放自己,正是出于他谙熟黑格尔哲学,深刻理解普遍性之含义。

"意识和自我意识的这种统一起初包含着作为在彼此内映现着的诸个别者……"①此中要点是普遍性——贯彻到全社会每一个意志(成员)。每一个都是独立的、个别的,同时又是普遍的,全部彼此承认。经过战斗达到和谐状态。承认不是单纯的心灵过程、思想过程。承认是汗、铁、血、火的历史过程。

(五) 所有权的自由(＝财产的自由,意即法权自觉)——何时到来?

黑格尔《法哲学原理》第62节末有一段话值得一提:

"人格自由由于基督教的传播开始开花,并在人类诚然是一小部分之间成为普遍原则以来,迄今已有一个半千纪(1500年)。但是**所有权的自由**(*Die Freiheit des Eigentums*,或译财产的自由)在这里和那里被承认为原则,可以说还是昨天的事。这是世界史中的一个例子,说明精神在它的自我意识中前进,需要很长时间,也告诫俗见,稍安毋躁。"②

在中国社会,"人格自由"由于宋明理学传播开始开花(见下段黄宗羲论朱子学、阳明学)③,然而至今尚未在国民中成为普遍原则——即使在"知识分子"中也未成为普遍原则。至于"所有权的自由"(即财产自由,指完全的私有制;私有权、财产是*Eigentum*的两个译名),今日尚处于起步阶段。按黑格尔的估算,从道德自觉到法权自觉,西方社会用了一个半千纪。王阳明至今约500年,中国社会的道德自觉尚未完成,到法权自觉还须几个千纪?只能由将来的实际进展回答。黑格尔的告诫"稍安毋躁"似乎是提醒德意志民族不要象法兰西民族那样躁进。中华民族是否应该考虑他的告诫,克服急躁情绪?要牢记历史已经给我们的教训。"只争朝夕"带来的是破坏。

---

① 《精神哲学》§437,第235页。
② 《法哲学原理》,第70页。
③ 《明儒学案》(修订本),(清)黄宗羲著,中华书局,2008年1月第2版。

三、法治建设内涵：培育国民人格性；培育途径

黑格尔法哲学中有一句话十分重要：人格性一般包含着权利能力，并且构成抽象的从而是形式的法的概念、和这种法的其本身也是抽象的基础。所以法的命令是："成为一个人格，并尊敬他人为人格。"[①]

法治建设核心点即是培育国民为人格，或曰法权主体。

法治之实现是整个社会全方位、齐头并进的过程，不可能某个人或某个群体单一独进——社会是个整体。社会的各个部分、各个方面彼此牵扯，即拉动他人、也遭他人扯住从而不能走得太快。这样的"扯后腿"若作肯定表述，则为相辅相承（不是相辅相成。承：承接）。

对于个人而言，成为人格不是单纯的思想认识过程，而是在全方位生活实践中逐步形成。说得透彻一些：单个的个人发育为人格恐怕是没指望的——一个人一生的时间不足以成长为人格。进入法治状态是整个社会、全民族的事情，是一个民族的历史过程。个别人，或许能通过读书和修养获得较快进展。然而他单兵突进，脱离了民众、脱离了时代，必定无法在本社会存活。每个人都必须与全社会同步成长。发育太快，既无法生存于本社会，又难免心里痛苦；除非定心带领本社会民众向着法治方向缓缓前进，否则只能迁徙到其他发展程度相当的社会安身。

培育国民人格性途径初探

法治建设须国家、社会团体、公民个人三方面共同努力、相辅相成、同步进展。三者缺一不可，然而社会团体理应发挥更大作用。社会团体之所以能发挥作用，在于社团领袖的先进性。社团领袖的人格完整、德性完满极其重要。

这是个极大的题目，一篇短文至多做到提示若干要点。下面围绕培育国民人格性略示例焉。

（一）国家

无疑，在培育国民人格性方面，国家行为是最有力的。孔子曰："君子之

[①]《法哲学原理》，第 46 页。seieine Person und respektiere die anderen als Personen。

德风,小人之德草,草上之风,必偃。"干部是群众的表率;干部风气对民风起着导向作用。国家行为指导着干部风气。只要国家行为正确而稳定,坚持几个世纪,国民人格性成长必收显著效果。

国家行为要不折不扣地遵守宪法与法律,担当典范;言出必行,恪守建设法治政府目标。孔子曰"民无信不立",信之主要内涵指政府公信力。政府对民众的呼声须及时回应,既不能迟钝,更不能置之不理;对自立的法规、人大立的法律则必须严格执行。例如,交通法规升格为交通法,行人与非机动车违规如故,严重损伤政府公信力。为何这样看?行路是公民与法律打交道最频繁的日常活动,是在每个人意识中经由日常行为反复加深的精神文明建设,是增强或削弱政府公信力最频繁、最广泛、最具群众性的社会行动。语曰"只要功夫深,铁杵磨成针"。行路于法治、精神文明、政府公信力是功夫最深的活动。人们天天、处处公然违反交通法,其于法治的破坏极其严重。治行路当列为法治建设优先项目之一。

国家须在行政的、法律的、礼仪的、音乐的(古代称作礼乐刑政)等多方面多层次全方位地贯彻法治理念。

法治建设不可能孤立开展,须贯彻到政治建设、社会建设、经济建设中。法治建设必须遵循"五位一体"思路。

(二) 社会团体

社会团体除了恪守法治要求,更须担当领风功能。一切行为均由意志决定;意志须服从规范。若行为者心中所思多半为投机取巧、遇规则所考虑的多半为找空子钻,则法治无望矣。当今态势,必须严厉执法;但此仅为治标。治本则须治心。当今态势正如孟子所说"放心"——人心放荡。法治建设须按孟子主张"求其放心"——把已然放荡的人心收回来。历史告诉我们:治心须有修行团体引领。西方历史有基督教修道院、修士团体。中国历史有书院。目前我国已有书院出现,但基本上属民间自发。宋明儒家学者所创书院,多有官员,或出入官场的儒士——因而思想修养易于化入政府行为。王阳明为范例:他官阶既高,功业亦巨,身为思想领袖,极倡"知行合一"。由党员干部领衔的书院,或类似团体,尚未出现。发展是硬道理。目前的关注点是:引领治心的修行团体怎样发展。

(三) 公民个人

公民个人方面,首要的是精英们的行动。

1. 理论建设居先。基础建设是重意义世界建设。目前流行经验主义和拜金主义,不是从理念出发而是依据经验结果按试错法确定思路,不是重原则而是依据实际利益确定方针政策等等。这些做法已然成为意义世界中的"当然之理"。固然实际施政中经验主义与 PDG 计算乃重要方法,但若无理念引领、甚至做得压倒理念,则堕入谬误之泥淖。法治建设尤其须以理念为宗。理论研究极为重要;理论家当自知责任重大。

2. 文学艺术作品有极大的教化功能。人们在娱乐中潜移默化地接受教育。电影电视功效特别明显。盼望艺术家们在实现自己创作理念同时兼顾修养,担当致良知之先行者,领先实现自身人格之无限性,则其作品自然而然地成为法治理念之具体化、现实化。

3. 干部群众都要关注个人修养。个人修养包括党、团组织生活会制度、社会工作小组活动、心理咨询,以及祈祷、忏悔等宗教生活;精英们奉行"吾日三省吾身",时时反思自己遵守法治的情况。

必须看到:中国社会走向法治社会是个极其艰难的过程。其艰难性可参照但丁《神曲》提供的模式。但丁《神曲》列出精神发展的三个阶段:地狱、炼狱(净界)、天堂。走向法治即炼狱(净界)阶段;在历史上是个漫长的阶段。需要中国人民回答:是否受得了这样艰难的历程?何况前景仍然不能确定。以西欧现状看,英国、德国、法国属法治先进国家,而意大利则较差,西班牙更差。西方社会尚且如此,中国社会能够胜过西班牙、意大利吗?这是要由历史在未来回答的问题。而我们当下的努力决定着未来。

我们要有信心。前人已经打下了坚实基础。

明朝末年儒学大家黄宗羲所著《明儒学案》论及阳明学时写道:"有明学术,从前习熟先儒之成说,**未尝反身理会,推见至隐**,所谓'此亦一述朱,彼亦一述朱'耳。高忠宪云:'薛敬轩、吕泾野《语录》中,皆无甚透悟。'亦为是也。自姚江指点出'**良知人人现在,一反观而自得**',便人人有个作圣之路。故无姚江,则古来之学脉绝矣。"[①]这个论断中的关键词是反观,点出了王学高过二程、朱子之所在。常有讥王学近禅者。佛教反观后否定,儒学反观后肯定——

---

① (清)黄宗羲《明儒学案》(修订本),中华书局,2008 年 1 月第 2 版,第 178 页。

阳明学怎可与禅学相提并论?! 船山斥佛学"率兽食人"①,所论甚是。这是阳明、船山为今日法治建设奠定的基础。今日先进分子当继承阳明学致良知思路,关注反观自身,奉行不失,则法治建设有望矣。

---

① 语见(明)王夫之《思问录·外篇》,《船山全书》第12册,岳麓书社,1996年2月版:"释氏之所谓七识者志也,八识者量也……人之所以异于禽者,唯志而已矣。不守其志不充其量,则人何异于禽哉! 而诬之以名曰'染识'。率兽食人,罪奚辞乎!"此言确认末那识坚执之肯定性功能,驳佛学去我执之非,标志儒家对道德主体已有充分自觉。

中国社会结构及其启示[①]
——从中国可能建立什么样的治理体系角度看

我国过去研究社会结构多用阶级分析方法。近年多从阶层分析开展。阶层分析无疑是有效的；对了解和处理社会问题、制定社会福利政策等事务尤其适用。然而涉及制度及治理体系，无论是理论分析，还是方案设计，解释力和根据均显得不足。本文采取的基本假设是：一个社会可能成功建立的制度、治理体系与其社会结构对应；设计完善的治理体系必须以清楚了解社会结构为前提。因而本文从这个角度探究：中国社会的结构是怎样的。

一、中国社会是迥异于西方社会的异质文明

本文采取的视角出于当代的核心问题：中西文明相遇[②]。当代一切重大问题都围绕这两大文明相遇发生旋转；至少与之相关。我的基本认识是：中西社会根本不同。中西社会之间的区别不是发展阶段不同，而是两种异质文明之间的区别。阶层分析可以忽略这种区别，假设为同质文明而作类比观。无疑，阶层分析是有效的。这种有效性也有局限性——专家们经常提醒，基尼系数超过警戒线在我国不见得那么危险；等等。但是，如果承认中西社会属异质文明，制度设计以及与之关联的治理体系设计就须有全然不同的思路和

[①] 本文基于 2013 年 12 月 28 日复旦大学高等研究院"社会科学与国家建设"研讨会上的发言：《国家建设话题对社会学提出的要求》。应《中共浙江省委党校学报》副主编严国萍要求，于 2014 年 4 月 9 日敷衍成文交稿，发表于该杂志是年第 4 期（总第 158 期）。

[②] 最近我已提出观察当代中国社会发展的"三文明模型"：增加一项俄国文明。这一想法首次发表于《文汇报》2014 年 7 月 2 日第 8 版《文汇讲堂》中的《立足本位 综合创新》一文。

方法。

　　我国理论界、学术界原先统一地采取文明一元论。其突出特征就是源于斯大林的社会发展五阶段理论：原始公有制社会、奴隶制社会、封建制社会、资本主义社会、共产主义社会。这个理论认为，任何民族的社会发展都要经历这五个普世适用的阶段。因而这个理论隐涵着各民族文化本性是一样的（即同质的）设定。于是这个理论成了一种尺度，衡量各民族先进程度的尺度——如果判定一个民族在发展上处于封建制阶段，而另一个民族处于资本主义阶段，那么，前者就"落后于"后者。

　　1920~1930年代，关于中国社会是否经历过奴隶制社会有过一场大争论。郭沫若先生断定中国社会经历过奴隶制社会，在当时作了结论。但改革开放以后，由复旦大学胡曲园先生重提中国社会发展史上未有过奴隶制阶段，之后先是哲学界、继而历史学界大部分学者接受了这一论断。至今基本上已成共识。实际上这个五阶段论在理论上是难以成立的。马克思恩格斯的祖国，德国，就未有过奴隶制社会阶段。再者，在实践上造成麻烦。如果一定要坚持五阶段论，那么中国社会就不能绕过资本主义社会这个阶段。五阶段论至今仍然深深地扎根在人们意识中，给社会思潮带来混乱。

　　要确立新的思路：文明多元论。按这种思路，世界上的文明有若干种在质上不同的类型。不同质的文明有各自不同的发展道路、发展方式，不可以断言某一个先进、另一个落后——在发展阶段上没有可比性。这就是说，先进与落后这样的价值判断，只能用于可比的方面（比如治疗某种疾病之类的具体事务）；不可以笼统地、整体性地比较（比如社会制度），除非这两个民族被认定为属于同质文明。确立了文明多元性，再判断中国社会与西方社会是两种异质文明，就可以推论出：中国社会的发展要走全然独特的道路，中国社会要采取的制度和治理体系也要有全然独特的设计。

　　英国历史学家汤因比早在1930年代开始出版巨著《历史研究》[①]反对文化上的西方中心主义、主张文明多元性理论。此外，同样有中译本的法国学者列维-布留尔著《原始思维》，主张原始社会与现代社会不是低级、高级的区别，而

[①]《历史研究》10卷本，出版于1934—1954年。后又经索麦维尔缩写成三卷本，上海人民出版社1960年代出版过中译本，对我国读者有很大影响。汤因比本人也出过缩写本（带插图），上海人民出版社2000年出版了其中译本。

是两种不同类型的文明。① 这些西方学者已经挣脱了文明一元论。在马克思主义发展史上，是江泽民同志首次提出世界文明多样性理论。这在马克思主义发展史上是十分重大的创造性突破。现抄录几段：

"世界各国的历史传统、经济文化水平和社会制度不同，其政治制度和政党制度也必然不同。世界是丰富多彩的，没有也不可能有一种放之四海而皆准的政治制度模式。"②

由于这段讲话的发表于论述统一战线的场合，下文紧接着又是"衡量中国的政治制度和政党制度，最根本的是要从中国国情出发，从中国革命、建设、改革实践的效果着眼"，因而有些人理解为重点是维护我国体制而创的一种说法，没有从更高的角度领会到这是意义广阔的大理论，是文明多元论的展示。

很快，江泽民同志就在重大场合明确宣布世界文明多样性理论了：

"世界是丰富多彩的。各国文明的多样性，是人类社会的基本特征，也是人类文明进步的动力。应尊重各国的历史文化、社会制度和发展模式，承认世界多样性的现实。世界各种文明和社会制度，应长期共存，在竞争比较中取长补短，在求同存异中共同发展。"③

党内有些同志不愿意承认这是个理论。抓住文中的一句话"承认世界多样性的现实"，贬低为"这不过是对现实的描述，称不上理论"。确实，从"应尊重"开始的文字，是对路线、方针的阐述，可以解释为一个时期适用、过期失效。"承认世界多样性的现实"也属于对党员、干部的要求；还可扩大开去解释为对各国政府的要求；不算理论。然而"各国文明的多样性，是人类社会的基本特征，也是人类文明进步的动力"这一句，既然揭示文明多样性不仅是事实，而且定性为"基本特征"，其意义是"人类文明进步的动力"——这样表述的，不是理论又是什么？没有理论，何以确立路线、方针？足见贬低者未细参文义。

作为世界领袖之一的江泽民同志对其他世界领袖宣布这一理论。会见联合国秘书长安南时论及世界三大问题：

"第三，怎么看不同文明之间的关系。历史上因文明差异而发生兵戎相见的悲剧不胜枚举。十年前，有人提出了'文明冲突论'[原注称："文明冲突

---

① 《原始思维》中译本是中译者自俄文版转译的。俄文版实际上是列维-布留尔1910年代至1930年代关于同一论题的若干著作的编译本。
② 《进一步开创统一战线工作的新局面》，《江泽民文选》第三卷，第144页。
③ 《在庆祝中国共产党成立八十周年大会上的讲话》，同上书，第298页。着重号是本文作者所加。

论",是美国哈佛大学政治学教授亨廷顿提出的。]九一一事件后,又有些媒体把反恐矛头指向特定的民族和宗教。这当然会引起广大阿拉伯国家和伊斯兰世界的担忧和关切。世界上有二百多个国家和地区,二千五百多个民族以及多种宗教、习俗。'夫物之不齐,物之情也。'人类文明的发展,从茹毛饮血发展到现在的生物工程,从刀耕火种发展到现在的信息技术,其中不同民族和不同文明都作出了贡献。不同文明有历史长短之分,无优劣高下之别。文明的差异不是世界冲突的根源,而应是世界交流的起点。海纳百川,有容乃大。这个世界应少一些对抗,多一些对话,少一些傲慢和偏见,多一些交流和沟通。这样才能共同发展进步。"①

江泽民同志批评亨廷顿教授时引用了孟子的话"夫物之不齐,物之情也"。亨廷顿教授基本思想也是文明多元论;他对世界文明的分类,源自汤因比。但他强调的是文明之间的冲突。江泽民同志提出的世界文明多样性理论继承了中国文化传统,特别是儒家思想,强调和谐共生。他引用古语概括成"和而不同":

"两千多年前,中国先秦思想家孔子就提出了'君子和而不同'的思想。和谐而又不千篇一律,不同而又不相互冲突。**和谐以共生共长,不同以相辅相成。和而不同,是社会事物和社会关系发展的一条重要规律,也是人们处世行事应该遵循的准则,是人类各种文明协调发展的真谛。**""大千世界,丰富多彩。事物之间、国家之间、民族之间、地区之间,存在这样那样的不同和差别是正常的,也可以说是必然的。我们主张,世界各种文明、社会制度和发展模式应相互交流和相互借鉴,在竞争比较中取长补短,在求同存异中共同发展。""**各国文明的多样性**,是人类社会的基本特征,也是人类文明进步的动力。我们**应该尊重各国的历史文化、社会制度和发展模式,承认世界多样性的现实**。世界各种文明和社会制度应该而且可以长期共存,在竞争比较中取长补短,在求同存异中共同发展。在当今世界上,我们提倡'和',也就是说,各国应当在政治上互相尊重,经济上互相促进,文化上互相借鉴。这将有利于世界的和平与

---

① 《当今世界的三个大问题》,同上书,第520页。着重号是本文作者所加。

中国社会结构及其启示——从中国可能建立什么样的治理体系角度看

发展。"①

十六大报告以党代表大会名义、也即以党的名义这种最强方式确认世界文明多样性思想：

"我们主张维护世界多样性，提倡国际关系民主化和发展模式多样化。**世界是丰富多彩的**。世界上的各种文明、不同的社会制度和发展道路应彼此尊重，在竞争比较中取长补短，在求同存异中共同发展。各国的事情应由各国人民自己决定，世界上的事情应由各国平等协商。"②

中国社会迥异于西方社会，二者是异质文明——这是本文以下讨论的基础。下面的问题就是：与西方社会比较，中国社会在结构上究竟有什么样的特点？

二、当代中国社会结构：伦理社会

当代中国社会的结构，既不同于西方社会，也不同于古代中国；但与古代中国社会同为伦理社会。

人们使用伦理一词时往往犯浪费词语的毛病。不少人混用道德、伦理、乃至把这两个词联起来称作伦理道德，赋予的意义却是一样的。③ 学术用语应该尽量明确且一致，一个意义只用一个词。决不能为了文辞优美，在表达同样的意义时忽而用道德、忽而换用伦理、忽而把二者绑在一起。

伦字之基本古义为辈、类；有时也有理之义。人伦，即人与人之间社会关系之分类。古时有五伦之说，即五种最为基本的社会关系：夫妇、父子、兄弟、君臣、朋友；有时也指处理上述基本关系的准则。伦理，按字面看，义即人伦之理，也就是与人际关系相关的道理和准则。五伦所涉全部属于同类型社会关系（下文将详细讨论），故而选择"伦理的"一词描述中国社会。

一般认为中国社会建基于血缘关系。确实，旧日中国社会基础性的结构

---

① 《和而不同是人类各种文明协调发展的真谛》，同上书，第522—524页。着重号是本文作者所加。
题注说明："这是江泽民同志两篇文稿的节录，分别摘自2002年10月24日访问美国期间在得克萨斯州大学城乔治·布什总统图书馆的演讲和2003年7月21日会见英国首相布莱尔时的谈话。"
② 《全面建设小康社会，开创中国特色社会主义事业新局面》，在中国共产党第十六次全国代表大会上的报告，同上书第567页。
③ 如《现代汉语词典》"伦理"条解释为"指人与人相处的各种道德准则"；"伦常"条解释为"我国封建社会的伦理道德"。商务印书馆，2005年6月第5版，第896页。

是宗族。然而，还有其他许多结构是外于宗族结构的。除了商业表现的商品经济、科举考试和官僚体系表现的政治治理，还有劳工组织（如漕帮）、行业组织（商会等）、公益组织（为造桥、兴学集资而建立的管理机构）等现在人们看作NGO的社会组织。当然，这些社会组织无论在人员成分上还是在结构方式上与宗族结构有着千丝万缕、难以割断、难以清晰区分的关联。所以，单是血缘关系不能完全概括旧日中国社会的全部结构。上述五伦中，君臣、朋友就在血缘关系之外。

这就是说，要找到一个能标示其基本特征的，而且在与西方社会的对比中有确定的、鲜明的区别的概念。

我称西方社会的结构方式为理性社会（rationalist society），中国社会的为伦理社会。[①] 二者区别以如下的理论确定：

理性社会：主导社会关系为间接关系；

伦理社会：主导社会关系为直接关系。

设想两个人——称作社会行动者，讨论这两个人互动情况。以行人过马路为例。行人与汽车驾驶员是两个行动者。二人之间可能有交通规则，可能没有交通规则（例如在田间小路）。交通规则是符号系统（目前有三套，一是灯，二是线，三是牌；三者独立或结合使用），以及对符号的解释——或者说为内涵意义的符号系统，或者说为意义系统。

行人与驾驶员之间互动，应该通过交通规则这个中介。这就是说，无论行人还是驾驶员都不必看对方，而只看交通规则：绿灯就过，红灯就停。这种情况称作二者之间的关系是间接关系，即有中介的关系。用英语表述十分清晰：间接的＝有中介的。

而所谓直接的就是无中介的（英语及其他印欧语也十分清晰：把间接的一词加上一个表示"无"的后缀，就是直接的）。

对应实际生活中的情况：无交通规则的乡间小路上，行人及驾驶员都要关注路况。驾驶员看路上有否行人；行人看路上有否车辆行驶。这时二者之间的关系是直接关系。

如果虽然有完备的交通规则，行人与驾驶员还要时刻关注路况，就象我国培训驾驶员时一再强调"一慢、二看、三通过"，告诫驾驶员不可信任交通规则，

[①] 参见谢遐龄：《中国社会是伦理社会》，载《社会学研究》1996年第6期。

须以假设交通规则不存在般地行驶;而行人过马路则是"先向左看,到马路中间向右看"、注意车辆,那么实际上二者之间还是直接关系。我们的交通规则教育立足于不信任。这是频发的血的教训迫使我们不得不采取的教育思路。——这是我判断中国社会是伦理社会的重要依据之一。

本文用这个例子说明何谓直接关系、何谓间接关系。这是一个入门的例子。

上述概念说明,人与人打交道有两种类型:一种是通过中介的,一种是没有中介或虽有中介但中介却不起作用的。

中介属于思想物。尽管不少中介凭符号系统标出,然而中介本身是意义系统。可以用感官辨识的符号系统是超于感觉的意义系统之表达方式。意义系统之显现在当事者的领会中,而不在感官的感觉中。在这里必须指出,作为意义系统的中介物,是客观的。不要以为它是思想物,就属于"主观世界"。思想,只要是经由传达能够理解的,都具有客观性,属于客观存在。即以此处所举的例子看,交通规则难道不是客观存在吗?它有极为确定、极为稳固的意义,不容随意解释,不容忽视,不管一些人承认或不承认而改变其意义。

交通规则属于法律。法律法规与交通规则一样是人与人之间打交道时的中介物。有体系完备的法律法规,不等于人与人之间的社会关系就是理性关系,须看中介之有效性——人们是否恪守法律法规。单是讲恪守与否还不够,还要看态度——用哲学、社会学的术语表述就是,社会行动者当事时怎样领会法律法规。

如果大多数人在大多数时间、大多数事件中对法律法规条文遵奉、恪守不移,完全服从法,那么这个社会就可以看作理性社会,因为人们之间的社会关系是间接性的,即以理性关系为主导关系。如果大多数人在大多数时间、大多数场合与事件中把法律法规看作获得自己最大利益的工具,有害怕惩罚之心、却毫无对神圣物敬畏之意——简要地说,把是否依法行事看作根据自身利益和当下情势自己有决定权,而不是当作应当无条件奉行——那么这个社会就要看作伦理社会,因为人们之间的社会关系是直接性的,即以伦理关系为主导关系。

马克思做研究的一个基本原则是实证性——以经验事实为依据。而且要求从人们的日常生活中每天重复发生的事情出发。他确定:衣食住行是人的基本需要;为了满足衣食住行的需要而从事的生产劳动是最基本的经验事实。

这是他潜心《资本论》写作的出发点。而《资本论》涉及的西欧社会,经济关系看作理性关系。①

在当代中国社会,经济领域,人们之间的关系是什么样的?购物是日常生活的重要活动。人们买东西一般都是当场付款。吃饭不埋单、拿货不付款的事也时有发生,然而比例很小。所以,购物时相关人员之间的社会关系是理性关系。

那么,当代中国社会的经济关系是否理性关系?

当代中国社会的经济主导成份是国有经济。国有企业的领导人由党委决定,具体地说,由组织部决定。也就是说,决定国有企业领导人不由市场,而是由组织原则。这是经济领域中的主导社会关系。

定价过程中的主导因素是伦理性的还是理性的?我的初步判断是伦理性的。作出这个判断有相当的事实依据。然而按科学要求,目前还只能说是一个假说,还有待于使用调查、统计方法的实证研究。

国有企业内部关系是伦理关系;民营企业内部关系多半是伦理关系;市场,从定价过程分析,伦理关系占主导地位。大体上可以说,我国经济领域目前主导性的社会关系是伦理关系。

当然,我国经济正在趋向理性的。随着改革开放逐渐深入,这个趋向正在加速。虽然速度始终不快。而且,理性化会有个限度。这个限度就是组织原则。

这就要提出一个更重要的问题:决定经济关系性质的关系是什么关系?

这也就是问:当代中国社会的主导社会关系是什么?

我的回答是:党内关系。②

---

① 《资本论》第一篇第二章《交换过程》开篇写道:"为了使这些物作为商品彼此发生关系,商品监护人必须作为有自己的意志体现在这些物中的人彼此发生关系,因此,一方只有符合另一方的意志,就是说每一方只有通过双方共同一致的意志行为,才能让渡自己的商品,占有别人的商品。可见,他们必须彼此承认对方是私有者。这种具有契约形式的(不管这种契约是不是用法律固定下来的)法权关系,是一种反映着经济关系的意志关系。这种法权关系或意志关系的内容是由这种经济关系本身决定的。在这里,人们彼此只是作为商品的代表而商品所有者而存在。"《马克思恩格斯全集》第23卷,第102页。这段文字中"这种具有契约形式的法权关系是……意志关系"句充分显示马克思学说与黑格尔法哲学之间的继承关系。所涉及的经济关系是理性关系;核心概念是自由意志之相互承认,契约仅仅是表现方式。从而颇具预见性地嘲笑了侈谈"契约精神"之浅薄。
② 参见谢遐龄:《中国社会是伦理社会》,《社会学研究》1996年第6期。

通常仅仅把党看作政治组织,并把党归属于"上层建筑"。这不完全。党还掌管全部国有财产;即使民众和团体的私有财产,党也可决定其去向。这就是说,全中国的生产资料由党掌管、处置。由此可见,党还有经济功能,可归属于"经济基础"。党既是上层建筑、又是经济基础,因而上层建筑-经济基础这个理论模型能否准确描述我国社会主义现实需要重新审视。

中国共产党不是西方政治学意义上的政党。马克思主义的上层建筑-经济基础理论也难以解释其全部功能。本文还要揭示其又一种功能——组织、建构社会的功能;也就是说,党组织须看作社会结构——本来党组织就是一种社会结构,但这里所说,指的是党组织是组建整个社会的结构要素、结构内核。

首先要讲的是党组织的社会整合功能,也即党组织把中国人民整合为一个整体的功能。

粗略地说,一方面是通过在每个村落、每个城镇居民区、每个单位设立党支部,把中国社会全部社区整合为一个国家。另一方面是通过在每个民族自治地区设立党组织,把全国各行政区域整合为一。中国社会在党组织的整合下实现了自古以来从未有过的整体性。旧日中国社会一盘散沙的状况一去不复返了。

党的纪律,下级服从上级、全党服从中央,在中国社会建构及维护中发挥着社会整合作用。换句话说,党的纪律可以看作社会整合的机制。

本来看作政治要素的纪律,也须看作社会建构要素。党既属于政治领域,又属于经济领域,还属于社会领域。党建既属于政治建设,又与经济建设相关,还直接是社会建设。组织原则有社会学意义。

其次要讲党组织的社会组建功能,也即党组织把中国人民组建为社会的功能。对社会作结构分析的一种思路是把社会看作由社区组合而成。建成社区属于社会组建。我国社区有三大类:村落、里弄、单位。下面以农村社区为例看党组织的社会组建功能。

三、土地改革:当代中国农村社区重建

马克思、列宁一贯主张无产阶级革命胜利后要实行土地国有。中央苏区初期贯彻这一主张,公布、实施的土地法,以"一切权力归苏维埃"口号为方针,

土地宣布为国有。① 由于扩红(动员农民参加红军)、征军粮不能完成指标,体会到农民对革命战争支持力度不足,遂调整政策,转向实行土地私有路线。② 其后在第二次国共合作期间确定为政治纲领,写进《新民主主义论》。在初建国时实施了中国历史上最彻底的土地私有。随即发动了农业互助、合作运动,把土地私有逐步转化为集体所有。1958年推行人民公社制度,依"一大二公、政社合一"的诠释看,有土地国有的意向。③ 但这意向遇阻未能贯彻,中止于

---

① 据中共中央文献研究室编的《毛泽东年谱》1928年·12月称:在总结井冈山革命根据地一年来土地斗争的经验的基础上,制定井冈山《土地法》。这个土地法规定,"没收一切土地归苏维埃政府所有",以乡为单位,以人口为标准平均分配土地作为主要办法。"一切土地,经苏维埃政府没收并分配后,禁止买卖。"这一条的注解称:毛泽东在一九四一年延安出版的《农村调查》中,为井冈山《土地法》所写按语指出:"此土地法是一九二八年冬天在井冈山(湘赣边界)制定的。这是一九二七年冬天至一九二八年冬天一整年内土地斗争经验的总结,在这以前,是没有任何经验的。这个土地法有几个错误:(一)没收一切土地而不是只没收地主土地;(二)土地所有权属政府而不是属农民,农民只有使用权;(三)禁止土地买卖。这些都是原则错误,后来都改正了。"上卷第278页。又见《毛泽东文集》第一卷,第50、51页。

② 《毛泽东年谱》1931年2月27日条:在黄陂根据中共苏区中央局二月八日发出的《土地问题与反富农策略》通告的精神,以中央革命军事委员会总政治部主任名义,写信给江西省苏维埃政府主席曾山并转省苏诸同志,其中关于民权革命中的土地所有权问题指出:"关于田没有分定一层,在现在红色区域是个大问题。过去田归苏维埃所有,农民只有使用权的空气十分浓厚,并且四次五次分了又分,使得农民感觉田不是他们自己的,自己没有权来支配,因此不安心耕种,这种情形是很不好的。"省苏应该通令各地各级政府,"要说明过去分好了的田(实行抽多补少抽肥补瘦了的)即算分定。得田的人,即由他管所分得的田,这田由他私有,别人不得侵犯。以后一家的田,一家定业,生的不补,死的不退,租借买卖,由他自主。田中出产,除交土地税于政府外,均归农民所有。吃不完的,任凭自由出卖,得了钱,来供给零用。用不完的,由他储蓄起来,或改良田地,或经营畜业,政府不得借词派款,民众团体也不得勒捐。""农民一家缺少劳力,田耕不完,或全无劳力,一点不能自耕的,准许出租。租完多少,以两边不吃亏为原则,由各处议定。"《土地问题与反富农策略》提出:"目前正是争取全国苏维埃胜利斗争中,土地国有只是宣传口号,尚未到实行的阶段";农民参加土地革命的目的,"不仅要取得土地的使用权,主要的还要取得土地的所有权","必须使广大农民在革命中取得了他们唯一热望的土地所有权"。第362、363页。同样内容又见《毛泽东文集》第一卷,《关于加强春耕工作的意见》,时间标注2月28日,第256页。

③ 1958年8月29日在北戴河中共中央政治局扩大会议上通过的《中共中央关于在农村建立人民公社问题的决议》,有毛泽东加的一段话:"人民公社建成以后,不要忙于改集体所有制为全民所有制,在目前还是以采用集体所有制为好,这可以避免在改变所有制的过程中发生不必要的麻烦。实际上,人民公社的集体所有制中,就已经包含有若干全民所有制的成分了。这种全民所有制,将在不断发展中继续增长,逐步地代替集体所有制。由集体所有制向全民所有制过渡,是一个过程,有些地方可能较快,三、四年内就可完成,有些地方,可能较慢,需要五、六年或者更长一些的时间。过渡到了全民所有制,如国营工业那样,它的性质还是社会主义的,各尽所能,按劳取酬。然后再经过多少年,社会产品极大地丰富了,全体人民的共产主义的思想觉悟和道德品质都极大地提高了,全民教育普及并且提高了,社会主义时期还不得不保存的旧社会遗留下来的工农差别、城乡差别、脑力劳动与体力劳动的差别,都逐步地消失了,反映这些差别的不平等(转下页)

中国社会结构及其启示——从中国可能建立什么样的治理体系角度看

"三级所有、队为基础"——定位于初级社的集体所有格局。改革开放废公社、恢复乡行政,集体所有至今仍定格于这个半世纪前的平衡位。①

土地关系的演变包含了中国社会结构的丰富内容。从多方面诠释会加深对中国国情的认识。作为政治纲领的土地私有是中国共产党对农民的承诺;这是革命战争取得胜利的政治保证。然而在转而贯彻社会主义思路时推行废除土地私有,进展相当顺利——没有遇到积极的对抗,仅仅以怠工、减产表达消极的反对。这样的顺利是个令人惊讶的谜。解开这个谜,就增进了对中国国情的认识。对土改的社会学诠释是解谜的关键。

对土地改革的社会学诠释就是把这场运动看作中国农村的社区重建。

抄录几段旧文:

"中国共产党领导的土地改革,不是党领导一支军队夺得土地而后分给农民那种'恩赐'作法。党组织先要用理论武装群众,告诉农民革命道理。这是让农民群众了解自己行为之意义。同时,在村中培养积极分子和发展党员,并组织农会、妇女会、青年团(少共)等群众组织。这些群众组织是党组织的外围组织。换句话说,是党组织的一种扩大。思想、组织的基础打好后,开展斗争地主土豪并重新分地分产的环节。在这斗争过程中,有着把斗争策略、步骤交给群众,领导群众实施斗争的方针。特别强调让群众在自身斗争实践中学习政策和策略,强调让群众通过自身经验体会党的正确。在这一过程中,旧的政权、经济关系、社会组织被彻底粉碎,而由中国共产党领导的新政权、新生产关系与新社会组织建构起来。这是一种全新的社会结构。党组织是这个社会结构的核心。请注意:不是党建构了一种新社会而党在这个社会之上、之外,而是党把自身扩大为社会、党在这个社会之中并担当其核心。党组织、外围群众组织、全体村民,组织一步步地扩大,滚雪球似地一层层地裹起来。一个基层支部扩大并发展成一个社区(共同体)。党组织与社区是一体,不是党组织在社区之外,而是党组织与社区是一个事物。由于自始至终都是党组织作为核

(接上页)的资产阶级法权的残余,也逐步地消失了,国家职能只是为了对付外部敌人的侵略,对内已经不起作用了,在这种时候,我国社会就将进入各尽所能,各取所需的共产主义时代。"毛泽东本人后来也认为这些话有些不妥。1960 年 11 月 28 日他在一个转发文件的批语中提到这段话:"在北戴河决议中写上了公社所有制转变过程的时间设想得过快了。在那个文件中有一段是他写的,那一段在原则上是正确的,规定由社会主义过渡到共产主义的原则和条件,是马列主义的。但是在那一段的开头几句规定过程的时间是太快了。"可见借人民公社实行土地国有化意向明确而坚定。

心在教育、组织、动员、指导民众,亲手领导着群众,还十分注重让参与的群众随时随处体验党主张的理论、政策与策略之正确,因而在这种新产生的结构中党的领导是理所当然、不言而喻的。"

"这就是说,土地改革所建构的社会结构,不是以单个原子式的个体农民为独立单元的自耕农社会——象许多研究者以为土地私有达成的结构方式那样,而是党组织与农民结成的牢不可破的伦理关系。土地的私有并不彻底、完全,而是有限度的私有。我用'公有制下的私有'表述这种所有制。"

"这就意味着,无论怎样宣布土地归谁所有,当代中国社会土地关系之实质——党与农民之间的伦理关系——仍是决定一切的。"[①]

上引文所述有几个要点:

一是从社会学视角看,土地改革过程是党组建社区的过程,也即粉碎旧的社会结构、建立新的社会结构的过程。

二是这一重建社会结构过程中特别注重意义世界重构——灌输革命理论、确认夺取地主富农土地的正当性、颠覆传统的所有权观念。

三是农民群众共同参与全过程,不是被动地旁观、等待,而是积极地参与,一起研究斗争步骤、一起行动。这一点十分重要。在共同行动中结成的伦理关系将十分牢固。

四是党的威望之确立。中国共产党遵循列宁的教导——让群众在自己的斗争经验中学习正确的政策和策略。在开展行动前党的负责人与群众一起研究策略。即使群众作出错误决策,也尊重群众意见。群众会在失败的教训中体会党的领导之正确。经历这样的过程,党的领导地位牢固地确立。换句话说,这是确定党在农民心中领导地位的过程。这样的关系是直接性关系。也就是说,经过土地改革,确立了党与农民之间的伦理关系。

五是党组织与社区的一体性。一体性,意思就是不可分割的、整体的。这个特性十分重要。学者们多半未注意到这一特性。而我国社会结构区别于西方社会结构,这一特性具有突出地位。不少人士在设计我国未来要采取的制度时,均未看到这一特性。而忽视党组织与社会的一体性,设计出来的制度就成了无根之物。而党组织与社区的一体性是党组织与社会一体性的基础。

[①] 引自谢遐龄《重建意义世界——重建中国农村社会的核心》,《天津社会科学》2011 年第 1 期。

一体性与伦理性有着内在关联,这是因为一体性一般关联着直接关系。

六是经过民主革命中国农村社会仍然是伦理社会。旧中国基本社会结构是家族或宗族,人们称作伦理社会。经过民主革命的土地改革,农村社会结构发生了根本性的变化,然而并未演变为理性社会,仍然是伦理社会。这个伦理社会最重要的特性是党组织与农村社区的一体性。

四、判断中国社会结构当代进展的思路:本体论分析

上面阐明当代中国社会是伦理社会,并以土地改革为例说明这种结构是怎样建成的。由于笔者一直指出,制度、治理体系必须与社会结构相应。模仿西方社会的制度与治理体系之所以不可避免地走样,根本原因就是生长、发展于异质文明社会结构的制度和治理体系不能与我国的社会结构相配。通俗地说就是:土壤不同,移植则或者不活,或者变种且无效用。

改革开放以来,中国社会结构已经发生很大变化。即以农村的社会结构而言,由于大量农民离乡经商、务工、务农①,经过土地改革和合作化运动建立的党与农民的伦理关系遭到程度不轻的损坏。有些论者认为,经商、务工所建立的社会关系当属理性关系,因而中国社会结构正在向理性社会演变。

毫无疑问,说中国社会结构从伦理性的过渡向理性的是成立的。可以认为,这样的过渡长久以来一直在进行着。然而速度如何?现在的演变进展程度如何?这样带有根本重要性的问题却难以决断。必须讲清楚社会结构的本质,才可能作出正确判断。

本质就是本体,或曰存在体。讲清楚社会结构之本质是哲学的任务,超出了作为实证科学的社会学的研究范围。

马克思在《资本论》第一卷第一章区分了物品存在之二重性——自然存在、社会存在。使用价值是自然存在,价值或交换价值是社会存在。人的存在同样有二重性。马克思认为,人的本质是其社会关系之总和,意思就是把社会存在看作人的本质。这就意味着他没有把人的自然存在列为本质。

社会结构也是一种社会存在。按黑格尔精神现象学的观点,人的社会存在与社会结构(展开说,经济基础、上层建筑都归属于社会结构这个大概念)有

---

① 农民离乡务农情况多样:有的承租土地办农场,有的在这种农场打工。也有不离乡而为他人农场打工的。

着对应关系。黑格尔主张意识（及其发展自我意识、精神）"决定"社会结构。马克思斥之为唯心主义，唯物主义地颠倒为"社会存在决定意识"[1]。然而无论黑格尔还是马克思，意识（自我意识、精神）与社会存在有对应关系是一致的。这种观点，现在称作"历史与逻辑一致"。至于人的社会存在与社会结构的对应，更是不在话下。

这样，对社会结构从伦理性向理性进展的程度，这样一个较难下判断的课题，可以折换成人的社会存在从伦理性向理性进展的程度，那样一个较易下判断的课题。社会学问题遂转换为哲学（本体论）问题。这就是说，以实证科学的社会学难以判断的，换用本体论（属于哲学）就容易解决。

本文前面已经指出，马克思《资本论》研究的经济关系是理性关系。现在进一步问：这种社会结构对应的人的社会存在是怎样的？[2]

答曰：抽象的人。（人，Person，或译为人格；则Persönlichkeit相应地译为人格性。见注文。）

在《黑格尔法哲学批判》一文中，马克思引述了黑格尔《法哲学原理》第279节的一段话：

"所谓法人[3]，即社会团体、自治团体、家庭，不管它本身如何具体，它所具有的人格都只是**它本身**的一个**抽象的**环节；人格在法人中达不到**自己存在的真理**。国家则正是一个整体，概念的各个环节在其中都可按各自**特有的**真理性达到现实性。"

然后写道：

"法人（社会团体、家庭等）只是抽象地包含着人格；相反地，通过君主，**人格就包含着国家本身**。"

"其实，**抽象的人**只是作为法人即社会团体、家庭等，才把自己的**人格**提高到真正存在的水平。但黑格尔却不把社会团体、家庭等一般的法人理解为现

---

[1] 现在不少人喜欢说"存在决定意识"或"社会存在决定社会意识"，对马克思的学说行画蛇添足。马克思只讲社会存在决定意识，这是因为在他看来，社会存在才是人的本质。

[2] 马克思早期著作中已经形成社会存在概念。早在1843年夏写的《黑格尔法哲学批判》中就有这样的文句："'特殊的人格'的本质不是人的胡子、血液、抽象的肉体的本性，而是人的**社会特质**"。这个"社会特质"指的就是社会存在。引文见《马克思恩格斯全集》第二版第一卷，人民出版社，1956年12月第1版，第270页。

[3] 黑格尔《法哲学原理》原文为 moralische Person，中译为**法人**。见范扬、张企泰译本，商务印书馆，1961年6月第1版，第297页。

实的经验的人的实现,而是理解为本身只抽象地包含着人格因素的**现实的人**。正因为这样,在黑格尔那里才不是从现实的人引伸出国家,反倒是必须从国家引伸出现实的人。"①

请注意马克思本人的话:"其实,**抽象的人**只是作为法人即社会团体、家庭等,才把自己的**人格**提高到真正存在的水平。"

其中的关键词是人(Person)、人格(*Persönlichkeit*)。这是《资本论》面对的社会结构所对应的人的社会存在。

回到本文的问题,要研究的就是,当代中国社会人的社会存在是否已经进展到这样的结构。

诚然,我国目前的法律已经大量使用法人一词。1987年由全国人民代表大会通过实施的《民法通则》直截了当地称呼公民为自然人(英文 natural person)。也就是说,在法律文书中,当代中国人的社会存在已经看作 Person。

一些学者认为,只要在法律中规定了,或在决议中写明了,社会就被改造了。按他们的想法,规定了就实现了,因而规定了的就是现实。然而,大家都明白:看一个社会,不是看它如何宣称自己,而是要看它实际上是怎样的。规定了的即使能够实现也须经历艰苦卓绝的长期努力,决无一蹴而就之可能。何况还会有恶法。就算本意善的法,脱离了国情,善良愿望终究不能实现,养育的也可能会是恶习。步行和驾驶是人们最普通、最频繁、触目可见的日常行为。人们对待交通规则的态度足以使我们认识到法律和法学面临着何等严重的挑战。

按照黑格尔的看法,人(Menschen)并不就是人(Person);人(Menschen)成为人(Person)要经历心灵的艰苦提升:

"当主体用任何一种方法具体地被规定了而对自身具有纯粹一般自我意识的时候,人格尚未开始,毋宁说,**它只开始于对自身——作为完全抽象的自我——具有自我意识的时候**,在这种完全抽象的自我中一切具体限制性和价值都被否定了而成为无效。所以**在人格中认识是以它本身为对象的认识**,这种对象通过思维被提升为简单无限性,因而是与自己纯粹同一的对象。**个人和民族如果没有达到这种对自己的纯思维和纯认识,就未具有人格。**"

---

① 《马克思恩格斯全集》第二版第一卷,第292页。引文中的"人",原文为 Person(英文 person),可译为人格;引文中的"人格",原文为*Persönlichkeit*(英文为 personality),须相应地译为人格性。

"自为地存在的意志即**抽象的意志就是人**。人(Mensch)最高贵的事就是成为人(Person)(Das Höchste des Menschen ist, Person zu sein),但是尽管这样,人这种赤裸裸的抽象,在称谓上已经有些可鄙。**人实质上不同于主体**,因为主体只是人格的可能性,所有的生物一般说来都是主体。所以**人是意识到这种主体性的主体**,因为在人里面我完全意识到我自己,人就是意识到他的纯自为存在的那种自由的单一性。作为这样一个人,我知道自己在我自身中是自由的,而且能从一切中抽象出来的,因为**在我的面前除了纯人格以外什么都不存在。**"①

这段引文在黑格尔著作中较易懂,但仍须作些解说。

人(Menschen)怎样成为人(Person)?或者换个说法:人(Menschen)怎样在自身中产生出人(Person)?

我们生下来就是人(Menschen);但必须经历漫长的精神提升才能成为人(Person)。

它只开始于对自身——作为完全抽象的自我——具有自我意识的时候。

自我意识 Selbstbewußtsein 拆开为 Selbst、bewußt、sein。Bewußt,意识,是心灵的活动。Selbst 是返回自身。Sein 是存在着(状态和/或东西)。Selbstbewußt 是意识观照自身。通常意识是向外活动。Selbstbewußt 则是返回"向内"、向自身的活动。而且不能是浅表地返回,是要意识出抽象的我。这个抽象的我似乎是个存在物,所以要加上 sein。

如此,开始达到人(Person)了。

黑格尔特别强调,"个人和民族如果没有达到这种对自己的纯思维和纯认识,就未具有人格。"此处的人格,*Persönlichkeit*,有时译为人格性。

何谓"纯思维和纯认识"?这个纯字何解?大体上就是上面那个"抽象的"意思。

"自为地存在的意志即**抽象的意志就是人**。"(Der für sich seiende oder abstrakte Wille ist die Person.)

这句意思是:人(Person)就是意志之抽象化。这个"造出来的"人(Person)不过是意志而已。然而意志在此不能生物学或生理学地理解。通常把"饿了要吃"的"要"理解为意志。意志是引发"吃"行为的原因。而这里讲的

---

① 《法哲学原理》,第 35 节之"附释"、"补充",第 45、46 页。

"抽象的意志"也即"纯粹意志",黑格尔说为"自为地存在的意志"——关注自身的自由意志。

在中国思想中,与此相当的是王阳明的"致良知"。良知包含着意志,在道德哲学许多使用上,就相当于意志。当然,良知意义极其丰富,王阳明常说"良知即天理",远远超出意志之义,显示中国思想一词多义特征。

"致良知"之"致"字重要。致表达了反观的努力。而"四句教"则透露了"致"之努力方向是纯粹意志:

无善无恶是心之体,有善有恶是意之动,知善知恶的是良知,为善去恶是格物。①

无善无恶是心之体。按孟子性善说,良知本体应是善的,或曰:心体本应是善的。此处却说"无善无恶是心之体",不合于孟子,甚为费解。

但若理解为这是初窥纯粹意志的境界,就说通了。这就是说,"无善无恶"是发现了心体之纯粹性。如是,意之动便会或为善、或为恶。把心体、意分开说,正是观照到纯粹意志才会有的思想。

阳明之高于朱子,在此。

以上分析说明,阳明哲学,或曰阳明心学,证明中国思想在距今五百多年前已经达到对人的纯认识、纯思维。

换句话说,成就了作为道德主体的人(person)。

然而,作为人的社会存在,人(person)不仅要成为道德主体,还要成为法权主体。自然人、法人是法权主体。

从道德主体的人(person)进展到法权主体的人(person)要经历漫长时间,期间充斥着铁、血、火。要用多长的时间?黑格尔给出一个估计:

"**人格自由**由于基督教的传播开始开花,并在人类诚然是一小部分之间成为普遍原则以来,迄今已有一个半千纪(1500年)。但是**所有权的自由**在这里和那里被承认为原则,可以说还是昨天的事。这是世界史中的一个例子,说明精神在它的自我意识中前进,需要很长时间,也告诫俗见,稍安毋躁。"②

1500年!这是黑格尔根据西欧的历史作的总结。用以对照中国社会,即

---

① 王阳明:《传习录》第315条。《王阳明全集》上册,上海古籍出版社,1992年12月第1版,第117页。

② 《法哲学原理》第62节"附释",第70页。所有权(Eigentum)另一译名为财产。所有权的自由即财产自由,也即私有制。

使把起始点前推至程朱时期，距今也就1000年。当代的情况，在共产党员修养和"文革"前的党内生活会中道德主体之自觉有所体现，却谈不上法权主体之自觉。改革开放以来，实施经济体制改革，制定了一系列与自然人、法人相关的法律，宣布了法权主体之合法性。然而对法权主体的法律规定仍是有限的。不说对规定上有限的法权主体即使自觉也算不上具有纯粹性，就算规定了无限性的法权主体，要实现纯粹的反思（即纯粹的反观），仍须经历漫长的历史。而且，那不是一个在书斋、花园、咖啡馆中悠闲地思考、讨论的过程，而是在现实生活中拼搏的、常常充满残酷斗争甚至动刀见血的过程。就算是仅限于言词的讨论，也往往是生活会中批评、自我批评的激烈思想交锋，言论多是诛心之论。

完成改革开放确定的社会结构演进——人（Menschen）成为人（Person），还需要漫长的时间。

这就是说，中国社会仍然是伦理社会；要成长为理性社会，需要漫长的时间。

制度、治理体系须建基于社会结构状况；制度设计、治理体系设计要充分考虑这一现实情况。

理性的制度、治理体系不适合于伦理性的社会结构。

要认真考虑黑格尔的"稍安毋躁"告诫，既要采取积极态度，也不可操之过急。

杂论篇

上海文化中的理性主义[①]

如果用一句话概括上海的文化上的特点,那么,我想,最合适的莫过于"上海人在中国人中最具理性主义"。

为便于读者判断我说的话是否公正,先介绍一下我本人履历的有关情节。我在八岁那年离开上海去北京,二十八岁离开北京到江苏,三十三岁又到上海至今。所以从文化上说,我在很大程度上是个北京人,不会有偏袒上海人的倾向。

一般地说,中国文化不是理性主义的。这不是说,中国文化是非理性主义的。或许可以用"超理性主义"来说中国文化与理性主义的西方文化之不同。这是因为我们认为非理性主义是理性主义文化中的成分,既然中国文化不是理性主义的,也就不能用"非理性主义"形容它。中国文化在"超出"理性主义的同时,也"超出"了非理性主义。另外,"不是理性主义的"并非没有理性,更不是不讲道理。中国人当然有理性,当然与西方人同样讲道理。这里说的是中、西文化的"特性"或准确地说"根本性质"之区别。

上海文化既然是中国文化之一种亚文化,应该也不是理性主义的,说它"最具理性主义"仅仅是相对中国文化的其他亚文化而言。例如,"上海人小气",恐怕是各地人几乎成为共识的论点。而依我的见解,这恰恰是上海人较多理性主义的一个证据。十几年前,我的一位上海人朋友去了美国,不久就来信说"美国人小气,不像我们上海人大方。"而出国归来的中国人普遍认为,中国人大方,西方人小气;西方人中最小气的是德国人。其实在这个问题上反映的是中、西文化在根本性质上的差异。所谓"小气"实际上是他的钱不随便为

[①] 刊于《中国青年研究》1995年第5期。

你花,更确切地说,人家从来不会想到要为你承担花费。我们中国人与朋友一起出去,遇到需要花费的场合,如果不主动掏钱,心中总会觉得歉然,似乎欠了别人什么。这种心态之文化根底是中国人缺少个人所有权观念。"朋友有通财之义",越是好朋友越不应该有界线。当然,不能太随便。不过,遇到特殊情况,还是可以动用朋友的钱财;只要做得适度,不会有人认为不对。总之,原则上是不应有界线。界线划得清清楚楚,必定是不够朋友。夫妻之间信件必须公开,如果不公开,那指责是"你必定心中有鬼!"一定有了"第三者"。"私房钱"是中国文化中特有的术语,属于缺少个人所有权产生的后果:如果丈夫的钱归丈夫、妻子的钱归妻子,还谈得上"私房钱"吗?至于旧社会妇女有私房钱,新社会是丈夫留私房钱,反映的是另外的社会问题,通常归因于"阴盛阳衰"的。现在的中国社会,妇女的社会地位虽然还不高,"家庭地位"(在家庭中的地位)在一些地区(至少在上海)已经高过男子。所以我主张"妇女地位"概念应进一步区分出社会地位、家庭地位等,利于更准确地分析社会现象。笼统地提"提高妇女地位",后果往往是妇女的社会地位没有多少提高,家庭地位却提得越来越高。这是因为大多数中国妇女关心的并不是社会地位,而是家庭地位。所以做妻子的侵犯丈夫的人权都是理直气壮的——毫不犹豫地拆看丈夫的私人信件、搜查丈夫的钱包。看来妇女地位问题与中国人的个人所有权观念之发展程度有重要关联。

认为外国人"小气",证明我们中国人不理解、不接受个人所有权神圣不可侵犯原则。这也就是中国人不理解、不接受人格尊严神圣不可侵犯原则。"界线分明"是"神圣不可侵犯"之产物,因为有"神圣不可侵犯",于是有"界线分明"。要求界线不要太分明,即不承认"不侵犯"原则有神圣性。西方人认为好朋友之间界线分明是道德的;中国人则认为,好朋友之间界线分明是不道德的。所以我们的成语是"亲密无间"。所谓"小气",就是"有间"(有距离)、不肯在朋友之间共产。上海人认为美国人小气,证明上海人毕竟是中国人;中国各地人认为上海人"小气",证明上海人在文化上离西方人比其他中国人近些。而"神圣不可侵犯"云云,正是理性主义之表现。

不过上海人确实有点"小器"(不是小气):器宇不够广阔。上海人常常表现出大都市居民的狭隘心理。在上海能成大器的多半是离开上海到各地生活过十年左右或更多的人。中国人要成大器,大概非饱览山川形胜、遍观中华人物,以"养吾胸中浩然之气"不可。自幼不离上海的,至多成长为一个精明干练的高级经理人才,难以担当大老板之责任。大都市的生活教人精明灵巧,却无法教人胸怀开阔。上海的市民与人合伙做生意,倾向于宁肯生意做不成,自己一点也不赚,也不情愿别人赚得比自己多;广东人相反,倾向于宁肯自己少赚些,也要生意做成——只要生意做成,总有得赚;即使少赚了,总还有进账,而且后日还有合作机会,从而为后日有钱可赚留地步。广东人每天第一笔生意总是要尽量做成,否则不吉利;上海人利用广东人的这种心理,狠命刹价,往往以相当低的价格成交。这种精明往往占尽了小便宜,却成不了大气候。解放前的上海,论大老板,多半是广东人,或许道理正在这里。用"精明而不高明"这句成语描述上海人是很贴切的。

上海人的"理性主义"还有一个奇妙的表现:在吵架中喜欢"讲理"。不少地区的居民看不起上海人的理由之一是上海人发生冲突时"只说不练"——只动嘴不动手。"只吵架不打架"是否算比较文明?恐怕这个问题提出来付诸公断时,正规的回答大抵是"打架当然不文明,吵架也不能说是文明。"我当然不会赞成打架或吵架,更不会鼓吹战争。不过常常私心佩服西方人在中世纪为了在"理"字上争出个是非来拉起军队开战。现在中国人评论这段西方历史,总说表面上是为了争《圣经》字句之解释,实质上背后的决定因素是利益。恐怕这表现了中国人不理解西方文化。不能说那些战争与利益之争全无关系;更不能说在那些战争中没有人全为利益打算——总会有几个人利用人们的信仰为自己谋利的;然而那么多的民众热情澎湃地、情绪激动地投入战斗,基本动力总是精神的而非物质的。现在西方社会的文明与这段历史恐怕关系甚大。所以看到人们吵架或打架,先要问的一个问题是:他们争的是"利"还是"理"?再要问的一个问题是:他们解决争端诉诸物质手段(武力)还是"精神手段"(说理)?其实即使诉诸物质手段,有时目的是为了"理"而非"利",不可一概而论的。我们,现在的中国人,把一切争端都看作利益斗争,固然与受"以阶级斗争为纲"影响有关,可否作点哲学研究,探讨一下,会否有更"深层的"原因?别人本来是为了精神上的理由,我们却一口咬定他们是为了物质上的原因,是否我们自己心胸太狭隘?或目光太狭隘,太"唯物主义"了?

"只说不练"未必就是好事。如果"说"是胡搅蛮缠或讲歪理,那真不如"练练"来得简捷明快。上海人在吵架时逞口才,在大多数情况下是讲理,指责对方如何如何不在理上,自己如何如何有理云云。骂起人来常用道学家的口吻,斥对方"莫知莫觉"("莫"即"不","莫知莫觉"即"不知不觉")、"无知无识",即指出对方在道德上处于蒙昧状态。近年来上海人虽然不如过去那么讲理,骂人时斥对方为"素质差",仍是道学家的口吻,低了一个档次而已。

各地人对上海人还有一个共识:上海人有一种莫名其妙的优越感,自视为"高等华人"。我的一位北京人学生曾愤愤地对我说,"上海人居然把我们北京人都看作乡下人!"可见一斑。不过,最近若干年,广东人发了财以来,上海人甚为气馁,早已不那么自视高等华人啦!无庸置疑,这是对财富和权力的尊敬。也可以说是大都市居民狭隘心理的又一种表现方式。大家知道,上海人在上海对说话带外地口音的人有歧视态度。但是此说不够全面。上海人,特别是过去的上海人,对说话带山东口音的上了年纪的干部模样的人相当尊敬——因为那是南下占领上海从而在上海当权的阶层。由此可见上海人不是歧视外地口音,而是歧视低于自己的社会地位。一当某种口音象征着权力时,招来的反而是崇敬。说句公平话,这毛病不仅仅上海人有,恐怕中国人都有,至多上海人明显一些而已。我1978年到上海读研究生时观察到一个有趣的现象。当时复旦大学的食堂的服务员多有"征地工"。复旦大学地处上海的"市郊结合部",所以这些"征地工"中有的还是农村户口。然而他们竟然看不起来自外地的大学生,因为那些大学生是"乡下人"(实际上这些大学生不少是城市居民)!可见"地区"也是有价值的。上海自己各区、县在价值上就不平等:共分六等。等级高的区或县(诸县价值地位亦有区别)户口价值高些,从而居民身价相应地高些。在邮资上也有反映:等级高的县邮资同市区(一角),等级低的县邮资同外地(二角)。在这样的制度下成长起来的上海人重视地区的价值是不足为怪的。上海人衡量一个人的社会地位时,会自然而然地、不假思虑地把他所在的地区计算在内。也是1978年,我的一位学生考上了南通师专。这所学校位于南通市的郊区,类似地,食堂服务员是当地的"征地工";这些服务员与他们在复旦大学的同行一样看不起来自南通地区各县的大学生,不论其来自村或镇,一概视之为"乡下人"。由此可见,歧视"乡下人"的不仅仅是上海人。不同的是,各地人的歧视对象范围小,上海人的歧视对象范围大,而且太大,大到几乎包括全国人民,所以理所当然地招来了广泛的不悦。我们中国人能否从上海人的这个缺点中反省自身,而不满足于批评上海人了事?

讲到这里,或许有人会疑问道:你是在谈文化吗?答曰我是在谈文化。常有人说香港是文化沙漠。近年来,这种说法扩大到了说深圳和广东。我是不同意这样看问题的。我不赞成仅止于把文学艺术之类看作文化。我以为，不仅仅涉及审美领域的才算是文化，涉及道德领域的也应列入于"文化"概念之下；而且后者更是重要的文化——不懂得怎样待人接物的人算不上有文化。所以，一个不识字而懂得待人接物道理的内地乡下人，比一个在上海证券交易所作弊的大学毕业生有文化。这是中国传统观念。中国人到现在还会这样斥责缺少教养的中学生、大学生："读了那么多书还不懂道理，你的书不是白念了?!"古人有话说，"礼失求诸野"，今天我们可以理解为，华夏中心地区文化衰落后，要了解文化只好到原来的文化边缘地带或"化外之地"去找。古人讲的"文化"即礼制。文化：教化；教化：礼教；化：感化；教化：以礼制感化。所以"文化"之核心是礼制。今天我们或提"学香港"、或提"学新加坡"，都是"礼失求诸野"的意思。"文化衰落"的华夏中心地区，却不乏科学技术方面的发展：往往"奇技淫巧"、"谲谋诡诈"相当发达。西方人也有类似看法：启蒙运动的著名代表人物、法国的卢梭，认为科学和文学艺术的发达带来了道德堕落，因此文明退步，结果论文得奖，名噪一时。所以现代社会如果科学技术、文学艺术发展了，同时道德滑坡了，各项制度不起作用，也应属于文化衰落。由上面所说，研究文化，一个相当重要的方面是考察民众的日常生活。谈上海文化，必须从上海人的日常生活中发现上海人的伦理本性。

上海人还是重视道理的，即使在歧视外地人时也不忘讲道理。我曾见到一件事：一位苏北农民（这是上海人最看不起的类别）乘公交车想部分逃票（购短途票乘远程），被售票员指出后，表示要补票；售票员不准补票，要惩罚他，把他带到总站去——意图使他赶不上船，耽搁行期；到了站，售票员揪住不放，司机也下车帮腔（动手）。这时许多上海人站出来指责售票员和司机"欺侮乡下人！"拉住他们，放那位苏北农民脱身。当时我在旁观察，很有感慨：怎么欺侮"乡下人"的是上海人，现在阻止欺侮乡下人的也是上海人？结论是：上海人确实讲道理。这个"讲"不是指口头上会说说而已，而是指在行为认真中贯彻道理。"讲道理"就是按道理办事。

然而上海人的种种上述表现实质上并不是理性主义，只是有点像理性主义。所以我们说，上海人比其他中国人多一些理性主义，但实质上仍是中国人。这不是说其他地区的中国人讲道理比上海人要来得少。理性主义与否，同讲道理与否不是一回事。非理性主义不是不讲道理，而是讲另外一种道理。甚至反理性主义者也并非不讲道理，而是讲另外的道理。中国文化在根本上不是理性主义文化（我个人比较倾向于称之为"超理性主义文化"，表示中国文化是超越了理性主义、非理性主义对立又迥异于这二者的另一种文化），然而谁能说中国人不讲道理呢?！现实情况是，全体中国人，不论上海人还是非上海人都在"滑坡"，日益变得不那么讲道理了。相比之下，上海人堕落得慢些。这当然不是上海人的光荣，不足以引为自豪。今日中国人都应该反省自身，扪心自问整日价争个什么。在"以阶级斗争为纲"和庸俗唯物主义的教导下，争权争利之风吹遍了中华大地。"攀比"是典型的争利，上海人在这方面一点也不比其他中国人高强。能否吹起一股"争理"之风呢？在庸俗唯物主义影响下，今日中国人无论看本民族历史还是看外民族历史都纯用利益观点分析，难道不能反省自身，看到我们骨子里的庸俗吗？为什么现在缺少凝聚力？归根到底就是庸俗唯物主义造成的。人各有其利之所在，各争其利则散。理：天下只有一个理，讲理则天下同归。最近这些年在要否讲理的问题上争论甚多，论题是"义在利先"还是"利在义先"？不少人认为，过去四人帮搞的是义在利先，我们现在反"左"，就要提倡利在义先。我很不赞成这样的论证方案。首先，这样一说无疑把正义交给了四人帮。第二，更重要的是，这种论法颠倒了是非，其根本点在于，从一开始就打算把正义放弃掉。现在天下公然争利而不以为耻，不能说倡导"利在义先"者一点责任也没有（当然主要责任不应由他们来负）。我提出的论法是：四人帮的"左"的路线之要害不是"义在利先"原则，原则本身是不错的；四人帮的要害在于把"不义"当作了"义"。所以解决办法是揭露他们鼓吹的原则之不义。我认为，决不能放弃乃至否定"义在利先"原理。"拨乱反正"：乱，道理上乱了，把不义说成了义；正，天理、公理、正义。拨乱反正是要把道理搞清楚。过去农民把自己的产品送到市场上去卖，四人帮说是资本主义尾巴，要割掉。一些学者反对我坚持主张"义在利先"原则时，认为如果我的主张通行，四人帮的上述理论就会复辟。其实，他们是错的。他们错在误以为四人帮坚持的是正义。在我看来，不准人民群众自由生产、自由买卖，还扣上"资本主义"大帽子，是极大的不义，是荒唐透顶的歪歪理，怎么能说是"义在利先"？"不义"而已矣！改革开放、思想解放，不是要不讲道理，而是要讲正确的道理，要把过去讲的歪理推翻，正理确立起来，总之是要把道理讲对。道理讲对，中华民族才会兴旺发达——这正是"义在利先"之注解。上海人比较倾向于讲道理，不是很可爱吗？

全球化与人的有限性[①]
——SARS 的启示

一、SARS 与全球化问题

　　SARS 的直接启示是，我们正在全球化之中。SARS 初起时失误的认识根源是没有正确理解全球化概念。一直仅仅提"经济全球化"。虽然这种提法并未排除全球化其他方面内容，但极易造成一种错觉，似乎仅仅存在经济全球化。不少人对全球化的理解就是这样的片面的、仅仅具有经济方面的全球化。于是他们把 SARS 看作国内（domestic）问题、家里（home）事。SARS 把全球化的另外一个方面突出地呈现在我们面前，教训我们正确理解全球化概念。

　　全球化是 globalization 的译名。一望而知，原文没有这个"全"字。globe 虽然意指全球，字面上却没有"全"字。"全"字是中文翻译者加上去的，想必是把 globalization 译作"球化"不大好听。音译作"葛楼巴化"，又易与"枯娄巴"(Kleopat'Ra)、"克虏伯"(Krupp)混淆，搞成美女化或兵器化。孔子作春秋的传统是一字定褒贬。译名下字岂轻易哉！精雕细琢，下一"全"字。用心良苦也！然而"全"字意思也未见好，容易引起不少无关的联想。"全"则有部分——把我整合进去成为部分！"全"则有首脑——谁来当这个首脑？于是全球化引起某种反感，便出现"反全球化"的政治态度。译名下字岂轻易哉！

[①] 本文作于 2003 年底，部分内容发表于《社会学家茶座》杂志。曾在谢遐龄、于海、范丽珠主编的《SARS、全球化和中国》一书刊发，上海人民出版社，2004 年 6 月版。因当时要回避"全方位"提法，由编辑者作了几处文字调整。此次收入本书恢复原貌。

1. 全球化之社会学本质与其全方位性质

从社会学角度看,全球化就是全世界众多的社会融合为一个社会。因此全球化就其概念看一定是全方位的,一定不仅仅限于经济一个方面。

我们原先的"世界"概念立足点是民族国家,众多的民族国家构成全世界。世界的代表机构是联合国,其单元是民族国家。主体是民族国家。民族国家与社会的关系有多种学说。不妨采用下述学说:民族国家在范围上可以小于社会,例如西欧各国属于一个社会,却成立了多个民族国家;民族国家在范围上也可以等于社会……

全球(准确地说,应叫做"球")概念与世界概念决然不同。这是人类历史的两个阶段。全球化意味着世界之解构。世界是众多社会之世界,当众多社会整合为一个社会时世界概念往哪里落实呢?全球化完成则世界消亡。当我们说,现在是全球化时代,意思就是,人类历史进入了一个新时代。不少中国人都没有意识到新时代的来临。其实,在20世纪外部世界大踏步变化时,我们落伍源于一直处于战争状态或封闭状态。人类历史进入新时代,全球化时代,大约当20世纪70年代。而那时我们刚刚有机会与外界交往。那时我们忙于国内事务,那是我国当务之急。至今我们的关注焦点仍然在国内。自然而然地就忽视全球化之事实并且轻忽地、过低地估价全球化之意义。再加上向来居于"天下"中心的泱泱大国未曾身处全球化中心地位会造成对全球化的一点反感。

在全球化过程中经济无疑是强大的杠杆。在马克思主义文献中提到过"世界交往的普遍发展"、生产力高度发展推动人们之间世界历史性的普遍交往,由此消灭分工实现共产主义[①],正是对当前全球化的伟大预见。经济全球化无疑是事实。但是我们对全球化的理解决不能限于经济全球化。外国人到中国来投资,中国人也到外国去投资。中国人到外国读书而后留在外国任职,外国人也有到中国读书的也有被派到中国任职的。中国人到外国去打工,也开始有外国人到中国来打工。中国人偷渡到外国打工,现在也有外国人偷渡到中国打工。国际性旅游也是全球化的强劲推动。旅游可以看作文化活动。旅游本身是生活方式发展之产物,尽管实际存在的大多数旅游似乎都很无聊,似乎缺少文化意义,仍不妨把旅游看作文化交流的实现途径——至少旅游者

---

① 《德意志意识形态》,《马克思恩格斯全集》第3卷,第39页。

可以看到地球上其他人在怎样活着,他们的衣食住行是怎样的状况,并且尝试实施另一种衣食住行。无论经济交往还是文化交往,要交往就要设机构;设机构就有人员来往,还要雇佣当地人充当机构工作人员,就要打交道,以自身的工作方式和生活方式影响对方。各国人员、机构互相渗透。不仅在他国互设经济机构、政府机构。还要设 NPO 机构,从单方面设渐渐发展为互设。先是商人(历史上曾伴随有传教士),接着是外交官,而后来了学生,再是大规模旅游者,国际性 NPO、跨国婚姻……随之而来。现在再没有一个社会是单纯的自己了,现在地球上任何一个角落都是你中有我、我中有你。

唐山地震发生在 1976 年。中国政府坚决拒绝外来的援助。也没有清楚地向外界发布关于地震灾情的报告。那是家里的事情,没有必要让外国人知道。从表面看,似乎是"爱好面子"。其实深层原因是把那看作自己的职权范围,肯于负责,讨厌外人多嘴。

中国人确实爱面子。圣贤说话是"为尊者讳、为贤者讳、为亲者讳",首长是尊者,鲁迅是贤者,父母兄弟姐妹是亲者,他们有缺点错误要注意掩盖回护,不可当众宣布,更不可告诉敌人。老百姓的话说是"家丑不可外扬":"家"有几个层次,小家庭是家,单位也是家;地方是家,国家也是家!从对方讲,要尊重别人,就要不触犯他人的避讳,即要照顾别人的面子。面子也太没标准,太任意。你以丈夫胸上毛多为荣,但她或许以自己丈夫胸毛多为耻,于是在你不伤面子者,在她就会伤面子。既然小民自家的琐事都那么重要,必须精心维护,不让别人知道,国内出了祸事,如唐山地震,广东 SARS,总是丢脸的事,当然不愿外人知道。"此中人语,不足为外人道也!"总不成个人隐私、家里事不准别人说三道四,略有提及则火冒三丈、暴跳如雷,政府事、国家事却随口乱说,任意泄漏,那也太二重标准、太缺乏道德了! 三"讳"其实是一体。

这是中华民族的强毅处——艰难困苦自己一力承当,默默忍受,不求外援,独自解决。不让别人知道不是不想解决问题,而是想要集中精力由自己独力解决问题。这是负责任的态度。正因为负责任,所以无关人员多嘴多舌乱加评论显得令人厌烦。这种处理方式是符合传统,也合乎当今民情的。谁家里出了事(例如他的父亲得了不治之症)愿意让媒体天天报道,炒作搞得尽人皆知? 但我相信,一般小民在隐秘家难之同时都会毫不懈怠地投入全部力量、调集各种外援解决之。

在全球化条件下上述负责任态度之意义发生了转换:原先的全面负责在

全球范围内成了不完整负责。我们只能负责归自己管理的国土和归自己所有的产业。我们的社会中已经越来越多地渗入外国的和跨国的产业。"外国的"进入了我们国内。我国政府对他国产业管理权限相当有限（例如很难管到驻在我国的外国航空公司内部的消毒……之类的事务）。对国土以外地区及国土上的外国产业负责任的办法就是把疫情如实通告之，让外界充分了解情况，以便根据疫情采取措施。

这是义务！

地震灾情可以不向外国通报。没有义务。传染病之疫情却必须通报。我们加入了世界卫生组织，作为 WHO 的成员国，我们有义务报告国内发生的传染病之疫情。

WHO 属于世界，不属于全球。

然而在全球化过程中，一些世界组织会向全球机构转化。在这次抗击 SARS 全过程中，我们看到 WHO 正在显现"球中央卫生部"功能。

WHO 有可能转化为全球机构。

这是因为 SARS 是全球问题。扩展开说，卫生问题涉及的是全球治理问题。

SARS 使我们对全球化有了进一步的认识。全球化不单是经济全球化，全球化必定是全方位的。当我们使用"经济全球化"这个词组时，切不可误以为全球化仅仅是经济方面的，切不可忘记全球化一定是全方位的。

2. 与"知情权"相关的理论问题

SARS 引发了对知情权的关注。

直接表现出来的是民众对知情权的诉求。公布疫情有两方面意义。一是让各外国了解详细的有关疫病的各方面情况（发展动态、治疗经验、研发成果等），以达成全球共同有效遏制疫病。一是满足本国民众知情权诉求。

不能从"带来好处"之角度理解知情权。至今人们还往往从"是否有好处？"思路理解事态、解说事态。每经一事，此思路便得一次强化。2月上旬，广东的疫情传来，在上海引起一阵恐慌。此时有两种议论。一说"恐慌会影响社会稳定"；一说"恐慌止于公开"。请看此两说包含的思路：前说"恐慌会影响社会稳定"意思是，恐慌会带来破坏社会稳定的不好处；后说"恐慌止于公开"从疫情公开会带来制止恐慌的好处论证其必要性；总之，知情权由是否有好处论证。当时笔者就在媒体采访时驳斥了这两种说法。我指出，民众遇到未知事物恐惧乃至形成恐慌,是正常的情况,这是民众之所以是民众必定如此之事。中国的民众由于经受过各种事件,特别上海市民有过甲肝爆发经验,比起其他各国民众心理耐受力较强,不易发生恐慌。民众恐慌不但不会引起社会不稳定,反而提供给政府更多的增长权力机会。民众恐慌是政府权力的重要源泉。民众恐慌有利于政府引导社会趋于稳定。实际上,恐慌带来的坏处不是影响社会稳定,而是造成巨大的经济损失。4月上旬,我在回答媒体提问"信息公开是否就能制止恐慌?"时说:"说到信息通畅问题,在香港信息提供得很充足吧?那么香港人是不是就不恐慌呢?我看香港人比我们恐慌得多。电视上看张国荣的送葬情况,画面上超过一半的人都带着口罩。媒体上天天报道死人数字,身边人个个戴口罩,神情怪异,那情景恐怕不是恐慌二字所能形容,大概要用恐怖二字了!""谁说广州醋价上涨与信息不透明相关?香港口罩卖到过一只百余元港币!也是由于信息不透明?!信息来了才会涨价啊!你不知道有瘟疫,会去打醋吗?一定是知道了才会去抢购,也就是说,一定是有了信息才会去抢购。信息迟缓是不对的,必须改进。应当让人们及时了解情况。但是把信息迟缓说成恐慌原因,不妥。恐慌根本原因是非典型肺炎,而不是怎样报道非典型肺炎。再者,报道不够及时是个缺陷,但与恐慌原因不是同一个问题。有时信息及时反而引起更大恐慌。请看香港情况。香港信息很多,传媒不断报告感染人数和死亡人数,在初期迅速散播着恐慌;时间长了,一则大剂量信息不断袭击下感觉日益麻木反应日益迟钝,二则反正无所逃遁只能听天由命,恐慌程度才渐渐下降。总之,信息与恐慌二者关系是个复杂的函数,没有那么明确简单的因果关系。这是个要进一步研究的题目。"[①]

  一般想当然认为:民众知情会有好处,至少知情能够增进民众的防范疫病意识。然而我们的调查表明,即使民众知情,未必就会立刻把知识落实到行动,注意防范。笔者4月10日到北京开会,看到街上有些人戴口罩,但大部分北京市民无动于衷。尽管当时发布的疫情不准确,一般市民还是通过各种渠

---

① 把统计相关等同於因果关系是常见的方法论错误。例如,统计吸烟组肺癌患病率,与不吸烟组肺癌患病率比较,知道吸烟人群患肺癌比率较高,这是统计相关值。"吸烟导致肺癌"则是因果关系表达式。从前者,即一个调查结果显示的统计相关,引出"吸烟导致肺癌"的结论,就是这里批评的"从统计相关推导出因果关系"或"把统计相关等同於因果关系"。这在方法论上是错误的。把民众恐慌与信息提供充分与否表述为因果关系,决然错误。错误性质部分地为上述方法论错误。关于统计相关与因果关系,20世纪的归纳逻辑作过研究。

道知道存在疫病，以及此疫病很厉害、很可怕。不能说当时不知情，只能说知情不充分。确实起到震撼北京市民警觉并造成大面积恐慌的效果的，反倒是4月20日撤销卫生部长职务之举。从中我们引出两点结论：一是政府措施比媒体传播对于民众有着更大的影响；二是惩罚，在本案例中是撤销职务，对于政府官员的动员比单发文件而无奖罚，或以表扬奖励为主的管理思路，或单纯宣传教育更为奏效。

4月下旬，我国进入全民抗击SARS时期。"恐慌止于公开"说悄然消失，又出来了"谣言止于公开"说。此说把谣言归因于SARS信息不充分，缺乏科学依据。其立论思路仍然是，民众不知情会带来谣言广布之坏处。实际上谣言问题与上述恐慌问题类似，是个相当复杂的社会学课题，决不可能这么三言两语就打发了。在此无须批评传布此说者缺乏科学态度。其实稍具常识就不难看清，尽管信息公开，谣言仍然不止息。有些谣言，公布了相关信息或许会止息；但这些信息决不会止息其他谣言。有些谣言，即使公布相关信息也不会止息。这些都是简单事实，不难看到。

以上所说主要是论证，知情会带来好处，也会带来坏处。从"是否有好处？"思路论证信息充分之必要性及民众知情之必要性，不能成立。正反两面都有例证。

判定某件事能否带来好处是个科学研究问题。民众是否应有知情权是个权利问题。依据科学论证权利，在思路上是错误的。因而，不少人实际上运用着的一项原理——依据带来好处、坏处之比重论证必须让民众享有何种权利——是缺乏根据的。权利问题应当由另外种类的理论论证。

在我们看来，民众是否应享有知情权，与其他基本权利一样，是一项设定。分析一下它在法学理论或政治理论中的逻辑位置，不难发现，它不是被推导出来的，而是要由它出发推导出其他一些原则。然而，又不难发现有大量文献在推导这项权利。这些现象应如何解释？其实关于民众知情权的论证，虽然形态上有不少属于推导，实质上是提出诉求。说有此权利会带来多少多少好处，不过是说服人们认可并接受此权利之确立，是争取选票的手段之一，在理论上未有有价值的贡献。日常用语"理论家"涵盖甚广，被称为"理论家"的人中既有提出新的理路的，也有改善用词方式的，还有提出诉求的。改善用词方式很重要。许多好的理路不能为人们接受之重要原因是用词方式于当下人们心态不合。提出诉求占了相当不小的比例，起的作用也不小。改革开放以来，"增加政府透明度"、"群众要有知情权"都属于诉求,都反映民众中当家作主之要求。

如果依照传统的哲学思路,把各类事务划分为真、善、美三大领域,那么上述科学论证当划归真之领域,而权利,包括知情权,应当划归善之领域。以知情权会带来多少多少好处论证其正当性(validity,常常译为"合法性"),在理论上犯了跨越领域的错误。上面我们已经指出,其实质是提出诉求。所以,该种论证从外观看好似科学研究,实质上却是政治的或社会的动员,是争取更多人支持该项诉求的行动。

3. 全球化背景下的治理

全球化推进着"治理"概念日益重要。

"三个代表"重要思想关于政治体制改革讲了三个要点:党的领导、人民当家作主、依法治国。对"依法治国"概念可以有多种理解。依对"国"的不同理解可分两大类。一类是把"国"理解为国家机器和国家事务(或者通俗地说是政府、人民代表大会及政府主持处理的事务),一类是把"国"理解为全国所有单元(个人、组织、法人、阶级、各地方等等)和国内各项事务。例如,人们说"依法治省"、"依法治市"、"依法治校"能否成立?按第一类理解,这些说法都不能成立,无论治理一个省、一个市,都须称作"依法治国",因为省政府叫做省级国家机构、市政府叫做市级国家机构;按对"国"的第二类理解,"依法治省"、"依法治市"这些说法才能成立。对于学校,由于学校领导机构不算政府,治理学校也不能说成"依法治校"。治理学校有很多规则,设若某校校规规定学生不得在校园中接吻,否则罚款[①];该校就可以施行该项处罚。其他各校无权干涉,社会也无权干涉。各校均有权制定自己的校规。当然,这些规定不得与现行法律精神冲突。再者,"法"也可以有多种,法律法规属于法,规章制度也可以解释为属于法。接吻不违犯法律,但违犯某校校规,再把依法治校解释为依法律治理学校,该校校规就违犯了法律,反倒是校方犯法,学生接吻合法了。校方是否有权制定比法律更为细密的本校校规?在今日世界是一大争点。"法"还可以指家法,如明朝大臣常有当朝批评皇帝违背太祖皇帝制订的"祖宗

[①] 东方电视台曾组织一台直播节目,就谣传的华东理工大学"捉吻队"开展讨论。虽然出席节目的华东理工大学官方人士否认该校有捉吻队,讨论仍然热闹非常。发言中有根据"依法治校"方针、而法律未禁止接吻、因而在校园中可以自由接吻的主张。

家法"的,也属于对"依法治国"的诉求。可见,依照对"国"、对"法"的不同解释,"依法治国"可以有很多种理解。在"三个代表"重要思想中怎样理解依法治国才是准确的,尚待进一步阐明。

在SARS引发的问题中,与"三个代表"重要思想相关的主要是人民当家作主一环。一般事务是说起来容易做起来难,此事尤其是说清楚都不易,更不用说付诸实施。人民当家作主怎样实现?这是个非常大的难题:怎么样的程序?怎样大的范围?有国家机密,政府工作有些专业性极强,怎样才能作主?有必要公开机密、让非专业人士干预专业工作吗?即使设立监督机制,实施监督也非易事,也须懂得专业知识到相当深入的程度。纠缠于这些问题容易引起争执与震荡,而实际问题反倒搁在一边得不到解决。

人生有限、精力有限、术业有专攻,要落实人民当家作主,可行的路子恐怕是从管理分工和权力分化方向着手,即让民众成立一些机构、团体,由这些合法的民间机构、社会组织承担部分社会管理功能。这就是"治理"(governance)概念的核心思想。

"治理"概念是在全球化过程中重要起来的。这有两方面原因:一是实际事务的需要,一是理念的推动。

从实际事务角度看,现代社会事务日益繁忙,政府无论如何总是精力有限。再者任何组织或机构总是大到一定程度就会易于解体、管理成本就会高到很不合算地步,因而政府扩大权能必定会有一个自然限度,还会有一个效能极值(经济程度与效率等因素综合计算达到最优)。一般地说,一个社会组织怎样才算经济,是一门重要学科。大公司合并不可能是无限制的,必定是大到一定程度就转化为不经济。国营企业之所以难以管理,主要原因之一是这些企业总成的公司(国营经济总体)太大。所以国营企业改革的要点之一是化大公司为较小的公司,办法是增进每个够大的企业的独立自主程度。所谓独立自主,内涵是由每个企业的领导人切实负责。一般人理解负责是扩大权力。这不全面。"责"之古义是债。负责即负债。所以在扩大企业领导人权力和待遇同时,要加强惩罚措施。即:管理有失误则严加惩罚。亏本则重重罚款:不仅不发工资,还要倒罚款,罚款还要重。有一种议论,国营企业领导人要实行年薪制。我认为这不是不可以考虑。但是年薪制必须包含一条相应惩罚:企业亏本则重罚责任人。不能有奖无罚或重奖轻罚,须奖罚相当。我国国营企业管理不善,主要原因之又一是管理人员无须负责,表现在对失职者惩罚措施太轻,简直到了无惩罚的程度。

事务繁忙,政府忙不过来,统治(government)就有必要分出部分职能转化为治理(governance)。

从理念方面看,马克思主义者认为,全球化意味着国家消亡过程开始,或准确地说,全球化意味着国家消亡进展到一定的阶段。与此相应,民众参与社会管理将日益增多。

欧盟的发展可能正在向我们这些研究者展示其诸成员国国家消亡之例证。或曰:欧盟本身难道不是个新的国家机器?答曰:欧盟难免具有若干国家功能,然而显然减少了原有国家机器的许多功能,或许这就是国家正在消亡之证据,提示着全球化与国家消亡二者之关联。

无论何时,管理总是需要的。老子主张"无为而治",不是说废止管理,强调的是"无为",即不要无事而生事,借故实施统治。"治"字提示的就是还要管理。马克思主义者讲的国家消亡并非废除一切管理,而是逐渐减少国家管理以及改变管理方式,其中包括与国家消亡同步扩大民众参与的社会管理,即治理。近几十年全球各地逐步兴旺的 NGO 发展,与全球化同步,属于全球化一个方面,乃是治理之实现。

我们密切注视着小布什领导的现美国政府的行为。一些批评家称小布什充当世界警察。实际上小布什意欲把美国政府转变成"球中央",称其为世界警察还算说轻了。小布什正在借全球化趋势建立类国家机器的"球机器"。(球中央是球机器的中央机构,类比于一个民族国家的国家机器之中央机构。)这是违背全球化本义的。全球化意谓国家消亡,即国家机器消亡,治理兴起。全球化决非以类国家机器的球中央统治取代原先的国家统治。小布什难免赔了夫人又折兵之前景,既损害美国国家利益和美国人民利益,也决不可能实现把美国政府转变为球中央政府之意图。

二、SARS 与人的有限性问题

有限性问题是个哲学问题,但却有着十分广泛的实际应用,在我们的生活中发生重要影响。举个小例子就可以知道吾言不缪:现在大家都知道地球是有限的、地球上的资源是有限的,所以要讲生态平衡、保护环境、可持续发展。我们的前辈却未曾深思就接受了 19 世纪留传下来的社会思想中内涵的地球无限、资源无限之设定。尽管 19 世纪已经有至少有一位英国思想家马尔萨斯在其所著《人口论》中忧心忡忡地提醒人们注意有限性问题，人们却因其理论中不可避免地包含着的若干纰漏轻率地弃此警告于一边。结果是我国人口膨胀、陷入困境。

近20年中国思想界谈论最多的哲学话题大概是海德格尔。海德格尔思想中最重要的，但人们却关注不够的问题当属人的有限性问题。20世纪中国社会多次思潮冲突涉及的深层哲学问题与这个有限、无限问题相关。海德格尔与康德对话很多。康德哲学作为海德格尔批评的形而上学之典范和代表，把人设定为（或曰理解作）无限的。康德哲学中有三个理念（纯粹理性概念）：灵魂不死、自由、神（或译上帝）。称"自由"为理念，意谓设定人之无限性。

1. 现代中国社会对人之无限性的向往

20世纪初的"五四运动"中，国人大力引进西方思想，打出"民主与科学"旗号，内涵着引进"人之无限性"设定。中国传统思想之主流是设定人为有限的。所以，"打倒孔家店"口号内涵中包括了上述人之有限、无限问题。然而，人们在鼓吹"民主与科学"时却由于未有哲学深思忽视了这两面旗帜内涵的无限性设定。这里有二重忽视。一是引进自由而漏掉了神（上帝）和灵魂不死。在康德哲学中，这三个理念构成一个相互关联、不可分割的系统。我们随意引进一个而舍弃了其他两个，文化、思想却不可能让我们如此随意地肢解宰割。二是在引进自由概念时随意篡改其内涵。康德列自由为三理念之一，意思就是设定人之无限性。康德继承了自古希腊柏拉图和基督教使徒保罗以降的西方正统思想，把自由理解为道德之至善，心灵完全摆脱感性、情欲、物质愿望的影响而独立自主。由此引申出来的权利哲学思想设定自由的人懂得绝对地尊重他人意志。自由之内涵就是无限性。人须有充分自觉的自我意识认识自身的无限性。这是西方社会的个体所有权、市场经济、民主政治、法治等等之基础。然而我们中国人多半或一般把自由理解为不守规则约束，理解为感性、情欲之解脱或解放；我们中国人在尊重他人的人格尊严和财产不可侵犯方面一般采取相对主义立场。不少业主一边要求他人承认自己的财产"神圣不可侵犯"，一边干着侵犯他人财产的事。概括地说，中国人把自由理解为有限的。这样双重忽视"民主与科学"中内涵的无限性设定，使得在人们满口西方词句的掩盖下表达的仍然是传统的中国思想。

在不同场合下分别设定无限性、有限性，造成理论上许多困难，使得论证难以严密。

在20世纪人民革命传统中,对无限性的追求曾是相当明显的。有两句经常讲的话:一是改造客观世界,一是改造主观世界。"改造"概念内涵着"终极目的"概念。改造必定要预设一模板作为前提,因为"改造"这一概念意思是把改造对象修削为模板的样子。在此起着"模板"作用的就是终极目的;或准确地说,终极目的是模板系统之根据。改造客观世界既指改造自然界,也指改造社会,而且在使用此词的很多场合指改造社会。改造社会,意思是按照至善这一理念修削社会结构。至善即终极目的。至善即纯粹的善,作为在彼岸的理念,确定无疑是无限的。因此,至善在现世是不可能达到的,因而通常称改造"永无止境"。

在基督教中,由于设定了灵魂不死,即增添了一条无限性命题,改造,特别是思想改造,在道德上就有了说服力。经验告诉我们,终我们一生,任谁也不可能有很大的道德进步。那么,在我们道德进步缓慢的条件下,是否有必要在提高自身道德方面下功夫呢?而且,特别是中国人喜欢问,追求道德进步对自己有什么好处呢?这时,对普通民众而言,设定灵魂不死是必要的。只要设定灵魂不死,论证就可如下开展:尽管此生道德进步成果不多,由于灵魂不死,还可投胎再世为人、继续道德修养,如此一世一世地连续修养,终究会达到道德上的至善。这样就回答了道德本身的价值能否兑现的问题。至于问到追求道德进步的价值问题,即"有什么好处?"回答可以有两类。设定道德价值无限性,就不回答道德有无好处之问题;接受道德价值无限观念的人也不会提出"遵守道德对我有什么好处?"之问题。这是一类。再有一类是设定道德价值有限性的人。一般是排出一个价值序列,如人高于畜牲,男人高于女人,富人高于穷人,道德提高,下一世可以从畜牲转世为人,或从女人转世为男人,或从穷人转世为富人、从普通人转世为官员……

在文化中,或如有些人喜欢的用词方式说,在意识形态中,人是有限的还是无限的这样一个设定,是个重要的基本设定。当代中国通行无神论思想,彻底取消了灵魂概念,更无论灵魂不死。这就是说,当代中国思想设定人是有限的。传统中国思想虽然盛行有神论,道德设定却是有限性。共产主义思想在道德设定上取无限性,但无神论思想设定人是有限的,这构成当代中国思想的内在冲突。在"文化大革命"期间,源于西方文化的基督教精神和形而上学哲学的道德无限性达到顶峰,至少也是中国有历史以来的一大高峰。中国人民自发的宗教是满足肉体欲望和体现现世利益的道教。所以,一当政治压力减弱,有限性道德立刻抬头。进一步的发展是有限性贬低道德、否定道德。人的尊严本来意义体现在道德上——具有高尚道德的人才会获得尊严;现在被篡改成,别人必须任其随心所欲地、哪怕违背道德地行事,即无条件地顺从其意志的贯彻,才叫做有尊严。原先是严格遵守道德才获得尊严,现在人们的理解是有不遵守道德的权力才叫做有尊严。"高扬人性"在古典德国哲学中是高扬理性(无限性道德),到了当代中国的哲学客那里则篡改成了高扬感性和欲望(有限性道德,乃至欲望压倒道德规范)。呜呼!

2. 无限性与西方文化基础

在当代中国文化中,尽管设定人是有限的,却又设定人在道德能力上具有无限性。这就是说,把判断道德上是非的能力交给了人,而且是交给了普通人。

当代中国文化中有三个无限性设定:一是前述资源无限之设定,一是设定人类征服自然的能力无限,再一是上述人类道德能力无限之设定。

西方文化,基督教文明,设定无限性的神(上帝),是其文化的基础。这个命题之内涵包括"西方政治文明以神之设定为基础"。浅学者动辄引进西方政治文化,他们全然不懂,没有基督教为基础,那样的政治体制是不可能建立起来的。那是一个完整的体系,不可分割。要在中国社会建构西方式的政治文明,就必须先行建构基督教或另一种唯灵宗教。而这是不可能做到的,道理很简单:中国人不可能接受无限性的神。基督教继承了犹太教经典,在自己的经典系列中称之为《旧约》。犹太教的神,不设偶像,意在突出其概念之无限性内涵。《旧约》开篇《创世记》记录了一段神话故事,亚当与夏娃在伊甸园偷吃智慧果,这就是著名的"原罪"之来历。不少学者侈谈"原罪",说什么"人的争取物质利益的冲动即基督教所说的原罪",可谓风马牛不相及①。

《旧约》记载,蛇引诱夏娃偷吃智慧果时告诉她,神禁止他们接触此果的原因是"神知道,你们吃的日子眼睛就明亮了,你们便如神能知道善恶。"亚当、夏娃吃了智慧果之后,"他们二人的眼睛就明亮了,才知道自己是赤身露体,便拿无花果树的叶子,为自己编作裙子。"神发现之后惩罚了他们。"耶和华神说,

---

① 黑格尔曾说基督教以人性恶为基本设定。黑格尔说此话的意思是,基督教主张人有原罪,即是主张人性本恶。按我的理解,基督教所说原罪指人自以为有判断道德是非之能力,因而此"人性本恶"论与儒家主张"人性本善"论者同调,原因是儒家主张的人性本善即指人的本性具有判断道德是非之能力。

那人已经与我们相似,能知道善恶。现在恐怕他伸手又摘生命树的果子吃,就永远活着。"把他们赶出了伊甸园。①

这就是"原罪"!如神般懂得善恶居然是犯罪?中国人怎么可能接受这样的思想、观念!

根本不涉及物质利益之类的问题,仅仅涉及道德能力。原先亚当、夏娃赤身露体不穿衣服,天真自然,不以之为羞耻。吃了智慧果的第一个成绩就是启迪了羞耻心,要穿衣服遮羞了。在我们看来,这是道德上开化啊!这是人类的伟大进步啊!怎么在犹太教中竟然说成是堕落之始,并且其堕落之深,连累了子子孙孙,使全人类从此遗传永远不绝的罪源,延续及世世代代?

这里蕴涵着"原罪"本来的、真切的含义。怎样理解?很不容易。我们不敢贸然解释,以致贻笑大方之家。须经仔细研究、讨论。以下讲的仅仅是我的粗浅体会。我揣测,这段神话的寓意是,人一旦自以为是,自认有权力作道德善恶之评判,他就开始堕落。也就是说,一定要把判断善恶的道德能力归于神。如果主张人有判断善恶的道德能力,就是犯罪。由于人类的天性是生而自以为有判断善恶的能力,所以人与生俱来就有犯罪倾向——故而称之为"原罪",有遗传性。

这段极有影响从而极具地位的神话故事设定:只有神在道德能力上具有无限性,而人,在道德能力上极其有限。在各种宗教、意识形态中,犹太教、基督教关于人的道德能力之设定是最低的。这是西方文化中政治的、经济的、法律的、社会的制度之基础。

《圣经·旧约》还有一些说法与此相互印证。如所罗门《箴言》"敬畏耶和华是知识的开端。"对神的敬畏说成是知识的开端。这里讲的是态度:态度重要啊!讲到对神的态度,显然知识指道德原则,指的是做人或曰待人接物的知识。这么讲法,全然是中国人的思路。若恪守本义,则就是对神的态度。神设定为有无限道德能力,人则设定为道德能力极其有限。怎么叫做愚昧?自以为有权判断道德上的是非就是愚昧!这就是说,当人自以为聪明时他就表现出自己的愚昧。自以为聪明就会狂妄。"敬畏神"之道德上的意义就是谦卑。

要更准确地领会敬畏、谦卑之含义,读一下《旧约·约伯记》是必要的。《约伯记》是一篇很不容易理解的文章。坦率地说,我本人对这篇文献的理解

---

① 《创世记》第三章,《圣经》中文和合本。

是很肤浅的。我不仅不是基督徒,我还是个无神论者,因而很难领会这些宗教文献。但我猜测,《约伯记》展示的是何谓信仰。敬畏、谦卑属于信仰之内涵。与之对比,中国人拜寺烧香属于迷信,不是信仰。

《约伯记》讲了一个犹太教徒约伯信仰坚定的事迹。约伯显然成了典范的犹太教徒。约伯是个大富翁,子女繁多,极享人间之福。他对子女教育抓得很紧,惟恐儿子们背离神。神认为"地上再没有人像他完全正直,敬畏神,远离恶事。"然而撒但反驳耶和华说,"约伯敬畏神,岂是无故呢。你岂不是四面圈上篱笆,围护他和他的家,并他一切所有的么。他手所做的都蒙你赐福。他的家产也在地上增多。"挑战说:"你且伸手毁他一切所有的。他必当面弃掉你。"①撒但的理论是:由于约伯得了神的好处,他才敬奉神;如果神撤销施恩给约伯的好处,约伯就会抛弃神。神耶和华接受了魔鬼撒但的挑战,让魔鬼施行了一系列的考察。第一阶段允许魔鬼毁掉约伯所有的一切,只是不准碰他。其后考察渐次深入,毁约伯身体、灭其家人……

照这篇文字的叙事风格看,开始像是上帝与魔鬼在打赌,地位似乎是平起平坐的。行文到最后,撒但不知不觉地消失了,上帝与约伯直接对话。赌注,即上帝输了的话须赔魔鬼什么,没有提。似乎不那么严重——上帝表扬约伯,魔鬼不同意;上帝让魔鬼任意而为来考察约伯,即使考察下来证明上帝评价错了,似乎输的也只是对一个人的评语不妥,没有什么大不了。

然而,就《约伯记》这篇文献在《圣经》中有一席之地来看,问题没有那么简单。如果上帝输了,输的是整个价值体系——信仰崩溃、道德解体。请看撒但的理论:"约伯敬畏神,岂是无故呢。"魔鬼的理论是:敬畏神,或曰信仰,是有条件的。而上帝的理论是:信仰应是无条件的。约伯之所以受到上帝耶和华的表扬"完全正直",正因为他表现了无条件的信仰。争点正在于"有条件"还是"无条件"这一点上。这一点是基督教、犹太教信仰的基石,也是基督教文明中道德的基石。

《约伯记》是篇很长的文章,文中有大篇讲述应当如何崇拜神、把自己完全交托给神的文字,也有冗长而费解的学术讨论,在此不赘述。这是篇值得深思

---

① 《约伯记》第一章,《圣经》中文和合本。撒但是魔鬼的名字,请读者注意:魔鬼的理论与我们相当多的中国人的理论何等一致。撒但是魔鬼的名字,请读者注意:魔鬼的理论与我们相当多的中国人的理论何等一致。

的文章,建议读者找来读读。总之,反复考察之结果是,上帝对约伯满意。其後,约伯再娶妻生子、聚集财富,又活了140年。

怎么理解约伯对神的态度？我想借用"文化大革命"期间流行的一个词"无限信仰"。我想,在我们的语汇库中再也找不到更贴切的词了。对神的无限信仰是整个西方基督教文明的基石,是市场经济、市民社会、民主政治、法治……的基础。中国文化中没有对神的无限信仰。简直就没有信仰,更无论无限信仰！中国人有的只是迷信。所以中国社会不可能引进西方文明,市场经济、市民社会、民主政治、法治……一旦引进,必定走样,成为"中国特色的……"。

中国古人有讲敬畏的。孔子说过,"君子有三畏：畏天命,畏大人,畏圣人之言。小人不知天命而不畏也,狎大人,侮圣人之言。"①虽然讲到了敬畏,但"天命"有无神论意义；更要紧的是,天命未明言无条件性。我国学者常有解释"天"为人格神的。确实,古代中国有把"天"理解为主宰的。但是,如果说古代中国思想中的"天"有一点儿"人格",那么这"天"决无犹太思想中和基督教思想中的"神格"。所以我们说"天命"较多显示的是无神论意义。"大人",指领导干部；"圣人之言"意思明白,无须解释。所以,尽管古人讲了"畏",一则君子知天命因而懂得畏,小人无知而无畏。再则有知方知畏,因而此畏是有条件的,不是无条件的。"知"字要紧。三则未明确地表达至高无上者为谁——是神,还是人。按孔子的语义揣测,至高无上者,即下决断者,是人而非神。如果由神担当至高无上者,那么此畏应当是敬畏,也就是说,是不准测度、不准探究、不准怀疑、不准思考,信就是了。然而,按孔子语义,畏的"天命"是由于深不可测,努力认识,他老人家到五十岁才认识,一般人大概一生一世也不能认识。这里说的是,不但有可能认识天命,而且是要去努力认识、争取能够认识。只有认识到一定程度才会懂得"畏"。谁不打算认识,就必定"不知天命而不畏",必定是小人。这样看来,至高无上者是人,当然不是一般人(小人就是指一般人),是圣人,或许再加上部分大人。

在犹太教、基督教正统思想中,不允许把神作为研究对象。神仅仅是信仰对象。一旦把神作为研究对象,信仰就开始遭到破坏,最终必导致信仰崩溃。然而在中国传统思想中,天命必须是研究对象；一个人能否升格为"大人"(即能否担当领导工作)的主要标准就是他对天命认识水平有多高。这是中国文

---

① 《论语·季氏》。

化中没有对神的信仰之根本原因。司马迁说"劳苦倦极未尝不呼天也,疾痛惨怛未尝不呼父母也",对中国人来说,作为精神支柱的"天"类似于父母,是个寄托情感的对象,不是理性信仰的对象。

3. 中国文化基础中内涵的狂妄性

孔子还算讲"畏天命"。后来的儒者,由于受佛教影响,思想自由之精神高涨。先是魏晋玄学倡导解放思想,努力挣脱古代思想"敬天"传统。佛学更加自由,从学理上就强调思想、心为中心,不受约束(如"沙门不敬王者"之说,表达拒绝世俗权力的愿望)。禅宗还倡导"呵祖骂佛",思想解放达到极致。唐韩愈揭起反对佛教倡导复兴儒学的大旗,宋儒掀起新儒学运动,儒学重新取得思想界的统治地位。儒学大盛。但是著名的儒学者早期多沉溺于佛学。在某种意义上,佛学,特别是禅宗体现的佛学,其精神渗入了新儒学。那些著名的儒学者,在转向儒学之后,在他们倡导的儒家学说中时不时地显露出佛学天不怕地不怕的狂放精神。最为典范者,我想,当属宋朝的张载(横渠先生)。张横渠有四句话:

"为天地立心,为生民立命,为往圣继绝学,为万世开太平。"

极有影响。自朱熹至当今的冯友兰先生都极力表扬这四句话,简直成了儒家代表人物的宗旨。我本人也曾追随先贤,敬奉这四句话。这四句话豪迈之至,置自身于天地人神之上,傲视古今,摆出一副唯我独尊的架势。虽然孟子说过"方今天下舍我其谁"的话,但那语义是以排击杨、墨的斗士自居,并未过分抬高自己。即使如此,已经遭到宋儒程、朱批评,说孟子"有些英气","才有英气,便有圭角,英气甚害事。"对孟子的评价仅是"大贤";颜渊是"亚圣",孟子够不上亚圣,属"亚圣之次"。其後儒学日益狂放,孟子抬高至"亚圣",流传至今。我有篇文章写了孟子"亚圣之次"的词组,居然被一位自作聪明的编辑以为蛇足而勾去"之次"二字。偶或还有置孟子于孔子之上的见解。治儒学者态度之激进,可见一斑。

1958年大跃进时代有首民歌:

天上没有玉皇,

地上没有龙王。

我就是玉皇!

我就是龙王!

喝令三山五岳开道:

我来了！

这首民歌在 1958 年流传甚广,可谓家喻户晓,影响极大。这首民歌的传播既说明民众接受狂放,也推动民众进一步狂放。与基督教倡导的谦卑对比,儒学的狂放,灼然可见。或曰:儒学不也强调谦虚吗？谦虚、谦卑是两个截然不同的概念。谦虚与内在的狂放结合,使得谦虚成了策略和计谋。谦卑却是信仰之体现,有信仰者自然而然就会谦卑。谦卑是对信仰对象的谦卑,谦虚却是无对象的。谦虚是应对环境的策略,专属于主体自身。谦,出自《尚書》:"满招损,谦受益。"虚,出自老子哲学,言论甚多,兹引数例:"无名天地之始……故常无,欲以观其妙","致虚极,守静笃","夫唯不争,故天下莫能与之争。"故谦虚者决不谦卑。

当然,一般说来普通民众很少受到儒学影响,也很少受到佛学影响。这首民歌的影响首先及于知识阶层,而后再传播到普通民众之中。一般民众缺少信仰,人们称之为信仰者多半属于迷信。人们到佛寺烧香,目的是请佛为自己办事,因而实质是向佛行贿。这与基督徒的宗教活动成为鲜明对比——基督徒聚会目的是清理思想,检讨自己信仰不坚定处,类似于我们的斗私批修、批评与自我批评。中国人烧香目的决非自我批评。"许愿"是允诺自己所提要求满足之后支付的回报,不是检讨自身言行之缺失。中国人还有一绝:和尚与道士联合"执法",做法事赶鬼驱狐。这不仅体现中国人的宗教宽容、居于多神论与无神论之间、实用为尚、病急乱投医从而甘心上当受骗,而且透露一个极重要的消息:中国文化中还留存着古代巫术的很多要素。这种法事实质上是古代巫术的翻版,看似佛事道场,实际上是巫术活动。大量不信佛教的人士见佛寺就烧香,其意义也是巫术多于纯正佛教。他们要解决的不是精神问题而是关系到物质利益的实际问题。没有信仰的人极难谦卑。有些佛寺阴森恐怖,佛像也多面目狰狞,崇拜者的心态属于害怕而非谦卑,仍然是迷信而非信仰。

烧香是人控制神、佛的努力[①]。神、佛具有超常的巨大能力,确实让人害怕。但中国人有充分的信心令其为己所用。采用的办法就是行贿,花钱收买。

[①] 佛教中烧香之本意是帮助自己清净心灵,是达到直观内心的禅境的辅助活动。但在中国民众的"宗教"实践中,烧香是为神、佛而做,是礼拜神、佛,是求告,是借以控制现实世界中因果链条的巫术活动。

狡黠地从害怕到收买是中国下层民众对付流氓恶势力通常的反应。这种方法推广运用来对付神、佛、官员。这就是说,尽管害怕至极,仍然是把人置于神、佛之上。烧香时所表现的虔诚,决不意味着谦卑。就像到干部家行贿,进门之初一脸诚恳,一旦遭到拒绝,知道无望,立即翻脸,露出一付凶相恶狠狠地威胁逼迫,不达目的决不罢休。烧香的虔诚态度是有条件的,条件就是目的能够达到;如若目的不能达到,就要"骂山门"。

以上事例说明,中国人未曾赋予神、佛等道德判断的无限能力。毋宁说,道德上终极的裁决者还是放在自己身上。用一句近年流行的用语述说,那就是中国人的"主体性"极强。中国人习惯于自做主人、不做奴隶;或者在做不成主人时当奴才,决不做奴隶。如果以基督徒向中国人示例,中国人会认为那是在做奴隶,决不肯学的。近年来日见流行的儒家新心学,在某种程度上反映了国人"师心自用"的倾向。对前人已有经验持不屑一顾态度,对长辈劝说持不屑一顾态度,对老师说教持不屑一顾态度,甚至对上级指令持阳奉阴违态度,只相信自己,各行其事、自作主张——这就是"主体性"一词之内涵。

尽管设定人自身具有道德能力无限性,但中国人奉行的道德却是有限性的。无论是传统道德还是当今通行道德都是有限性的,与共产主义道德之无限性不相一致。前面已经有讨论,在此不赘述。

4. 当代科学技术观中内涵的狂妄性

对科学技术的观念中,"人类征服自然的能力无限"是个被中国民众更为广泛接受的设定。前述地球无限、地球上的资源无限之设定与人类征服自然的能力无限之设定相结合,就很自然地得出"有了人就可以创造出一切人间奇迹"之结论。

关于这种无限性,无限概念可有两种解释。以数学上讲的无限作比。一是存在一个常量极限,但数列或函数永远只能趋近但不能达到此极限;一是不存在常量极限,数列或函数趋向于无穷大。在上述两种情况下,都可以说数列或函数"无限地""进步"——那过程永远不会中止。在第一种情况下,虽然过程是无限的,结果却是有限的。以此作比来看人的征服自然能力,当我们说人的能力(指征服自然)无限时,是指哪一种情况?是想说,人的能力有限,但达到此有限的最高点之过程却是无限的,还是想说,任什么也不能限制人的能力,人的能力可以达到任何高度?

应该承认,上述两种情况都是无法证明的。至多只能作"形而上学的"证明,不可能作"科学的"(sientific)证明。然而必须作一设定。人类的许多理论、许多行动都须以某种设定为前提。必须对人类是否具有征服自然的无限能力作一回答。我们认为,要作回答,可取的是设定人类征服自然能力之有限性,即:过程是无限的,结果是有限的。

但是人们实际上采取的设定是人类能力之无限性。从科学发展看,这样设定促进了科学的发展,否则科学发展就失去动力。古希腊哲学家设定存在原子,科学家们就去寻找原子。尽管找到今天仍然未找到古希腊人想象的那种"不可再分的"原子,科学却得到了强大的动力,发展出今天到处可见的伟大成就。坏处是人类却因此越发狂妄,越发以为自身能力无限,进一步大肆开发自然界,从而造成更加严重的环境破坏。

造成上述错误认识的根源之一是对科学本性的不正确观念。许多人以为自然科学是研究自然界的。这是个流传极为广泛的错误观念。实际上自然科学研究的是自然图景,而不是自然界。更直接地说,典范的自然科学研究的是科学家构建的数学模型或曰物理模型。这样说有点儿简单化之嫌,实际情况要复杂得多;但大体接近真相。理论物理学家的工作是对物理学大师提出的物理模型作数学分析。物理模型是对自然界某一局部或某一侧面的某种或粗略或精细的模拟。理论家们构建模型、研究模型的数学表达式、不满意此模型时再作修改或创建新模型;实验家们根据物理模型和相应的、以数学式表达的理论设计仪器、制订获取数据的实验方案、把作为实验结果的数据与理论运算结果作比较,使得理论家们可以检查理论是否令人满意,从而决定此理论的应用价值。这是自然科学理论与自然界相关之方式。而科学家们,无论理论家还是实验家,真正直接玩儿的游戏却是模型。科学研究无限接近的是对模型的认识,而不是对自然界的认识。当然也可以说,在玩儿模型的同时科学家们也在认识自然界。只要加上一个命题,模型会无限接近自然界,此说就能得到认可。这是个有待证明的论点。我本人目前还不敢下结论。在我的研究工作中有一个关节点性质的问题一直未能解决:实验数据在什么样的程度上反映自然界?早年我的同学与我曾争论过海森伯提出的一个论点:测不准原理表现主观、客观分不清。我的同学认为仪器表达感官。他的论据是把"工具是肢体的延长"引申为"仪器是感官的延长"。我对他的反驳有两点。一、棍棒可以说是肢体延长,但其他工具未必可以这样说,比如最简单的工具,杠杆,内中就包含着思想。复杂的工具,比如车床、计算尺,更不能说是肢体延长。二、物理学中的仪器,简单的仪器比如说是电表、电压计或电流计,都是根据理论设计和制造的,可以说与感官毫无关系,反倒是思想之产物。最简单的仪器,直尺,也是思想的产物。不错,读仪器要用感官(主要是眼睛,很少情况下用耳朵),但只要读的是刻度,那刻度显示的就是由理论规定的信息。无论怎样说信息之客观性,其中内涵着理论是无可置疑的。我本人十分赞赏海森伯提出的一个难点:微观物理学实验中用以轰击作为研究对象粒子的只能是能级相当的粒子,但在干扰实验对象的同时干扰者(用以轰击的粒子)本身也改变得过大,几乎同等地大,从而实验结果的数据到底有多大的科学价值就有了疑问。但是海森伯使用哲学词汇似乎不够熟练,主观、客观二词用得似乎不那么地道。当然我们从来对物理学家谈哲学不苛求,一要允许别人谈,二要当别人用词不地道时不要嘲笑。(同样,我希望自然科学家们对我这里或许有的不地道取宽容态度。)不苛求自然科学家不等于放弃对哲学家的严格要求。哲学家有责任讲清楚自然科学之本性、自然科学知识之局限性、科学知识在多大程度上是可靠的与自然科学研究成果价值之相对性。决不应助长"自然科学万能"、"科学知识可靠"的迷信。自然科学价值全然是相对的,科学知识之可靠性也是相对的。科学是有限的。

但在自然科学根底里有无限性设定。对此,康德作过绝妙的阐述。他列"宇宙"为纯粹理性概念或称理念之一,论证极为透辟,彻底解决了思想史上曾有的一切相关争议和不明确之处。康德之后再有哲学家试图议论宇宙质量的,当列入缺乏逻辑思考能力之伍。(物理学家可以根据自己制定理论的需要设定宇宙质量之有限或无限。)这无限性设定(指宇宙概念)以及作此设定时必定有的形而上学态度,是科学精神必不可少的内涵,是科学研究基本前提之一,但与认定科学能力无限的狂妄态度风马牛不相及。

对自然科学本性的不正确观念直接导致"人类认识能力无限"的错误结论。再从认识能力无限引申为实践能力无限或曰改造、征服自然能力无限。人们相信,由科学技术引发的一切问题都可以通过进一步发展科学技术解决。这一缺乏根据、未经论证的命题,全然系由人类能力无限之设定引申而来。确实,经验告诉人们,曾经遇到过的大量问题都一一得到解决。然而由这些有限经验不能运用归纳得出普遍性结论——一切未来遇到的问题都可由发展科学解决。

我们通过对自然科学本性的研究论证了科学知识之局限性、相对性、有限性。"人类征服自然能力无限"命题无法从哲学或科学论证。相信这一命题仅仅说明人们的态度。这是又一种狂妄态度。环境问题、生态问题、可持续发展问题涉及的归根到底是态度问题。我们应该怎样对待自然界的问题,归根到底是我们应该怎样看待自身的问题。因而是态度问题。

人类啊,再也不能那样狂妄啦!

5. SARS与这个有限、无限问题的关联

SARS在问中国人:何时何事为无限,何时何事为有限?

人们常常以如下思路决策:以往的成功使他相信,目前遇到的障碍是正确路线不够彻底造成,于是循着原先的路线继续前进。于是一错再错、恶性循环。为什么不来个逆向考虑,另辟蹊径,采取调整路线的思路?

可持续发展是种新思路,要求人们调整路线。可持续发展思路要求人们考虑的首要问题就是这个有限、无限问题。不仅要承认地球有限、资源有限,而且要承认人的地位的有限性,特别要认识到人类能力的有限性。

中国古代有个命题:人为万物之灵。这一命题确立人的地位,除神之外,居于最高地位。如果取无神论,则人居于至高无上地位。

然而这里的要害问题是:这个"灵"字,意指知识能力(或曰科学能力)还是道德能力?

古人原义大约指,"天"把最大的能力赋予人类,无论是科学能力或知识能力,还是道德能力,人都优于一切其他生物、无生物。也就是说,这是个一般意义上的价值判断。人是衡量一切善恶的源始价值标准。人类有权吃其他一切生物、无生物;而其他生物、无生物则无权吃人类。有能力吃人类的动物,如狼、虎等,被宣布为害兽;不吃人类且温顺地供人类吃的动物,如羊、猪等,被宣布为善兽。蚊子咬人致疼痒且传播疾病,被宣布为害虫。麻雀虽然不咬人,但人们经常看见它们吃人类种植的粮食作物,被宣布为害鸟。后因1958年中国大陆停产停课三天全面扑灭麻雀引发槐尺蠖(北京俗称"吊丝鬼儿")大量繁殖影响了北京市民生活,有人乘机进言对麻雀要"一分为二",辨析麻雀虽吃粮但也吃虫,"功大于过",麻雀才获赦免,勾销其于"四害"名单上的恶名。

在当今的时代,人类已经开始反省自身价值体系中存在的毛病。人类开始留意不再对各物种实施赶尽杀绝的方针,对无生物资源也开始主张留有余地的使用原则。然而视人类高于一切的价值体系仍然未变。人们开始提倡儒家"与自然协调"、"网开一面"的价值观念,仍然无视佛教"众生平等"的价值观

念。人类对其他生命仍然是君临其上予取予夺生杀任意。人类的嘴虽然不像虎狼般的血盆大口，猎取与咀嚼的能力则大大超过虎狼。人类发挥自身杂食之优势，把嘴伸向一切物种，从植物到动物，从敌人（虎狼）到朋友（牛羊犬马），从畜养到捕猎，从蛇到蚂蚁，无所不餐，无物不试。终于吃出灾难来了。

应当反省视人类为宇宙中心、价值中心的观念。SARS是一次警告，而且只不过是一次轻微的警告。人类千万不要变本加厉继续沿着错误思路作出反应。人类并非能力无限、权力无限。人为万物之灵——灵在人类能够反省自身、纠正错误，也就是说，灵在人类有道德能力。

一些学者告诉人们：他们必能战胜SARS。

何谓战胜一种病毒？一曰有效隔离，让人与病毒不相接触。这不是战胜，仅仅是建立"新型"种际秩序、互不侵犯、相安无事。其实就是人类自我克制……食欲，以及自我限制活动范围。因而不是我们战胜SARS，而是人类"战胜"自己。二曰制成疫苗，让人获得抗体、具有免疫能力。

何谓免疫力？原来是主动引入病毒的毒性极弱的子孙居住人体内，与人体达到和平共处局面。说这是战胜，不如说是投降更为恰当。当然，我们不同意说这是投降。放手让病毒在身上大量地乃至无限地繁殖，是投降。接种疫苗仅仅是极少量地引进，因而算不上投降。但不管怎么说，对病毒的"战胜"不是消灭。一般民众理解的战胜，就是消灭。对病毒，我们能做的至多不过是相互适应、寻求共存及相处方式。而且不是傲慢地等待病毒适应人类，反倒是人类迫切地寻求适应病毒之道，不能有半点骄傲！

说这是战胜，岂非自欺欺人？

当然，我们并不认为那些学者在蓄意欺骗民众。他们仅仅仍然沉溺在自认人类能力无限的迷信之中。

当一个人确认人类能力无限、权力无限时，他是愚昧的。当他真切地认识到人类能力有限、权力有限时，他开始聪明了。

自作聪明的人是最愚昧的。

SARS再度教导我们领会这个古老的真理。

社会科学方法论及其哲学基础[①]

关于今天讲的这个题目,事先曾亦教授给我提了点要求,我尽量满足吧,不过,定量研究的方面可能还是讲得少一些为好。关于社会科学的方法,与人文学科虽然有相当大的距离,但也有相通的地方。至于跟自然科学相比,也有很多差异。因此,我们开始谈这个题目的时候,先把我关于学科分类的观念稍微地提一下。

哲学不属于社会科学,是一个单独的学科。哲学和社会科学肯定不是一回事。我们现在讲的文科,一般分三类,就是哲学、社会科学与人文学科。哲学和人文学科也不一样,因为人文学科还有一个实证、经验性质的方面。还有一类,就是管理学,我想应该算在文科的里面。不过这个问题是有争议的。因为有些人把管理学看作理科,如复旦大学管理学院的创始者郑绍濂教授有一句名言:"管理学就是数学。"但我认为算文科为好,因为它主要处理人与人之间的社会关系。这样,我们就把文科分成四类,即哲学、社会科学、人文学科与管理学。

关于理科方面。数学肯定跟自然科学不是一回事,自然科学跟工程学也不一回事,因此,我们可以把理科与工科区分开来,此外,还有数学。我们借用康德的说法,可以讲得比较清楚。数学只涉及感性直观的形式,物理学则必须包含感性直观的质料。但是,现在这个界限有点儿模糊。譬如,力学本来算理科,但现在也带有工程的成分,如复旦大学的力学就努力把自己变成工科。但

[①] 这是应复旦大学思想史研究中心曾亦(时任复旦大学社会学系副教授,现任同济大学教授)邀请于 2007 年 1 月 15 日作的讲座。曾在该中心编的"思想史研究"第四辑《欧阳修与宋代士大夫》刊载,上海人民出版社,2007 年 9 月版。

是，力学也可以算是一门纯数学。

此外，还有一些学科是很难归类的，如逻辑学和语言学，我们无法将它们归于上面任何一类。

上面我们大致对学科分类作了一番描述。下面我们接着讲科学的方法。现在不论是自然科学，还是社会科学，都喜欢把自己看作是追求真理的。这样，科学被当成追求真理的一个途径。这种思想我认为是错的。在这个意义上，科学是很可疑的，它达不到这个目的，实现不了它这个目的性规定。

那么，科学到底是什么呢？无疑，自然科学是很成功的。由于自然科学成功了，所以很多过去讲哲学的人，从法国的孔德开始，就有这样一个想法：哲学是不是也能像自然科学那样搞成一种实证的学问？因此，当时孔德提出了实证哲学的概念。不过，这个实证哲学应该算社会科学，这就是后来社会学的嚆矢。嚆矢，就是响箭。好比有人到水泊梁山入伙，外边负责接待的朱贵，先射一支响箭过去，报告有人来入伙了。嚆矢，用现在的话来说，就是先声的意思。

社会科学从一开始就有这样一个理念，即模仿自然科学。那么，自然科学的目标是什么呢？我们稍微提一下。物理学这个词，英文是 physics，在拉丁文里是 phisica，亚里士多德使用这个词指我们现在讲的自然哲学，还没有实证的意味。那么，物理学什么时候有了科学意味呢？现在科学史家都公认现代物理学是从伽利略开始的。伽利略把问题从回答为什么，转化为回答怎么样，英文就是从 why 到 how。亚里士多德讲四个原因，即质量因、形式因、动力因与目的因，都是要讲为什么，到了伽利略这里，把这四个原因全取消了，只是描述事物怎样运动，而不去追问事物为什么要运动。后来，笛卡尔觉得完全取消了不行，就把其中的作用因招回来了。所以，现在物理学里面就包含了这么一个原因，即作用因；而且，这个作用因的意义跟亚里士多德那里并不一样。可以说，作为实证科学的自然科学，在整个思想史上的转折点就是伽利略，再加上后来笛卡尔所作的调整。

自然科学是要找规律的，就是在现象之间找规律。其实，规律这个词是很低的。现在有些研究中国哲学的人，把老子讲的道说成是规律。这是在贬低老子。现在，社会科学也要找规律。但是，社会科学找规律就碰到一个很大的问题。因为自然科学的规律是可以借助数学的形式表达出来的，譬如，从形式上讲，牛顿理论是一个典范，后面的科学基本上都模仿它。这种形式是非常完美的,甚至哲学与社会科学都觉得很完美,想方设法进行模仿。在哲学上,这种模仿的最有代表性的范例就是斯宾诺莎的《伦理学》,这里面运用了跟欧几里德几何并不多的表达方式。后来,康德在《纯粹理性批判》里有一些话,我的体会,就是批评斯宾诺莎这种做法。康德对独断论的批判表明,哲学不能用数学的方式来表达。现在,社会科学仍然追求这种数学形式的表达,似乎还有得到强化的趋势。

人文学科也受自然科学的影响,也想找规律。最具典范的就是马克思的理论,试图给历史发展找出一般的规律。什么是规律呢?按照康德的说法,就是把时间上先后两个现象,借助因果范畴联系起来。新康德学派的代表人物之一李凯尔特,在其《文化科学和自然科学》一书中,认为历史是没有规律的。这个论断非常了不起。因为历史与自然现象不同,历史现象都是一次性事件。如果要找规律,就必须要有一定数量的现象。穆勒提出"齐一性"的概念,即自然现象可以无限次重复。当然,这个无限实际上不存在,人类的经验都是有限的,无限只是一种设定,康德称为"可能经验"。无限只是微积分要求的一种设定,在经验中是不存在的。但是,近代的数学,也就是高等数学,必须有这么一个前提,有这么一个设定,然后自然科学才有可能找规律。如果没有这个无限性设定,以及齐一性的要求,科学不可能,规律也不可能。

英国历史学家汤因比主张实证主义,也试图为人类历史上的文明找规律。但是,汤因比发现,这是个很冒险的事业。为什么呢?他说,现在地球上发现的原始社会有三百多个,这个数量足够找规律吗?他认为够了。至于文明,大致只有二十多个,在这有限数量的文明中寻找自然科学意义上的规律,实在太冒险了。

而且,历史现象中不能找规律,还在于历史没有可重复性。自然现象可以找规律,它有现象齐一性的设定。就是说,每个现象在同样的条件下,可以重复出现。比方说氢原子,任何人在任何时间找到的氢原子总是同样的,有所不同可以解释为能级不同,这就是齐一性。社会现象也不可能有齐一性。就拿我们自己来讲,我们每天都在长大,过几天就不一样了,更不用说过了一年,甚至数年,整个人乃至整个社会都面目全非了。在这个意义上,社会科学不具备寻找规律的条件。当然,我们可以近似地设定,社会现象也有齐一性,否则,社会科学就得废掉了。

因此,从西南学派以后,历史学找规律这一点就被否定了,历史学从那以后就不是科学了。那么，历史学既不能寻找规律，其价值何在呢？直至到伽达默尔1962年发表《真理与方法》，历史学的价值才在方法论上重新确立。

由此看来，我们现在整个社会科学研究中有很多问题。如果说李凯尔特否定人文学科作为一门科学的价值，那伽达默尔《真理与方法》的意义就在于，重新肯定了人文学科的价值，但不是在科学的意义加以肯定。不过，当李凯尔特否定人文学科的科学性时，倒是给社会科学留下了余地，社会科学仍然可以去找规律。

这是我开头要先讲的一些话。

下面，我们讲第二个问题，也就是社会科学的方法论问题。

人文学科和社会科学很不一样。社会科学还勉强可以找规律，人文学科恐怕就不是找规律了，用一句通俗的话来说，而是找意义。伽达默尔《真理与方法》现在通常都认为是诠释学的经典，被看作是一种哲学理论。但是，我觉得对具体做各种学科的人来说，有着另外的价值，就是说，我们可以不从学哲学的角度去看这本书，而是从里面找到本学科价值所在，本学科的立足点所在，可以从方法论的角度去读这本书。

我现在的教学里面比较多涉及到社会科学的方法论问题。社会科学主要指的是经济学、社会学、法学和政治学。此外，伦理学应该也算是社会科学，属于经验科学。因为道德哲学可以说是哲学，但伦理学却是一种实证性质的科学。还有管理学，相对于纯理论的社会科学来说，是一种应用性的学科，也属于社会科学。至于新闻学也是社会科学。不过，现在叫新闻不大合适，应该叫传播学。它作为一门学科不是提供新闻，而是搜集、处理、提供信息，包括制造信息、运用信息来控制社会。

关于社会科学的方法，首先要碰到的一个问题，就是社会科学的研究对象是什么？这个问题实际上我们很不清楚。很多人认为社会科学研究人与人的关系。这个讲法很模糊。一切学科都要从最简单的东西出发，但是，人肯定不是一个简单事物。尽管这样，现在社会科学里很多都假设了一个人作为出发点，比如，经济学中有经济人，政治学中有人格，也就是理性人，等等。我们做方法论分析的时候，首先要对这些基本概念考察一下它的来历。

自然科学把原子论作为它的哲学基础，社会科学效仿这种思路，而把人作为一个单元来研究。前些时候，杨福家院士到上海杨浦中学作了一个报告，就讲到原子论，说科学家如何去研究原子，搞了多少发明，最后发现这个原子还可以再分。杨院士思路很清晰,讲的是原子从哲学概念转变为物理学模型的过程。按照古希腊的哲学观念,原子是不可再分的东西。西方科学家试图在经验中找到原子,曾一度自认为找到了,后来发现这个所谓的原子其实还可以再分。既然可以再分,它就不是原子了。但是,既然已经叫成原子,就只好这么叫下去了。所以,这个原子只是一个"科学的误会"——科学家对哲学概念的误会。有一次我在香港大学遇到一个美国某名牌大学的物理系主任,是个台湾去的华人,后来入了美国籍。这位学者就不大清楚原子有哲学概念与物理模型之别。他听我说古希腊哲学家提出的原子是找不到的,就好像给我上课一样,告诉我说,古希腊人的原子我们现在已经找到了,有一百多种……我没法儿跟他交谈下去,因为他已经设定我是不懂物理学的,所以我肯定是错的。他大概不了解祖国大陆能考上大学的高中生都能背诵元素周期表。古希腊人讲的原子是一个哲学上的概念,指某种不可再分的东西,不能定量地看待,是无法在经验中找到的。物理学中的原子是个经验概念,可测量的,实质上是模型。他没有把哲学概念、物理学模型区分开来。

科学这种寻找原子的做法,体现了一种还原论的思路。现在我们的中药、中医为什么会受到批评呢?因为我们运用一种科学的眼光,实际上就是拿科学中的还原论思想,要找到中药中的"有效成分",这怎么可能找得到呢?中医讲阴阳五行,其中基本没有什么还原论的思想。所谓五行,行就是运行的意思,道也是运行的意思,这都与还原论无关。还原论则不同,总是想要把世界还原成简单的事物。目前的社会科学里面,就有很多还原论的思想,所以总是把复杂的社会现象还原为简单的个人,以及个人的行为,或者说,社会科学总是从个人出发去理解复杂的社会现象。

对于社会科学研究对象的这个简单的个人,其实还可以做进一步的分解。我们可以运用马克思的二重性理论,把人区分为自然存在和社会存在,那么,对于社会科学来说,它所研究的对象,并不是一般意义上的人,而是作为社会存在的人;也有作为自然存在的人。而对于人文学科来说,又必须从文化存在的角度去考察个人,因为每一个人都可以看作是文化的载体,或者说是文化传统的一个实现,每一个人实际上都体现了这个社会的文化。譬如,我们现在每一个中国人,都体现了中国人的共性,整个历史文化都在他身上承载着。李泽厚所说的"积淀"就有这个意思。

当然,从现实中来看,历史文化在个人身上的体现是不完整的。我们批评王阳明的心学，是因为他把人心看作是完整的：我只要体会我的心，就可以把宇宙之理都领会了。这对于普通人来说是不可能的，只有圣贤身上具备的众理才是完整的。因此，当王阳明讲到常人为什么总是修养不好时，就显得矛盾百出了。从这个方面来看，还是朱子讲得比较好，因为他要求个人必须在每一件事上去理会，然后逐步做到心和理的一致。

社会科学以人的社会存在为研究对象，那么，这个对象是如何建构的呢？在讲个问题之前，我们先谈谈这个对象的性质。作为社会存在的人，是看不见、摸不着的。我们举一个恩格斯用过的例子。当时，很多人攻击共产党共产共妻，恩格斯为了回击这种批评，引用了《拿破仑法典》中给父亲的定义：婴儿母亲在受孕、怀胎时的丈夫，就是婴儿的父亲。这个父亲是法律意义上的父亲，或者说是社会关系意义上的父亲。至于母亲是从谁受的胎，则是另一回事，也就是说，婴儿作为自然存在上的父亲未必是他法律上的父亲。恩格斯借此揭示资产阶级的婚姻制度对应了多么糟糕的社会现实。从我们讲理论的角度来看，恩格斯这个例子表明，父亲这个概念是有二重性的：一个是自然的存在，跟他的母亲发生关系，然后生下这个孩子；还有一个是社会的存在，这是法权意义上的存在、承载权利和义务的存在。

这种社会存在，简单地来说，就是由我们的心建构的。如果用更为道地的社会学的说法，或者用马克思主义的说法，就是在互动中建构起来的。马克思的《资本论》讲交换产生价值，我们可以把价值看作是一种社会结构，而交换则看作人与人之间的互动，那么，交换产生价值，用社会学的语言来表达就是：互动产生社会结构。因此，这层意思有两种表达方式：用纯哲学的语言来表达，也就是德国唯心主义的表达，这就是心的建构；而用社会学或经济学这种实证科学的语言来表达，就是互动产生社会结构。现在有些人讲实践的马克思主义，但没有讲到点子上。实践其实就是指日常生活中的交往、互动，譬如，一男一女在谈朋友，这就是创造社会。为什么呢？马克思讲得很清楚，一男一女在一起生了一个孩子，作为一个自然行为，它产生了一个新的生物个体；同时，作为一个社会行为，又把亲子关系再生产出来了。因此，当你娶一个老婆，建立起夫妻关系时，同时也就把岳父、岳母、舅子、姨子等一大堆社会关系都建构起来了。现在我们推行独生子女政策，把很多社会关系都消灭了。当然，以后如果又允许多生几个，这些关系又都生产出来了。这就是马克思讲的两种生产的理论。现在很多人把实践讲得太玄乎，其实实践是很实在的：讨老婆是实践，生产一个产品也是实践，甚至在马路上跟人打架也是实践。可见，实践是包括一切的。这些都是社会学研究的对象。

同样是社会存在，在不同国家是不一样的，中国的社会存在与西方的社会存在就不一样。譬如，同样的生产力，为什么在美国造成那样的生产关系，而在中国却造成另外一种生产关系呢？像我们现在这个低水平的重复建设造成的浪费，比资本主义生产的无政府状态还要严重。我们过去讽刺资本主义国家把牛奶倒掉，还有很多现象，现在在我们国家也都有了。

西方社会从自由竞争向垄断转化以后，生产越来越合理，浪费越来越少。但在我们这里，低水平重复建设老是解决不了。其中原因何在呢？这就是各地的条块分割。我们过去把这个叫诸侯经济（块割据），现在有一个新名词，叫王爷经济（条割据）。看来，生产力决定不了生产关系。因为我们现在的生产力虽然不如美国，但也差不太远，但为什么我们的制度就不能跟美国一样？我们必须从社会存在以及文化存在方面去找原因。基于这个理由，我很不赞成农业社会、工业社会这种说法，因为这还是单纯以生产力来划分历史阶段。

现在我们再讲一讲科学的本性，换言之，科学到底跟真理有什么关系。很多人认为科学是求真理的，这个话和科学史很不符合。真理是柏拉图哲学的概念，也就是真的理念。如果我们把柏拉图看作客观唯心主义，我们追求真理岂不是也变成客观唯心主义了？这是一句玩笑话，这符合列宁战斗唯物主义的要求，揶揄一下吧。刚才我们讲到伽利略，他把亚里士多德的 why 改变成 how。从那以后，phisica 变成了实证科学，从哲学变成了科学。这一转变的关键就在于问题的转换。因此，科学的本性是去描述事物怎么运动，而不再去追问为什么，也就是说它不再去追求那个真理。真理是要问为什么的，但科学却无须这样问。由此，我们对真理这个概念可以做三层意思的区分：第一层是真理，就是真的理念，这是柏拉图意义的真理概念。第二层就是现代逻辑中的真值，它有一个真值表 value table，真值表里有 true，还有 false，我们一般写作 T 和 F，就是说，这个命题是真、是假。按照罗素的说法，"法国国王是秃顶的"，这是一个假命题。为什么呢？法国国王"is"秃顶的，这个"is"是现在时。但现在没有法国国王，所以命题为假。当然，如果是"was"可能还对，这就去看看历史上到底有没有一个法国国王是秃顶的。至于第三层意思，就是胡塞尔以后现象学讲的现象之真。这层意思可以联系到中国古代，譬如我们常说可以见到真相，或者说，看到（直观到）真实。这个真实有时候很玄，道才是最真实的，理才是最真实的，但它不一定是现象。可以说，西方人讲的真理至少有这么三层意思，如果我们把道和真的现象再区分，那就是四层意思了。

在上面真概念的几层意思中，只有第二层是与科学有关的，即命题真假之真。因此，我可以明确地说，科学和真理毫无关系。但是，科学要问命题的真假，它要求的是真命题。

那么，什么叫真命题呢？我们首先要回答这样一个问题：什么是事实？所谓真命题，就是说它符合事实。然而，事实是什么呢？事实不是在我们意识之外发生的那些事件，它一定是我们给它建构的句子——命题。因为跟命题符合的只能是命题。科学里全是命题，全是句子。如果与一个在我们意识之外的东西，是没法儿符合的。这个道理很简单。譬如，你叫电脑里弄一个程序证明什么东西，分析一块矿石，你能把这个矿石塞到电脑里面去吗？你肯定是把这个矿石用药水泡、锉刀锉、锤子砸等，最后弄出一堆数据来。然后再把这些数据输进去电脑，实际上等于把这些数据在电脑里再编成句子。总而言之，最后程序处理的，全是句子。这是非常简单的道理。

那么，科学研究什么呢？恩格斯说道，自然科学研究的是一些概念。科学不是研究自然界，而是研究模型，研究我们设想的关于自然界的模型。科学的理想就是针对我们建构的模型，而设计出一个非常美丽的数学理论。当然有很多东西，数学也做不好。我以前考研究生时，碰到一个天文学系的考生，我曾对他说，天文学研究出来的函数有一个要求，就是必须能够用。函数要能够用，很重要一条，就是要证明它是收敛的。因为天文计算最后都要用计算机，做近似计算。近似计算的话如果不收敛，函数就不能用。但是，在实际情况中，很多东西研究出来，却证明不了它收敛。但是，实际部门也可能会用。为什么？如果现在没有更好的东西，只好拿它来先用着。这好比我们做某件事情，总是要根据某种理论预测一下，到底这事能不能成功，虽然，这些理论本身的可靠性是有疑问的，但没有更好的理论的话，我们还是要用它。尤其是现在的经济学，很多理论都有毛病，但是人们都在用——不得不用。用了几年以后，我们会说这个理论有贡献，然后又说我们现在有了更新的理论，就把原来那个放弃了。究竟有多少成效，未必敢作评估。

看来，科学跟效用的关系不是那么密切，跟游戏差不多。其实，不仅科学是游戏，数学、哲学等许多学术也是游戏。科学像玩游戏一样，需要设计模型，科学的进展必须在模型有突破。所以，每当人类提出一个新的模型，科学就有了一个新的进步。

现在人们都对科学很迷信,以为它就是真理,甚至喜欢这么讲马克思主义也是科学。这种说法很危险,因为科学本身不是真理,而马克思主义更应该看作一种信仰。康德在这个问题上比较高明,他把信仰和知识分开了。知识这个方面是可以研究和论证的,但是,对于信仰来说,如果去论证的话,是非常危险的。关于我的这个论点,很多党内的同志,尤其是从事思想教育的领导,都觉得我讲得很好。为什么呢?因为把马克思主义当作科学,就得去论证它。这可是把双刃剑——我们既可能论证这种信仰成立,也可能论证这种信仰不能成立。因此,在基督教的历史上,证明上帝存在,是非常危险的一件事。人们既能证明上帝存在,同时也能证明上帝不存在。其实人们只要相信上帝存在就够了,何必要去证明呢?如果非要想去证明的话,这本身就说明他的这个信念动摇了。

上面我们讲了科学本性的问题,再接着讲到科学的基础。

科学基础主要包括两个方面,即经验基础与逻辑基础。作为社会科学的经验基础,跟自然科学相比,有很大的不同。自然科学的经验一定有感性的成分,譬如,我们讲火,它一定是能为我们感受到的,如火的温度、颜色、形状等。然而,对于社会科学的命题而言,肯定没有感性材料的成分。

那么,社会科学的事实如何来认定呢?也就是说,社会科学的经验基础到底指什么呢?对此,我们首先要涉及这样一个问题,即社会科学的事实,一定是和某个意义系统关联在一起的,换言之,它是从意义系统来成立这个事实的。我们举个例子,譬如杀人,它作为一个自然事实,指某个人用某种凶器把另一人给杀了。这件事情作为一个社会事实,也就是在社会科学的眼中,它要关注的是这个事实的性质,到底是属于自卫,还是属于斗殴,还是属于谋杀,这都需要一个意义系统来确认。我们还可举个例子,譬如喝水,同样是我拿了一杯水来喝了,这是一个自然事实,但是,这杯水到底是我自己的水,还是别人的水,抑或是公共的水,其性质是否合乎道德,甚至是否合法,这都得由一个意义系统来确认。因此,社会事实必须有意义系统才能成立的。

当然,我们在做社会科学研究的时候,必须有数据,这是社会科学的经验事实。这个经验事实与自然科学不一样。康德哲学认为经验一定要有感性的成分,但是,社会科学的经验没有感性成分,它只是一堆数据,也就是统计数据。现在社会科学讲要做定量研究,这是为什么呢?这是因为科学研究必须要有经验,社会科学也不能例外;但是,社会科学的经验又没有感性成分,而只能是来自经过调查统计得到的经验数据。

社会科学要获得它所需要的经验数据有着相当大的难度。譬如,我们要做一个人口普查,因为常常没有足够的金钱,也没有足够的精力,所以,一般都是选取一些样本来做。但是,到底样本如何选择,在方法论上来讲是有疑问的。目前在社会学领域,研究方法比较容易出成果,毕竟论文好写,花的功夫也较少,不像搞理论,需要长年的积累。现在一些老的社会学家,还有经典理论,都被年轻人质疑,说他们方法上不能成立。然而,提出新方法的这些教授们,过了几年又被自己的学生再度推翻。这个情况表明,目前很多方法实际上都是存在问题的。至于我本人,大概属于老一派,也就是属于过时的那一派,但我始终认为研究者本人的洞察力才是最重要的。

其实,调查统计中那个选样方案的制定,事先都已经有一个看法了。一般来说,调查者先确立一些概念,确立一些指标,然后再去搜集数据,对数据进行分析。我在实践中曾碰到这样一件事情:某地区提了一个区文明建设问题,包括物质文明、精神文明,定了一整套指标,然而,到最后验收的时候,测量出来不合格。于是就找了几个专家,说大家很辛苦,做了很多工作,群众反应也不错,但是,现在弄下来这个玩意不合格,怎么办?那些个专家不愧是专家,说这事情好办,就把调查数据的几个指标稍微换了一下,然后在权重上作了一些调整。经过一番调整之后,重新计算出来的结果由原来的 55 分变成了 70 分。这件事情很说明问题,看来调查统计方法跟选样、确定指标,也就是事先做的那个方案有很大关系。

譬如,我素来有一个论点,即中国人缺少对他人人格的尊重,或者说,中国人的人格尊严概念是不够的。这个论点,我认为可以用社会学的方法来证明。首先可以确定几个相关的问题,比方说你对他人的态度,然后,再确定可以实现几个指标,如对上级怎么说话,对平级又怎么说话。我们也设计一些问题看别人的态度如何。比方说这里有一本别人的书,你很感兴趣,你会不会在没有主人允许情况下自己就拿回家去看几天。我们可以设计一些问题来看别人的态度,这里头当然是一个态度的测量。我自己曾做过这样的实验:当前面有一个人挡了你的路时,你要不要推开他。我发现,当我跟此人客客气气地说:"先生,您能不能往边上靠一靠,让我过去?"他常常不理你,说好几遍都没有反应。最后,我不得已,拿手轻轻一拨,他就让开了。诸位想必都有类似的经验。

还有关于中国人对待交通规则的态度，也是可以做测量的。我们到某个十字路口上去，观察有红灯的时候，自动地站在那儿的有几个，被协管员拦住只好不走的有几个。

调查结果的真实程度与取样有关，这里有相当大的偏差。我的一个学生到控江街道做养老需求的研究。她的取样方案是随机抽样，在户口资料中按排序取样。说来也巧，抽样结果全部落在穷人身上。这个方案显然不具备真实性——若大一个街道，人口近十万，不会90％以上都是穷人吧。实际研究在确定取样方案时，如果经验不足，可以试验几次。这个课题，可以把全部人口按收入划分几个层次，再在每个层次中随机抽样。如果再考虑职业因素、教育程度因素，又可采用其他的抽样方案。总之，怎样取样，本身就是个重要问题，是一项专门学问。

另外，这种量化的研究涉及到一个更大的问题，这就是统计相关。到底统计相关能不能转化为因果关系？譬如，人们都说，吸烟的人得癌症的几率比不吸烟的人要大。打个比方，吸烟的人40％得癌症，那么，当有一个人在吸烟时，我们能否说他有40％的机会得癌症？肯定不能这么说。因为那是一个统计结果，统计数字"吸烟的人群"和"得肺癌的人群"有这么一个40％的相关度，但并不等于可以得出一个因果关系。

不过，话说回来，因果关系常常和统计有关联。相关度大到一定的程度，恐怕就可以看作因果关系了。大到什么程度？70％就够了？还是要到80％？或者90％？具体到何等程度，要经过研究确定。要确定一个社会认可度作为标准。还要作数学论证，要建立专门的数学理论来论证。这个问题不简单。然而在哲学上可以确认：相关度大到某种程度就可以认定为因果关系。

其实，自然科学中许多一向认定为因果关系的定律都内涵着统计学认定。例如牛顿第二定律。这个定律说，物体受力就会产生加速度；而且在量上的关系是，力多大就产生多少加速度，称作正比例关系。但是，通过做实验得到的实验点是有一个分布的，这些点是不可能画出一条直线来的。也就是说，根据实验结果得不出正比例关系；正比例关系是研究者"猜"出来的——甚至可以说，正比例关系并不存在，是理论家"加"给数据的。做物理学实验，通常有条原则，就是在实验以后要求画一条曲线，曲线应该从点最密集的地方通过。这句话很要害，因为它实际上是把一个统计关系转变为因果关系。为什么呢？点最密集，就是频率最大之处，可见这是一个统计学问题。

自然科学要用到一个理论叫做误差理论,英文叫 Error Theory。Error 一般翻译为错误,在这个场合翻译成误差。这个误差理论的数学证明很严格,必须证明误差的收敛性。所以画那条表示正比例关系的直线还要合乎误差收敛的要求。误差如果是收敛的,这个理论就能用,否则理论就不能成立。

不过,在社会科学里面,好像不大用这种误差理论。如果仅仅满足于一堆统计数据,还用不着考虑误差理论。但是,偏差总是存在的,任何选样的方案一定会有偏差。所以有时要加权调整。如果想从统计相关搞出因果关系或函数,显得更科学一些,就少不了误差理论。

由此看来,社会科学实际上的不可靠性非常地大。此外,刚才我们还讲到一点,就是自然科学的齐一性在社会科学里是不存在的。但是,为了使社会科学能够成立,我们还是不得不假设社会现象是齐一的。这都是目前社会科学方法论上的问题所在。

最后,我们讲讲现代社会中法人的问题,也就是人的社会存在是怎么建构起来的。

关于社会存在,有两个理论:一个是"互动产生结构"的理论,另一个就是"心的建构"理论。这两个理论要结合着讲,可以把问题讲得更透彻一些。因为在互动的时候,其实也包含着建构,这两个东西是共同起作用的,当然我们在作理论分析时又必须把它们区分开来。

按照康德的说法,心之能力分为三个方面,即知识能力、情感能力与意欲能力。自然界的物体,按照康德的看法,都是由人建构的,即由心的知识能力建构的。所以,康德讲的自然界,用我们的语言来讲,不过是自然图景而已。我们最常涉及到的社会存在,大体上是这么两种:一类是财产,也就是所有物;还有一类是人格,也就是所有者。当然,我们还可以广泛地说什么政治人、经济人之类的,但那是以后再规定的。

人格是最基本的社会存在。那么,这个人格是如何产生的呢?我认为,人格完全是人心来建构的,当然,它也是在互动中被建构起来的。人们在互动的时候,面对某个自然物,首先就会产生这样一个问题:这到底是你的还是我的?此时,这两个不同的意志就产生了一个承认的活动,即彼此承认对方的活动,由此而产生出这样一对关系:一个是"你的"这个概念,还有一个是"我的"这个概念。两个关系向两个方向分化:一个方向是物化,物化而形成财产概念;另一个方向是人格化,人格化就形成"你"和"我"这两个概念,我们称之为

"法权主体",也就是所有者。因此,无论是所有物,还是所有者,它们都是两个意志相互承认而建构起来的社会存在。刚才我们这个讲法,有很浓的德国唯心主义气味,其实,我们已经把它很马克思主义化了,也就是我们讲的是相互打交道,涉及到财产或自然物的归属。请注意,这个建构的财产是一个社会存在,不是指这个自然物,但是和这个自然物捆绑在一起。

财产和自然物其实是两个东西,因为它们可以分离。我们都知道,现在网上可以做交易,财产在网上买卖的时候,完全是个符号,而不是真实的自然物。现在网络的好处就是,它把社会存在这个概念赤裸裸地告诉你,它完全是建构的,完全是个不可感觉的东西。但是,它是真实的,如果你没有权利的话,根本就不能合法地拿到这个东西。

这里有一个很重要的关节,就是"财产即人格,人格即财产",黑格尔哲学里对此讲得很清楚。黑格尔讲的财产,德文是 Das Eigentum,英译作 property,但现在那个《法哲学原理》翻译成"所有权",这个译法不容易理解,译作"财产"就好懂了①。黑格尔说财产是人格的定在,人格一定要表现出来,也就是作为财产表现出来。财产是意志活动的结果,就是两个人在打交道的时候,他们的意志"相互承认"(这个词直接是从黑格尔《精神现象学》里拿过来的),然后就出现了"你的"和"我的"这种关系,这种关系的实体化或物化就是财产,而人格化就是法权主体——你和我。而对于中国社会来说,从来就没有法权的概念,自然也没有这样的社会事实和社会存在,对此,我们可以造出这样一个句子:"中国社会,历史上没有法权的概念和存在。"

现在我们要现代化,要跟西方接轨,但我们却从来没有私有权的观念,其实说穿了,也就是中国人彼此之间不能相互尊重,这是我们现在中国社会一个最大的问题。以前理论界的一些朋友,挖苦我很厉害,说谢某人讲道德决定一

---

① 黑格尔《法哲学原理》第一章所有权第41节写道:"人格为了作为理念而存在,必须给它的自由以外部的领域。因为在这种最初的、还是完全抽象的规定中,人格是自在自为存在着的、无限的意志;所以,这个有别于意志的东西,即可以构成它的自由的领域的那个东西,也同样被规定为与意志直接不同而可以与它分离的东西。"在这一节的《补充(所有权的合理性)》中写道:"所有权所以合乎理性不在于满足需要,而在于扬弃人格性的纯粹主观性。人格唯有在所有权中才是作为理性而存在的。"如果不把 Das Eigentum 译作所有权,而是直接译作财产,就很容易理解,黑格尔的意思是:人格完全是个抽象的规定,如果要实现为理念,必须有财产;财产之所以合理,在于它可使人格性的纯粹主观性得以扬弃——有财产才能使人格作为理性存在。通俗地讲,黑格尔的在这里表达的思想是,完全的私有制是人格得以存在的前提。

切;而且,还是从本体论上讲。那么,我为什么要讲道德呢?因为中国人对他人不尊重,我们的意志就不能达到康德所说的那种承认。没有这种承认,权利概念、财产及人格的存在体就建立不起来,更不谈上在中国建成西方社会。因此,归根结底,西方社会得以可能的条件就是道德,就在于我们怎样去对待别人,我们怎样在互动的时候去看别人。可以说,我整个理论最基础的概念就是人格尊严。

那么,尊严这个概念怎么理解?无条件的尊严,还是有条件的尊严?我对中国人做了一个社会学的研究,发现中国人理解的尊严就是,你先得对我尊重,然后我才尊重你。就是说,中国人在考虑尊重他人的时候,是先看他人对自己是否尊重;如果他人对自己不尊重,对不起,那我对你也不尊重。这就是中国不可能建立私有制和西方社会的根据所在。如果我们要跟西方社会接轨,人家那套东西你要能够建构起来,那就要求每一个中国人都要达到这样一种人格尊严,即对他人无条件的尊重。

这里面的道理其实很简单。如果首先是他人对自己尊重,然后才对他人尊重,那么,普遍的人格尊严就建立不起来。因为大家都得等着对方的尊重。并且,经验还告诉我们,你尊重他人,最后必定是吃亏。耶稣讲,人家打你左脸,你把右脸也拿过去给他打,然后人家就不打了,就尊重你了。但在中国,这可行不通,人家非把你打烂了不可。因此,中国人就沦落到了鲁迅说的"费厄泼赖(fair play)必须缓行"。你若是稍微退一步,必定最后被他整死。所以,中国人永远做不到费厄泼赖。因为中国人的生活经验告诉他,搞绝对的尊严自己是非死不可的,这怎么可能做得到呢?如果中国人能够无条件地尊重他人,就像基督教《圣经》所要求的那样,也就保证了每一个人都会受到尊重,根本就用不着担心别人不尊重你。

现在我们到欧美去,有一点感受肯定会很突出,就是西方人非常在乎他人,为他人考虑。我们中国人不一样,是不大考虑他人的。譬如,拿开弹簧门来讲,当我进门后,发现后面是一个不认识的人,就把门给放了;如果是熟人,我还把着,让他进来。欧美人的教养就不一样,只要有人在后面,就会给他把着门,他对普天下的人都是这种态度。我们中国人不是这样,这就是费孝通先生说的差序格局的缘故吧。对于中国人来说,首先要护着的是我的亲人,然后是我的朋友、师生,只要是熟人,还是可以考虑的;至于不认识的人就当作动物了,当作狗了。当然,现在有所改变,开始注意提倡和维护普遍性的尊重。但有的做法太过分了。譬如,香港有四个人在家里杀狗,还没来得及煮就被判罪了,说是不可以杀狗。但是,杀蟑螂好像就没有判罪,杀鸡也没有。那么,为什么可以杀鸡,而不可以杀狗？这道理不大通。鸡、蟑螂苍蝇蚊子也是动物,怎么就得不到保护？而且,同样是狗,也有区别。野狗好像可以杀的,但宠物狗是不能杀的,因为跟人越来越接近,从而有了"狗权"。不过我觉得,以后不能说是狗权,应该说"宠物狗具有人权"。

　　法权,也就是权利,它的基础就是人格尊严,而且这种尊严是绝对的。我所谓绝对,就是无条件的意思。但是,我们中国人是讲条件的,所以中国社会建立不起私有权,也没打算建立私有权。宪法修正案中讲保护私有财产,其中有一处讲:"公民的私有财产,国家可以征收征用,并给予补偿。"这里有一点很关键,就是不考虑征得公民本人的同意,也就是说,公民的个人意志不起作用。只要是公共利益需要,就可以征收征用。这一点,我们和台湾就不一样。我一个朋友老讲台北市政建设差,跟我们上海没法比。我跟他说,这是因为人家尊重私有财产,只要有哪个人不同意,这条路你就甭想修。因为台湾人从美国那里学来了这样一条,即个人意志高于一切。财产是人格、意志的体现,我的财产由我的意志来决定。然而,我们国家现在讲保护私有财产,但本质上仍是公有制。我们讲的个人所有,实际上是在公有制前提下的私有,所以,国家可以考虑补偿个人在利益上的损失,但一般不考虑个人的意志。基于这样一点,我判定中国现在仍然是公有制。

　　上面粗粗地讲了这些,我稍微归纳一下,主要有三个要点：首先,现在国内社会科学,基础没有清理干净,许多基本概念都没有厘清,混乱程度相当大。其次,最近许多学科西方化很厉害,尤其是照搬西方的定量研究方法,但却没有从根柢上把一些最基本的东西搞清楚。最后,中国向西方学习,但是人却没有改变。

费孝通：中国社会的探索者和指路人[1]

今天在这里举行费孝通先生百年诞纪念会，缅怀这位伟大的学者和卓越的政治活动家，回顾他的业绩与学术思想，具有继往开来意义。我作为民盟盟员和社会学研究者，深切地感受到费先生一生活动的巨大贡献。我与费先生还有一层关系：我的老师徐雍舜先生与费先生是燕京大学社会学系的学友。1957年费先生为恢复社会学学科到上海动员徐先生写文章。徐先生在《新建设》上发表了关于社会调查的文章，并因这篇纯学术论文被错定为右派分子；逝世后遇改革开放得以改正。我愿意加入民盟，主要原因有二，一是我国几乎所有著名哲学家、社会学家均为民盟盟员；二是我的老师徐雍舜先生及其夫人王应安先生是民盟盟员。因而今天纪念费孝通先生在我就有了思念我国现代学术道路和学者群体的特殊意义。

现在，人们一般认为费孝通先生是社会学家。费先生原先是人类学家。一部分学者认为人类学与社会学是两个不同学科。费先生认为可以把它们看作一个学科。现在的分类法，人类学与社会学看作两个并列的学科，同属于社会学这个大学科。（就是说，社会学这个词既用于称大学科，又用于称二级学科。）费先生对两个学科同样精通，是两岸三地公认的华语地区社会学泰斗。我多次目睹两岸三地社会学家聚会时台湾李亦园、乔健、香港金耀基、李沛良诸先生对他毕恭毕敬的态度。

社会学这个词为法国学者孔德所造。由于比他晚生20年的马克思对他的学术不以为然，所以苏共批判孔德为第一代实证主义者，打击甚力。我国解

---

[1] 这篇文章为民盟上海市委2010年11月12日在上海市社会科学院举行的"纪念费孝通诞辰100周年暨费孝通学术思想研讨会"会而作，完稿于当年10月30日。

放初期取消社会学、哲学、心理学、法学诸学科,之后其他学科陆续恢复,方有1957年恢复社会学之说。恢复社会学学科出自党中央的决定,具体由中宣部贯彻。然而不幸的是,几乎所有参与恢复的社会学家统统成了右派分子。并且形成了社会学是与历史唯物主义对立的反动的、资产阶级的学科之成见。

实际上,以我们今天对社会学这个学科的理解,毛泽东本人可以看作社会学家。他关于中国社会的阶级分析、对中国社会结构的分析、在中央苏区作的农村调查写下的报告,都是重要的社会学、人类学论文,而且无论在理论上还是在实践上对中国社会都产生了巨大影响。马克思的《资本论》第一章,可以解读为社会学著作。当代西方学术界公认马克思是社会学学科的伟大开创者之一。社会学和费先生等一大批中国社会学家的遭遇,真的是出于很不幸的误会,是新中国历史上的一项悲剧。1978年,党中央再次找费孝通先生出面恢复社会学时,与1957年不同,我国学术界已经遗忘了社会学,人们已经不知社会学为何物。说是恢复,实质上是重建。在这种情势下,费先生表现出仁人之勇,毅然担当这项沉重的使命。这种伟大体现中国传统,怎能不让人万分敬佩。作为学者,我们都是承上启下者。费先生的承上启下之所以伟大,是把一个几乎消灭的学科从无到有地重新建立起来。他的历史地位由此可见一斑。我们今天纪念他,就是要体会和学习他的精神,继续他的事业,为国家和人民作出新的贡献。

本文仅就我国社会学研究中目前若干问题谈谈对费先生学术思想的部分认识。如次:

一、研究目标:建设中国社会学

费先生有个说法:建立面向中国实际的人民社会学(1981)。这是他设想的应当建设的社会学。在现当代有个重要争论就是社会学本土化。这个问题有多种提法,含义也有区别,如社会学中国化、中国社会学等。一般情况下人们忽略这些提法之间的差异,把它们看作大体相当。由于社会学家不少积极参与社会变革,主张取中立态度的较少,也不易做到,因而可以体会,费先生主张的社会学冠上人民二字,表达着他志在富民的终生追求。

本土化和中国化的提法可以作两个方向的理解。一种理解是以西方理论为准,适合中国社会的具体情况作些调整。这种理解把西方社会与中国社会看作同质的社会。更为极端的是看作同质社会的不同发展阶段,西方社会先进，中国社会落后。这样的本土化类似于：从上海的研究中得出的结论，拿到北京用时作些微调——上海的理论北京化。另外一种理解是西方社会有个学科叫社会学，中国社会也可以建立这个学科，但所有的理论要直接从中国经验中提炼出来，不是把西方社会学理论拿过来微调一下就可行的。当然西方社会的学术会有启发作用。然而只能是启发，不能照抄。这种理解在根底里是把西方社会与中国社会看作异质的社会，因而不可以把中国社会看作在社会发展上处于落后于西方社会的阶段，而要看成相互平行的、发展阶段不可比较的。

这个问题的背景有两个大端。一是西方学术界有两大派，德国思想家迪尔泰、李凯尔特、文德尔班、齐美尔、马克斯·韦伯清楚看到文化对社会结构的影响，了解不同民族的社会各有特点。法国实证主义者孔德、迪尔凯姆，用看自然界的眼光看社会，忽视不同国家之间的巨大差异。第二个大端是，我国文化传统和五四运动前后受了西方社会进化论的影响，设定全球所有社会都是同质的，都要经历相同的社会发展阶段，以此区分先进与落后。设定中国落后，于是把中国社会的发展看作学习外国、模仿外国。先是学西方，后是学俄国，而不是走中国自己的路。至今我国许多人仍然接受这种观点，或者虽没有深思过但思想深处已然接受了这种观点。这个问题的重要性不难看到：基础性概念不同，对经济体制、政治体制、法制的改革就会评价不一，有时会达到南辕北辙程度。所以在社会学基础理论的建设上，以中国社会学为目标极为重要。

费先生本人的说法一般比较温和。他说，"我们既要承认各国民族的社会有统一的一面，有共性，但也要承认个性，承认区别。""我们应当注意到各社会的个性。西方社会科学中的每一概念，都有产生它的具体社会条件和历史条件。当这些概念传入中国，又有一个与中国特点相结合的复杂过程。"我想这是因为他是泰斗，不愿引发争论，留有余地的意思。尽管如此，仍然强调"注意个性"。在确定研究目标时，如上引"建立面向中国实际的人民社会学"的说法，意思很明确。"面向中国实际"可以理解为对所有的现成理论"加括号"，搁置一旁，直观实际情况、提炼理论学说。他在实际研究中就是这样做的。下文要讨论的中国社会关系是差序格局，就属于这样的创说。

江泽民同志提出"世界文明多样性"理论，是马克思主义中的新学说。这个理论可以看作一项社会学原理，即把不同社会看作异质的。令人深感遗憾的是,至今尚未看到对江泽民同志这个学说的深入研究和发挥。费老的学术基础与江泽民同志这个学说相当合拍。费老坚持了大半生。马克思主义要等到江泽民同志才加进这个重要原理。

二、研究方法:科学现象学

费先生终生研究社会学、人类学,运用了许多方法。这里不打算一一列举和讨论他使用的各种方法,而是要从他的研究中提取一般人忽视、实际上却是真谛所在之处。

研究者们众口一词认为,费老重实际。其实这是一个社会学家必须具备的态度,不是他特有的方法。

现在流行的依靠调查统计的"科学方法"、"让数据说话",看似实证,实则不够科学。费老早年就批评过问卷调查,评论那不过是把研究者主观认定的想法,制成问题集,差遣一帮助手按照自己的意思搜集数据,来证明自己的想法。从方法论看,设计问卷时往往就预定了解决途径——调查结果已经在问题中安排好了。现在流行的考核方法,只要把指标动动、权重改改,就可得出迥异的结果。形象上的"科学方法",相当方便于掩盖设问者的意图。用于蒙骗领导和舆论是很有用的,但用来探讨规律、促成事业发展却未必有多少用处。

费老一生研究人类学、社会学,所用具体方法多种多样。我的一位同事、他的学生刘豪兴教授,归纳了十余种。实际还不止于这些。而归一地看可以说是,属于社会学家的洞察力。也有的学者称作观察力、想象力的。费先生自己的讲法是提出"通论"。特别在恢复社会学学科以来,他身兼学者、政治活动家两种角色,跑遍祖国各地调查,比起年轻时观察面广阔得多,更多地运用洞察力。

社会学属于实证科学。然而,主张实证并非实证主义。在方法论问题上,实证主义主张的实证局于科学理性,认为创新的理论命题(即费先生所说的"通论")出于归纳。在这一主张下,分析哲学派对归纳问题作了卓有成就的研究。可是,认为创新命题由归纳得出这一主张是否正确?这是关键所在。实证主义之所以为实证主义,正由于此。实证主义者局限于形式逻辑范围思考,科学研究运用演绎,科学发现就归之于归纳。跳出这种局限了的思路,另辟蹊径,就是归之于洞察力。洞察力是通俗说法。社会学不必深究洞察力实质,采用通俗说法足矣。哲学的说法是直感判断力。（这个词，人们在讲美学时译为审美判断力。）要实证、重经验，运用直感判断力得到创新理论命题——这样的方法论我们称作科学现象学。所以，费孝通先生的社会学研究方法是科学现象学的。

费先生早年习人类学，在研究方法是即主要靠洞察力。恢复社会学以来，他的学术研究与政治活动紧密结合，更是自觉运用这种方法论。为了节省篇幅，我们不繁复引用他本人的言论作论证了。在此与毛泽东社会学的方法论作一比较。毛泽东研究中国社会的方法论原则自称为实践论。实践论的中心问题是感性认识怎样飞跃到理性认识——也就是理性认识是怎样得到的，换句话说，创新性的理论命题是怎样得来的。《实践论》最重要的两句话是：你要知道梨子的滋味就要亲口尝一尝；你要认识中国革命的规律就必须亲自参加中国革命的实践。这两句话是并列关系，前者为后者提供明喻。前者那句话源于禅宗智慧"如人饮水冷暖自知"，就是直感判断力。《实践论》讲的方法论实质上也围绕直感判断力。这样，费老在方法论上与毛泽东有着实质上的一致，可谓殊途同归。我想，要在研究中得到确有成效的结果，在方法上一定会是内在一致的。

三、中国社会结构：差序格局

费老著作等身、成果累累。在这大量的成就中，关于中国社会的研究，最重要的当属他提出的差序格局说。我目睹港台社会学泰斗金耀基、人类学泰斗李亦园在开会发言时提到差序格局说时，带着景仰的神态。费孝通先生指出，中国社会基本结构机制是差序格局。这种格局与西方社会的"团体格局"相对称呼。他比喻道：以己为中心，像石子一般投入水中，水的波纹一圈一圈推出去，愈推愈远，也愈推愈薄；从己到家，由家到国，由国到天下……从己到天下是一圈一圈推出去的。而西方社会的团体格局像一个扁平的面，个人平列在这个面上。由这一点费孝通先生称中国社会结构为礼俗秩序。

中国革命以来，社会结构发生了根本性的变化。然而结构机制的差序格局仍然在起着作用。我们研究今天的中国社会是怎样建构的，仍然不能忽视差序格局说。今日中国人特别关注四种西方制度：民主政治、市场经济、法治、公民社会。现在前三项都已被接受为先进文化，并要求冠以社会主义定语，余下的公民社会正处于接受与否的最后考察之中。汶川地震时，对公民社会的呼吁声急迫。许多论者把公民社会看得比较简单,理解为民间的自治组织。其实,自治只是公民社会的一个方面的要素,而结构机制是更重要的要素。西方公民社会结构机制是"团体格局",那么,要把差序格局的中国社会改变为公民社会就是个值得怀疑的方向,至少是个待考察的问题。进一步说,如果差序格局今天仍然是中国社会的结构机制,在中国建设的市场经济、民主政治、法治都会有中国独特的形态——都将是中国特色的。由此可见,社会学关于社会结构机制的研究是一项基础性质的研究,是政治学、经济学、法学等学科的基础。费老的这些学术成果,在今天仍然是认识我国国情、探讨我国发展应走道路的必不可少的依据或至少是参照模型。

费老的研究路子重实际。从差序格局说中可以体会到他重视文化对社会结构的影响。文化不仅表现着各民族之间的差异,而且是各民族社会结构不同的重要原因。我理解差序格局是造成不同结构的机制,不简单是社会结构。何以中国社会的结构机制是差序格局,而西方社会则是团体格局？恐怕只能由文化得到解释。随着时代演进,生产力有很大发展,生产方式随之发展,而文化是社会生活中较为稳定的要素。经香港中文大学的李沛良教授验证,差序格局机制在今日中国社会仍然起着作用。这对文化的稳定性是个很好的证明。

再有一点要在此指出的是,须慎言改造社会。费老是位满怀热忱的社会学家。社会学家多数是热情于促进社会进步的。这就是说,主张积极干预社会。少数社会学家持"价值中立"论,意思就是纯客观地研究,不掺杂主观愿望,不干扰社会变迁。费老体现着中国士大夫传统,热爱人民,立志要为提高人民生活水平作贡献。他在开展学术研究时总是想着怎样富民。但是从他提出发展小城镇等主张看,又是相当谨慎的。他总是认真作调查,透彻了解实际情况,判断哪些是可以改进的,哪些是不大可能改变的,而后再提出方案。由此引申出的问题是：人们能在多大程度上改变社会？无疑,不可能任意改造社会。不是想改造到哪样的程度就可能实现的。历史已经给了我们深刻的教训。推进预想的方案,一时的成功并不证明真的成功。脱离了中国社会的可能性,总有一天不得不回归原先的起点；但原先起点的状况已经损坏了。

马克思研究政治经济学的基本思路是从人们的日常行为出发。他明确指出,人们为了解决衣食住行需要必须劳动；劳动会有分工,分工则人们之间要有交往(至少要交换产品)。这是社会发展的根本动力。在人们的日常交往中建构社会关系——这就是劳动创造社会。马克思的这个最基本的原理今日为社会学各派别普遍采纳。社会学家要提出建议和方案，首先要考察人们在日常交往中正在建构着什么样的社会关系、社会结构，决不凭空想象或按照读过的西方教科书设计改革方案。社会的变化自有其自己的轨道，不依任何人的意志为转移。马克思反对英雄史观，就是把社会的发展归结于人民群众为谋生从事的生产劳动所创建的社会结构。由于费先生是社会学家，他首先要考察的是当下人民群众的生产活动正在创建什么样的社会结构。他与马克思的思路理所当然是合拍的。

学者的使命

费孝通先生的一生昭示我们：学者应当以自己的研究为社会作贡献。这是学者的使命。今天的中国社会处于历史大变局之中，变化既大又快。对社会学家来说，他的研究对象，或者换个提法，研究材料，已经改变了。因而费老的一些具体论点，现在要适应这些不同的材料更新。这是我们较年轻的学者应该采取的态度。一些问题是要照着费老的讲法说，不改变；一些问题是要接着费老的讲法说，要发展。费老是座山、是座巍峨的高山；费老是个里程碑，是标志中国社会学时代水准的里程碑。作为民盟盟员，在人大、政协、政府中讲话，多多少少都带有政治性质，更要脚踏实地研究中国社会当下的实际情况，抱着对人民负责、对国家负责的态度，说真话说实话。费老的学问、学风是我们的楷模。我们走到费老这座高山前，万分景仰。里程碑意味着我们应该继续向前走。向前走，走的仍然是费老走的路。例如，公民社会一词来自西方，是依西方社会结构提炼出来的概念。拿到中国社会来，由于中国社会没有与它对应的社会结构，这个在西方社会为描述性质的概念就演变为规范性质的概念。这就是说，这个概念就具有了依据它改变中国社会结构的要求。从原先的"静态"滋生出推动力。这个把社会学概念区分为描述性、规范性两类的说法，就是我们沿着费老道路向前走的产物。根据自己学术研究得出的结论，只要是合乎人民和国家需要的，就要讲。领导人没讲过的，要敢于讲出来；领导人讲过相反意见的，也要敢于讲出来。讲要掌握时机，根据人民和国家的需要确定。

费孝通先生的立言中，我最敬佩的有两点。多元一体是表现极高政治智慧的学说。中华民族由众多民族组成。组成中华民族的诸族称为民族还是族群不简单是名词问题，还深深涉及政治。讲清楚这些民族或族群相互之间是个什么关系,是个大学问。费先生以高度智慧概括成"多元一体",言简意赅,圆满地解决了这个大难题,对中华民族贡献甚伟。这个思想还可以扩展用到全人类。费先生倡导的学说,到晚年,显现为圣人境界:各美其美、美人之美、美美与共、天下大同。这是为全人类作的道德立法,指示了走向天下大同的道路,是更加伟大的、难以估量的贡献。

正在是这个意义上,我认为费孝通先生是中华民族和全人类的指路人。

中国文化的大觉者[①]

梁漱溟先生是现代中国的文化代表人物之一。当今思想界诸多流派称之为"文化保守主义者",褒贬不一。褒者多称道其人心修养学说;贬者多批评其社会发展思想——都忽视了他的思想是个整体,有此必有彼、有彼必有此。本人的学术思想多有与梁老先生契合处,因而不免被新锐学者把我与梁老捆绑在一起批判,使我甚感荣幸,与梁老更增亲近。梁先生学术活跃期(主要在1930至40年代)以来,中国社会和中国文化经人民革命胜利有了巨大变迁,已非昔日之景,而且国人对西方哲学及其他西方社会科学的掌握远胜于那时,以至今日论说有了更锐利的工具。然而梁老的思路和论断中内涵之理仍然屹立不灭,国人当深长思之。梁老是位居士。佛指大觉者。所以我对他的评价为"中国文化的大觉者"。对他的建树可以照着说,也可以接着说。我想,对梁老的最好纪念是接着说——沿着他的思路,面对变化了的、变化着的中国实际,发挥出新意。以下讨论三个问题:中西文化、农村、法治。

一、中国社会接受西方文化的限度问题

梁老面对的问题是文化问题。社会发展道路是文化问题,人心修养实质上也是文化问题。文化问题源自中西文化相遇并激烈地相互作用,极端说法是坚守本土文化还是全盘西化。众所周知,文化是个包括面极广且定义繁多的术语。在某种意义上是个无用的术语——内容太多因而无法开展讨论。而

[①] 这篇文章为民盟上海市委2013年10月9日在上海市社会科学院举办的"纪念梁漱溟先生诞辰120周年《中国文化走向世界的路径与方式论坛》"作,完稿于当年9月11日。部分发表于2013年9月30日《上海盟讯》,本题;2013年10月31日《社会科学报》,题目为《有限度地接受西方文化》。

争论的关键点是：文化是否可能改变？这样提问，由于文化包括内容太多，还是模糊。准确的提法是庞杂的文化中是否有难以改变甚至不会改变的成分？经过超过一个半世纪的争论，我想，可以作出以下结论：

有些文化是可以立即接受的。如钟表——虽然初期也局限于宫庭，担心"奇技淫巧"惑乱人心，防止其扩散。衣饰发型等，虽然有关意识形态，一旦突破那层薄薄的意识形态束缚，民众接受几乎是无障碍的。

有些文化经过强力训练，可以在一个看得见的（可以预测的）时期接受。如交通规则。

以上两个方面使一些学者和人士形成信念，认为时间或长或短，所有的文化品都可以西化。

于是问题聚焦为：在庞杂的文化堆积中，是否有一些是难以改变甚至可以说是无法改变的成分？

梁老的思路是：有。

这也是我的回答。

为了把问题讲清楚，必须对文化作分析。梁老对中国社会与中国文化作了大量描述、分析和判断。总括地说，文化须分两大方面，一是文化产品，俗称的物质文明、精神文明、制度文明，皆就产品而言；另一是意义世界，或者换个说法——诸文化产品内涵的意义所构成的系统。意义世界包括一切意义。手势、姿势、音节、语词……各有其确定意义，以及多义。但讨论文化时，涉及的多为价值体系。例如男女自由恋爱，古代视为"淫奔"。由媒人牵线、父母决定的，叫作"娶"；当事人自己决定的叫"奔"。两种行为的性质：娶则为妻，奔则为妾。当代意义完全变了：自由恋爱而结婚获得高评价；且一夫一妻。以前为"淫奔"的自由恋爱视为婚姻必须具备的基础。

对领导的评价，原先的标准仁义礼智仍然通行，但也在悄悄地变化。目前一部分人士放弃了仁义礼智，转而采取西方社会的标准，要求领导平等待人、民主。而且搞不清楚西方社会究竟如何实施民主，因而把一系列概念都随心所欲地解释、滥用。突出表现在管理紊乱：管理应当以照章办事为基本准则。在实施管理时运用民主管理概念，从而与照章办事准则相冲突，造成紊乱。

意义世界是"决定性的"。意义世界中的价值体系较难改变；但也在变迁中。多数冲突起因于价值体系。职位是公器，然而人们视之为私有财产。本应执行规章制度要求，然而人们却以权谋私。家乡来一位父老要求领导人为其子侄安排工作；领导人表示为难；父老曰：这么大个单位归你管，难道就找不到个位置安排？！可见在民众心里职位被看作私产。

最重要的难点在制度——也是争议最多的领域。在这个领域，判据也在价值观。一些人士主张"不自由毋宁死！"多数民众则主张"好死不如赖活着"。要原则还是要实利？要尊严还是要吃饭——不吃"嗟来之食"，还是"有奶便是娘"？不妨做个调查，测试一下当下国民的价值观念。目前对人权的解释有两大模式。一是自由权或曰人格尊严为首，一是生存为首。我国目前采用人权首要为生存权。看来合乎大多数国民的价值观念：不要舍生取义，而要为生存舍义。

制度之争议大体有三种论证路子。常见的是，从人们实际利益需要及利益诉求开展论证；其次多半是读书人依据某个或某些公理开展演绎推理论证；第三是从实际可能性开展论证。第一类论证往往逻辑混乱。这是因为，既然论证，总要讲点理论。由于任何一种逻辑严密的理论都不可能完美论证实际利益，因而不得不从这儿抓一点、再从那儿抓一点，于是不可避免造成逻辑混乱之局面。然而由于有实际利益支撑，会得到利益相关者坚强的支持。第二类论证逻辑严密，一般很有理论魅力，主张者信心足，追随者士气旺，自信真理在握，气势凌厉，摧毁力强。然而这类论证大多来源于外国思想，往往脱离中国社会的实际情况，一旦付诸实施，就会引发各种各样的社会问题。

以上两种论证有个共同点：都是"应当"。第一种擎"人民利益高于一切"大旗，正义化身；第二种公理在握，也是正义在握。所以一旦交锋，冲突激烈。公名曰正义，内涵却全然不同。前者出于实利，后者出于理念。前者斥后者只知唱高调的唯心主义空谈；后者讥前者为利欲熏心的现实主义。前者斥后者脱离国情、全盘西化、高抬虚妄的普世价值；后者揭前者为一己私利顽固守旧，取之以普世价值、居守时便弃之。似乎未反思：自己上位后，是否也会重复弃普世价值之老路、理念背后是否隐藏着实利。

第一种论证是经验主义的；第二种论证依据逻辑主义的、规范性的政治科学。

第三种论证研究的是可能性。回答：一是人们诉求的制度能否实现，二是依据国民性可能实行的制度是什么样的。

常常有这样的论法：某种制度之所以不能实现，是因为有一小撮人不愿其实现而想方设法阻挠所致。于是要从政治学入手。

为什么不换个思路:何以这种制度换过几次"一小撮人"仍然不能实现?是否这种制度在中国社会根本不可能实现,或者须有几百年甚至几千年的准备才可能实现;因而须研究其前提,及必须具备哪些条件这前提才可能形成、成熟。于是要从文化学入手。

这种论证、这种研究思路往往被贬为"保守主义的"。实则这才是现实主义的。

梁老的文化学研究吾归之于第三类,代表作为《东西文化及其哲学》、《中国文化要义》。此书有两点吾钦佩之至。一曰中国社会伦理本位,二曰中国社会无阶级。前者吾有《中国社会是伦理社会》一文呼应、引申之,且阐明当代中国社会仍然是伦理社会,于此不赘述。今就后者申论之。

中国社会无阶级一说,初闻似惊世骇俗,其实语义乃"中国社会无西方社会那样的阶级划分",或者"中国社会阶级划分不能依生产资料所有情况"。毛泽东的《中国社会各阶级分析》一文确实未依马克思列宁主义的理论按生产资料所有情况划分中国社会的阶级,而是采取了类似德国社会学家马克斯·韦伯、美国社会学家帕森斯的社会分层学说。所以,知识分子划归资产阶级或小资产阶级。而土地改革时周恩来主持的政务院提出的划分阶级的方案,理论上却是较严格地依据马克思列宁主义,按生产资料所有情况制定标准。知识分子由于不占有生产资料,划归无产阶级;自由职业者也划归无产阶级。形成与毛泽东思想的重大差异。尽管周恩来理论上符合马列主义,但毛泽东合乎中国国情。而且实际的政治较量结果是周落败。欲知其详可以参考姜义华多年前在《复旦学报》上发表的论文。

这就是说,毛泽东的想法与梁漱溟先生相当一致。当然,有一定的差异——梁老讲无阶级;毛泽东讲有阶级,只不过这所谓有阶级实际上是无阶级(如果马列主义讲的那种阶级才算阶级的话)。表述上也不同,毛泽东的讲法是中国化马克思主义,梁老的讲法是新儒家。

梁老目光如炬、一语中的。我们今天要做的,只是论证上再作推进。这就是前面所说的"接着说"语义所在。我做的工作是运用德国古典哲学的法哲学、黑格尔精神现象学的理论讲透马克思在《资本论》和《1844 手稿》中阐述的社会学思想,并开展中西比较研究,从而深化梁老的论点、加固梁老的论证。证明中国民族及国民在社会存在(这是马克思用的概念,属于马克思)上未达到人格性(这是黑格尔法哲学用的概念,属于德国古典哲学)。

二、乡村建设与农民问题

梁漱溟先生一生学术研究之大端在阐明中国社会、中国文化之究竟。农村是中国社会之本,受到他高度关注。盛年时期实践乡村建设,解放后又在农民问题上与毛泽东冲突,故为重要点。

梁老看农民,与时下一些人纯自西方人口学观点看迥异,乃自文化学或曰近似西方人类学、社会学角度看。

从人口学角度看人,人是有生产能力、消费能力、生育能力……正价值能力,也包括生病能力、犯罪能力等等负价值能力在内的动物。需要为人们考虑的是社会保障、福利等。至于与人相关的社会结构、文化等似乎是无关紧要的。

其实,人有三重存在:自然存在、社会存在、文化存在。上述人口学观点主要考虑其自然存在。

梁先生的研究视域,强调人的文化存在,内涵社会存在,比大多数研究者高明。他的伦理本位说,既是从文化立论,同时也是人的社会结构的表述,内涵丰富。

不过,就他与毛泽东因农民问题发生冲突的事件而言,似乎对中国农民解放后的变化认识不足。但由于缺少资料,很难作出准确评判。事情重要又不能不提及。

揣度当时争点,似乎是梁漱溟、毛泽东二人,究竟谁代表农民。梁老似乎还自认帮农民讲话。其实,解放后的中国农民,无论社会存在还是社会结构都已根本改变了。

梁漱溟先生的乡村建设,粗看之下,与毛泽东的农村社会主义改造之初期阶段,似乎很相象。梁先生所力倡的,无非组织合作社恢复生产、办教育建立村民自治组织、建立民团自卫等等。实质上的区别则是全然没有共产党的领导。梁先生的理想是儒家的,是自由的小农自愿结合的经济合作,政治自治建基于学校教育。

共产党组织农民,先要灌输革命理论,让农民明白自古至今一直受地主富农剥削,要革命造反,推翻地主阶级的反动统治;在这样的思想革新前提下,建立组织——建立党组织和农会、青年组织、妇女组织等,把农民组织起来;建立组织的过程也就是把农民置于党的领导之下的过程;再把斗争地主富农的政策、策略交给农民积极分子,在党的领导下让农民自己与地富分子斗争,并取得胜利;最后,党再制定分配胜利果实的方案,指导或亲自主持分配斗争果实,让广大农民均分斗争获得的利益。这样的经历结成了党与农民之间牢固的关系,并且确立了党的不言而喻、理所当然的领导地位。所以,看起来是实施了中国历史上从来未有的、最彻底的土地私有化,实质上是建立了党与农民之间的伦理关系。这样就解开了一个谜——何以农业集体化开展得如此之顺利,刚刚分到私有土地的农民,那么容易地、几乎没有抵抗地接受了党的主张,经由初级社、高级社、人民公社,交出土地证,让土地从私有转变为集体所有。

土地私有是表面现象;农民与党的伦理关系才是实质。村民自治不可缺位基层党组织的领导。

我感到困惑不解的是:看起来梁老似乎没有理解到这一层。然而以梁老的智慧,又不应看不透这一层。梁老可谓毛泽东知己。毛泽东的想法,所作所为,他应能透彻理解。

就二人冲突的时期,毛泽东非但不是不关心农民,反倒是极其关心农民——是时正是农村社会主义改造的高潮时期。党内分歧也相当尖锐。原本计划在1967年建成的高级合作社,提前12年,到1956年就要完成。这样的时期能说毛泽东不关心农民和农村建设吗?毛泽东所关注的,重点也不在经济而在农民的社会结构以及党与农民的伦理关系——党始终要保证对农民的领导。

乡村,有的社会学论著中改写为村落,其内涵不单只指一个与农业关联的地域,主要意义是一个人群,里面的个体彼此密切关联着。因而乡村意味着一个共同体——或者译为社区。

经过农业社会主义改造的乡村,社会结构根本不同于解放初期完成土地改革时的乡村。这时的结构是基层党组织与社员结合为不可分割的一个整体,而土地改革刚刚完成时的结构是一群小自由农聚居在一起,基层党组织像是个行政领导,党与农民的伦理关系还是隐性的。那时的结构合乎梁老心目中的儒家社会。

社会主义改造把社会存在作为自由农的农民转变为社会关系凝固在集体中的社员。基层党组织与农民的关系成为显性的——直接呈现为血肉相连地长在一起,不可分割。分割就是伤害这种结构。"摆脱党的领导"不仅仅是政治罪名,也是破坏社会结构的行动。

以梁老的智慧,应不会看不透这层变化。

梁漱溟先生与毛泽东对农民的疾苦有相当一致的共识和情感,为什么毛泽东会批判他,且为大张旗鼓地批判?

据梁老对舍弟谢选骏口述——1978年谢选骏与我同时考取研究生,我到复旦大学哲学系,他到中国社会科学院文学研究所。那时梁老仍处于门庭冷落无人问津状态,他登门拜访结忘年交,相谈甚欢。按梁老的说法,毛泽东与他对农民的看法大体一致。但梁老发表意见后,遭到党内掌管工业、交通的高层领导的反对(以薄一波为首)。压力颇大。导致毛泽东转而发动对他的批判。谢选骏向我转述梁老叙述是在1970年代末我们回家聚首时。当时我觉得梁老说法较为可信——毛泽东本人1957年在《关于正确处理人民内部矛盾问题》讲话中表态:工人的收入较高,农民有意见,要适当地降些。从而工人、连带干部,工资都下调了。这一措施应当看作对梁老意见的采纳。①

与此同时,农民的土地进一步向传统的"普天之下,莫非王土"转化。乡村社会结构进一步向"率土之滨,莫非王臣"转化。

目前的城镇化与土地流转,也须考虑从农村社会结构、农民社会存在的观察维度。不能单从经济增长、财政收入角度看待。

改革开放以来,我国人民有了身份证。这一措施解放了农民、解放了生产力。大量农民走出农村,在国内自由流动。我国经济迅疾增长。与此同时,农村社会结构受到前所未有的撕裂。人走开了,结构随着解体了。

与农民关联在一起的,不仅仅是土地和农业,还有家族和宗教。这些都是梁老反复申论过的。不过现在有了新情况。

家族关系,我国北方农村破坏较南方农村严重——换个说法,南方保留较北方多。或许这可以解释法轮功、家庭教会在北方较南方兴盛。对于宗教的看法,我有个基本认识——人类本性中深藏着信仰需求,从而社会便产生宗教满足这种需要。由此有两个重要推论:一是中国人有信仰,不是如一般人认为的那样,当代中国人绝大部分没信仰。二是信仰不会消灭,只会转移信仰对象。解放后,党和政府大力宣传无神论、反对"封建迷信"。从表面上看,民众

---

① 语见《毛泽东文集》第7卷,第221、222页:"许多人说农民苦,这种意见对不对呢?就一方面说来是对的。……就另一方面说来是不对的。……有少部分工人的工资以及有些国家机关工作人员的工资是高了一些,农民看了不满意是有理由的,斟酌情况作一些适当的调整,是必要的。"

不再信神了。实际情况却是民众把信仰对象转移到党的领袖、党组织、党的最高纲领之上。其突出表现是"文化大革命"期间表现出来的对毛泽东的狂热崇拜和早请求晚汇报等各种仪式风行。这就是说，消灭各种宗教的政策和行动使民众转而崇拜党。然而，人们没有认识"信仰不会消灭或消亡，只会转移"这条原理。以为民众真地成为无神论者了。[当然，无神论宣传也有效果：人们干坏事不怕下地狱受刑，更有胆量了。但信仰需求仍然要寻找满足。]改革开放以来，淡化着对党的崇拜。最明显的标志是广大农民堂屋正面高高悬挂的毛泽东像摘了下来。党政机关的领袖像也渐渐消失了。虽然农民代之以观音菩萨像或关公像，心里却还是空荡荡的。农民的信仰空间出现了巨大的空白，给法轮功和家族教会暴兴提供了历史性的机会。

城镇化与土地流转将进一步破坏南方农村中的家族联系及观念。尽管党对意识形态淡化后果有所醒悟并开始采取一些措施，毕竟力度不够，也不够得法，因而相当一个时期不会有明显效果。建设赶不上破坏。中国社会面临着更严峻的精神危机。

三、土地问题与法治

对梁老思想"接着说"意味着有些他未及深论的要作些发挥或发展。

梁漱溟与毛泽东都讲农村合作社，但毛泽东是中国化马克思主义的，梁漱溟是当代新儒学的。分野在：梁漱溟的合作社农民是自由农的联合，而毛泽东意在把自由农转化为"国家农民"。

毛泽东的意图在人民公社化时的一句口号表达得最清晰：一大二公、政社合一。政社合一这四个字，表达了党政组织与农村社会结为一体的结构——政治、意识形态、生产、生活融和为一。这是古今中外罕见的边界清晰整齐的社区结构。"一大二公"的公字，表达了把农民转化为国家农民的意图。

对应的道德命名为集体主义。集体主义易与团队精神相混淆。很多人不明白，团队精神是错误的、被斥为"小团体主义"——难道维护集体利益有错吗？

其实，集体主义有两条原则，一条是个人服从集体，还有一条是小集体服从更大的集体。第二条更重要。一级一级地向上归拢，直至服从党中央、统一在党中央的领导之下。团体精神只强调对本集体的忠诚，与党的集体主义精神全然不同。

这与一大二公意向相同。

由于农村无声的和有声的抗议——无声的如出工不出力、农产品产量下降——人民公社结构调整为"三级所有、队为基础"：土地的集体所有定格在初级合作社范围。这是当代"国家农民"与"集体农民"之结构边界。

规范地表述上述情况，称作"实践证明这样的体制合乎国情"。这是经过较量达成的平衡状态。平衡乃就某种指标体系而言。依某特定指标体系看属于平衡的，换种指标体系看未必属于平衡。确定指标体系与认识程度相关——用学术术语表达，与意义世界相关。所以，"实践证明"与人们的价值观念、意向相关。

土地集体所有的"队为基础"至今有效。生产队、生产大队等名称已经取消。政社合一也取消，恢复为乡政府。人民公社已经不存在。然而土地的集体所有"队为基础"仍然未变。似乎曾经实践证明过的仍然合乎国情。

当前的改革，农村土地问题为人们普遍关注。问题的焦点是农村土地集体所有制会否变化。

我看前景是一定会变——变成私有。但这转变是长期的、充满问题和弊病。

（一）概念考察

概念统领一切。路线以概念为纲，纲举目张。邓小平同志提出改革开放的核心问题"什么是社会主义、怎样建设社会主义"，扣住社会主义这个核心概念。施政凭概念，所以认真学习上级文件是各级干部第一要务。历史将沿着概念展开的方向演进。考察概念就能了解社会发展趋势。

与土地相关的概念是法治。法治是个大概念。十五大报告把建设社会主义法治作了肯定表述。十八大报告又提出 2020 年初步建成法治政府目标。所以这个概念有施政纲领项目意义。

法治内涵决非人们一般理解的依法治国那样简单。依法治国之法可以相当宽泛地解释，包括解释为旧中国"依祖宗家法办事"。实际上，在意义世界中，法这个概念仍然处于模糊状态。这意思是：虽然法学家们有许多阐释，仍未有统一意见；党的文件也未有明确而系统的阐述；各级干部不太明白法为何物；一般民众基本不知法。

法之核心意义是权利，通俗表达：人权。

宪法和法律法规是法的体现。不少人心目中仍然以旧中国的律法理解法。比方说，人们常说"法律是道德的底线"，随地吐痰是道德不良，禁不住，就制定法律惩罚。这种说法是片面的。不是错话，然而未说出重点。重点是人权。改革开放以来，我国颁布了民法通则（1986年）。这才宣示了法的重点。民法之颁布是我国以法律形式郑重宣布公民权利（人权）。

权利的表现方式之一是财产。进一步说，财产是权利的重要表现方式。

要说清楚土地问题之要害，须讨论两个问题：一是财产是什么；二是土地是否财产。

按法哲学，财产是人格表现为物；是意志之体现。财产按其内涵是私有财产。

国家财产是个内涵不清楚的词组。国有与公有是可以互换的词。公有物不是财产——任何物一旦宣布为公有，就不再可以成为财产，意思是：任何人不得取为自己的财产。国家不是法人，所以不可以有财产。

财产之本义是私有物。某物一旦国有，意思就是禁止成为财产，因而就不是财产。

侵犯财产就是侵犯物主人格。人格不容侵犯。法允许物主格杀侵犯者。——实际上目前我国法律关于正当防卫的司法解释容忍侵权、效益上起着保护罪犯侵犯他人的作用，却不允许公民保卫自己、保卫自己的财产[①]。也就是说，我国目前缺少对公民权利（人权）的正确理解。

上述两个问题聚集为农民的土地是否财产。

农民的土地规定为集体所有。集体所有之确切意义是否定了农民对土地的私有。在这意义，农民的土地不是财产。集体所有虽然还不是国有，距离还相当遥远——前述"三级所有、队为基础"已经说明了这段距离——不可成为财产之意义是明确的。

现在政策规定农民土地可以流转。（敬请留意：不是法律规定。）这意思是说，土地可以用作财产。虽然是集体土地捆绑在一起地流转，不可出售，仍然是作为财产使用。集体成为法人。这就向土地转化为私有迈出关键性的一步。

总结上述讨论：从概念而论，宪法规定土地不得私有，而党的政策在推进土地私有。建设社会主义法治国家的理想及其实行（颁布民法是重要步骤）凸

[①] 准确地说，是对正当防卫的司法解释在保护罪犯。

显了人权问题,同时揭示财产是人与人之间关系之重要体现,从而显明财产是私有财产这层内涵。法治建设内涵着推进私有制。

(二) 按实践考察

社会学研究的一个基础思路是考察人们日常生活中反复出现的现象。马克思主张研究生产劳动,理由就在于此。民众因财产纠纷上法院开展诉讼是最好的普法活动。权利概念在这些活动中深入人心。这些本文不予讨论。

本文要讨论的是不动产(土地、房屋)中的一项:土地。

在土地问题上,农民的实践早就"突破"了党纪国法。例如华西村吸收了周围多村的土地统一经营。方式不是入股,而是租赁。首先涉及的是权利:别村的村民不是与华西村民平权的股东,单只是雇员。更重要的是别村的土地流转了,作为别村的财产看待。这样的土地流转早在党中央宣布之前就在农民的实践中广泛开展。这种情况一般称作党尊重人民群众的首创精神。

多地农村自作主张地出售宅基地。往往是跨地区销售。虽然以集体的名义出售,已经是当作财产使用。农民个人也多有出售自己宅基地的,不过多数是出售给本村人,因而财产意义不完整,但毫无疑义已经向把宅基地看作财产迈出决定性的一步。

更重要的是党的政策和政府行为。

上述土地流转政策是指导实践的重大决定。

地方政府出售土地给房产商,虽然宣布城市土地仍然属于国有(前已讲清楚:国有之意义是不得私有,不是属于一个称作国家的法人所有),但既然换得货币,就是出售,何况房屋盖好后要出售给公民——实质上是把土地卖给私人。虽然宣布出售的是使用权不是所有权,但那只不过是文字游戏。权利之核心是意志,而且是个人的意志。意志是不可分割的。意志只论然否(同意或不同意)、不论程度(同意百分之几)。既然有价,就是看作财产。何况租金不可以那样出奇地昂贵。

目前正在热议征收房产税。房价中一个相当大的比例是地价。因而房产税中包含了土地所占的那个比例。已经明确房基地使用年限为 70 年。这意思是土地不是财产。然而既然进入买卖,就是作为财产看待。再行征税,更是当作私有财产对待。目前人们尚未醒悟。一旦搞明白,就会提出房基地私有的要求。所以征收房产税会增加动乱因素。

当前正要推进的城镇化直接涉及农村的宅基地。农民是否会提出确认宅基地私有的要求？党已经宣布保障人权的主张。党的主张与农民正在实践的出售宅基地怎样结合有待进一步观察。人们不认真学习党的重要文件、不切实贯彻党的主张，一方面令人叹息，另一方面也启示我们深入分析民众心态，找出深层原因。

梁漱溟先生深刻分析了中国人的文化。国人一般不是从法理演绎逻辑地推导出应当怎样行为，而是从自己及他人在实际生活中的遭遇之众多实例中直觉地反思出应当怎样行动以获得最大利益。在土地问题上同样是这样。不是根据道理、讲究道理，而是从现有规定出发寻求自己利益——不管这些规定是否合乎道理。

政府行为也往往是先想可行办法，再从文件中找依据；即使找不到依据，也是先做起来再说。

经验主义加直觉；并非公理演绎——这是实践所昭示的。

（三）余论：法哲学讨论

作为余论，稍稍作点补充。

马克思的学说是英国古典经济学与德国古典哲学之结合；内核是德国哲学，表现形式是英国经济学。马克思的思想主要源于黑格尔的精神现象学和法哲学。按黑格尔所论，法治的基础是民族和个人具备人格性（personality），而西方历史从道德自觉进展到法权自觉大约用了 1500 年。如果以阳明哲学提出致良知为中华民族道德自觉标志——梁老一生多讲人心，阐明儒释深义，发挥阳明思想，可看作推进中华民族道德自觉——那么按 1500 年尺度衡量，中华民族达到法权自觉还须经 1000 年。这样计算当然没有根据，但用来说明须经很长时间还是可以的。我估计还要更多时间，1000 年还不够。尽管理念上确立了人权，法律法规也制定了一些保障人权、财产的条文（同时制定了侵犯公民权利的条款），但在实施上会受到执行者理解上的偏差和民众中出自利益和习惯思维而产生的不自觉抵制之作用，将出现各种各样的毛病，走过漫长而曲折的道路。

目前我国国民一般着眼于利益而非法理。争也是争利益，不争理、不争法。农民更是如此。因此不恰当的举措导致的不是道理越辨越明，法律越制越准，而是动乱因素增加。当政者可不慎乎！

了解国情、国民,也就是说,透彻了解中国文化、中国社会,是执政的基础课。梁老的主要著作是基本教材。继承和发展梁漱溟先生的思想遗产何等重要。

后 记

这本书收入的是我1995年调任社会学系之后写的社会学论文。虽然我未接受过社会学的专业训练，但我还是稍稍具备社会学"资历"："文革"期间，我跟随徐雍舜先生读了一些相关书籍，打下了少许社会科学基础。当时，徐先生已退休，身负"摘帽右派"名号闲居家中。他之所以当了右派分子，根据是应燕京大学老同学费孝通的要求写了一篇关于社会学方法的论文，发表在《新建设》上。这篇论文被认定为与毛泽东调查研究方法背道而驰，从而成为右派分子依据。据说，这一认定不是由所在单位（市纺织局）的党委作的，而是由民盟上海市委的反右积极分子确定的。我倾向于相信这一说法。先生精通世界历史、中国历史，他不会不合时宜地提意见，因而不大可能有"反党言论"。何况以论文定罪这样文雅的方式，不像单位党委的作风。1966年底至1967年初，我以北京来串联的大学生的身份在上海办清华井冈山红卫兵联络站，却不务"正业"，跟随先生学习。恐怕现在的研究生很少有这样好的学习条件。

说来惭愧，正式归属社会学20年，虽然指导和参与过多种实证研究，由于心中所存问题始终是中国社会何以不会演变为时人想象中的"西方社会"，异于多数同行，拿得出手的成绩，只是关于中国社会的这个判断。近年开始思考中华文明的宗教性质。在这个时候作个总结或许是合适的。感谢上海人民出版社的赵荔红女士和上海三联书店的黄韬先生帮助我实现了这个打算。

有这本书，总算能向徐雍舜先生和他的夫人王应安先生在天之灵有个交待了。

谢遐龄

草于2015年2月

2017年5月改定

图书在版编目(CIP)数据

中国社会是伦理社会/谢遐龄著.—上海：上海三联书店，2017.6
ISBN 978-7-5426-5826-5

Ⅰ.①中… Ⅱ.①谢… Ⅲ.①社会学－中国－文集 Ⅳ.①C91-53

中国版本图书馆CIP数据核字(2017)第040280号

中国社会是伦理社会

著　　者 / 谢遐龄

责任编辑 / 黄　韬
装帧设计 / 鲁继德
监　　制 / 姚　军
责任校对 / 张大伟

出版发行 / 上海三联书店
　　　　　　(201199)中国上海市都市路4855号2座10楼
邮购电话 / 021-22895557
印　　刷 / 上海惠敦科技印务有限公司

版　　次 / 2017年6月第1版
印　　次 / 2017年6月第1次印刷
开　　本 / 710×1000　1/16
字　　数 / 220千字
印　　张 / 14.5
书　　号 / ISBN 978-7-5426-5826-5/C·555
定　　价 / 42.00元

敬启读者，如发现本书有印装质量问题，请与印刷厂联系 021-56475597